陈独秀现代化思想研究

郑丽平　著

人民出版社

目　　录

导　　论

一、陈独秀现代化思想研究的意义

1. 陈独秀其人

陈独秀（1879—1942），字仲甫，安徽怀宁（今安庆市）人。新文化运动的倡导者之一，五四运动的总司令，中国共产党创始人及早期主要领导人之一[①]。

19 世纪末至 20 世纪上半期，中华民族深受外国帝国主义和本国封建统治势力的双重压迫，半殖民地半封建社会的性质逐渐加深。随着帝国主义的疯狂侵略和本国封建统治势力的日益腐朽，广大人民同帝国主义和本国封建势力的矛盾日益加深，反对帝国主义、反对封建军阀成为时代主题。这一时代特点决定了生于这一时代的进步知识分子都要为民族的生存而抛头颅洒热血，积极探索救

---

① 　关于陈独秀的生平，参见任建树、唐宝林：《陈独秀传（上、下）》，上海人民出版社 1989 年版；郑学稼：《陈独秀传（上、下）》，台湾时报文化出版有限公司 1989 年版。

国救民的新道路。陈独秀就生活于这样的年代。他一生的跌宕起伏无不烙刻着这个特殊历史时代的痕迹；他一生的悲欢离合，与这一特殊历史时代的变迁相连；后人对他一生功过是非的评说，也与这一特殊历史时代相关。

（1）青年时期，从"选学妖孽"、"改良派"到"民主派"的爱国青年，积极探寻救国道路

陈独秀出身书香世家，自幼接受中国封建传统文化的熏陶，但生性叛逆的性格，使他对于束缚个性的封建文化异常反感。他在《实庵自传》中自称是"选学妖孽"。但是迫于家训和母亲的压力，陈独秀不得不硬着头皮学习"八股文"，参加科举考试，曾中秀才。

1894 年中日甲午战争清政府战败，泱泱大国反被弹丸小国打败的事实使他深受触动。1897 年夏，陈独秀到南京参加江南乡试，他在考试过程中的所见所闻，使他深感封建科举制度的腐朽与黑暗，并毅然与之决裂。1904 年，他在《安徽俗话报》上以"三爱"的笔名发表了《说国家》一文，表达了初步的国家观。他写道，"国家乃是全国人的大家"，"人人有应当尽力于这大家的大义"①。他断言："当今世界各国，人人都知道保家卫国的，其国必强。人人都不知道保家卫国的，其国必亡。"②他认为，国家的盛衰荣辱与个人的生活前途是密切相关的。甲午战争"我们中国何以不如外国，要被外国欺负，此中必有缘故"③。于是，以思考清政府战败原因为起点，陈独秀走上了探求救国、救民的道路。

---

① 《说国家》，《陈独秀著作选编（1897—1918）》第 1 卷，上海人民出版社 2009 年版，第 44 页。

② 《说国家》，《陈独秀著作选编（1897—1918）》第 1 卷，上海人民出版社 2009 年版，第 44 页。

③ 《说国家》，《陈独秀著作选编（1897—1918）》第 1 卷，上海人民出版社 2009 年版，第 44 页。

以康有为、梁启超为代表的资产阶级维新派的思想最先跃入陈独秀的头脑。1896 年 8 月，梁启超在《时务报》发表《变法通议》，揭露封建专制制度的腐朽，抨击封建顽固派的因循守旧，同时阐明"变亦变，不变亦变"是大势所趋。维新派的思想对陈独秀的思想转变产生了极为重要的影响。他写道，原以为"习欧文谈新学"的士大夫是"洋奴"，后来读康有为和梁启超的文章"始恍然于域外之政教学术，粲然可观，茅塞顿开，觉昨非而今是"①。在康梁维新思想的影响下，陈独秀开始涉足政治活动。

然而，当时国内时局的发展变化又是异常迅速和突然。就在陈独秀接受维新思想后不久，1898 年维新派发动的"百日维新"运动失败，"戊戌六君子"惨遭杀害。这一事件使进步知识分子认识到，腐朽的清政府不容许任何形式的变革，维新派宣扬的通过自上而下的改良道路在中国行不通。紧接着，1900 年，英、美、德、法、日、俄、意、奥八个帝国主义国家组成的八国联军侵略中国，围剿义和团，迫使清政府签订丧权辱国的《辛丑条约》。中华民族的民族危机和社会危机进一步加深。陈独秀认识到，要挽救民族的命运，就必须推翻清政府的统治，而在清政府已经沦为帝国主义压迫中华民族的工具的条件下，还必须起而反抗和推翻帝国主义的统治。

1901 年，陈独秀因散布反清言论被迫逃亡日本，在那里他接受了系统的西学，接受了明确的反清思想，结识了孙中山等革命志士。从此，陈独秀走上了反帝反清、追求民主的革命道路。这一时期直到"二次革命"失败，陈独秀在孙中山为代表的资产阶级革命派的旗帜下参加爱国革命行动。1903 年，他从日本回国后积极

①　《驳康有为致总统总理书》，《陈独秀著作选编（1897—1918）》第 1 卷，上海人民出版社 2009 年版，第 237 页。

参加拒俄运动，① 曾参加反对清王朝和反对袁世凯的斗争。1903 年 7 月，在上海协助章士钊主编《国民日报》。1904 年年初，在安徽芜湖创办《安徽俗话报》，宣传革命思想。1905 年，组织反清秘密革命组织——岳王会，并任总会长。1909 年冬去浙江陆军学堂任教。1911 年辛亥革命后不久，任安徽省都督府秘书长。1913 年参加讨伐袁世凯的"二次革命"，革命失败后被捕入狱，出狱后于 1914 年再赴日本，帮助章士钊创办《甲寅》杂志。这一时期的斗争实践虽然失败了，但这为他后来发起和领导新的革命运动积累了丰富的经验。

（2）创办《新青年》，发动新文化运动，掀起思想解放的巨浪

袁世凯在窃取辛亥革命的果实之后，为复辟帝制，对内大兴尊孔复古之风，欲定孔教为国教；对外投降卖国，于 1915 年 5 月 25 日与日本签订了丧权辱国的"二十一条"。袁世凯的倒行逆施引起国内民众的极大愤怒。就在这种背景下，1915 年 6 月中旬，陈独秀从日本回到上海。国内的局势使他认识到，中国必须要进行一场革命，但是"二次革命"失败的痛苦让他意识到，要进行政治革命首先必须要进行一场思想革命。他发表著名的《吾人最后之觉悟》，认为此前所进行的革命行动之所以失败，根本的原因就在于没有认识到国民伦理思想觉悟对于革命的首要重要性。他写道，"此而不能觉悟，则前之所谓觉悟者，非彻底之觉悟，盖犹在惝恍迷离之境。"②"伦理的觉悟，为吾人最后觉悟之最后觉悟"。③ 于是，在亚

---

① 拒俄运动是一次由资产阶级领导的爱国运动。1903 年 4 月，俄国撕毁中俄《东三省交收条约》，企图长期霸占东北，并提出七项无理要求，中国人民为此集会、游行、通电，表示反对，拒俄运动爆发。

② 《吾人最后之觉悟》，《陈独秀著作选编（1897—1918）》第 1 卷，上海人民出版社 2009 年版，第 204 页。

③ 《吾人最后之觉悟》，《陈独秀著作选编（1897—1918）》第 1 卷，上海人民出版社 2009 年版，第 204 页。

东图书馆经理汪孟邹的联系下，1915年9月，陈独秀在上海创刊《青年杂志》（一年后改名《新青年》），勇敢地举起民主与科学的旗帜，向封建传统文化开战，发起轰轰烈烈的新文化运动。

新文化运动旨在用"民主"与"科学"，唤醒国民尤其是青年的思想觉悟，动员他们与腐朽的封建专制制度作坚决斗争。在陈独秀看来，"民主"与"科学"对于社会的发展具有重要作用。所谓科学，包括自然科学、社会科学和哲学，重在提倡科学精神，尊重科学规律。因此，要尊重科学，就要坚决与愚昧、迷信作坚决斗争。所谓民主，就是要争得作为社会公民的基本权利。而要获得民主，就要与封建专制制度决裂，勇敢地打碎这个枷锁。可以说，陈独秀这一时期所宣扬的"民主"与"科学"仍然属于资产阶级民主主义的范畴，而且有着明显的西方文明指向，但是就是这样的"民主"、"科学"之风对于当时的中华民族来讲，则是一种巨大的进步。他对社会发展的认识虽然带有进化论的影子，但是却带给中华民族认识人类文明的新视角。

《新青年》以鲜明的"破"和"立"的立场，极大地激发了青年知识分子的爱国热情，他们意气风发，纷纷投入到这场先进反对落后的运动中。1917年年初，陈独秀受聘为北京大学文科学长。1918年12月，他与李大钊等创办《每周评论》。于是，以《新青年》、《每周评论》和北京大学为主要阵地，以陈独秀为首的进步知识分子发表了大量针对封建专制制度、封建奴隶道德以及封建迷信的战斗檄文，提倡民主，反对专制；提倡科学、反对迷信；提倡白话文、反对文言文；提倡新文学、反对旧文学。新文化运动汇成一股前所未有的思想解放洪流，一时间唤起了国人对于民主自由和独立人格的追求。

新文化运动适应了时代的要求，影响和培育了整整一代青年。

毛泽东指出："《新青年》是有名的新文化运动的杂志，由陈独秀主编。我在师范学校学习的时候，就开始读这个杂志了。我非常钦佩胡适和陈独秀的文章。他们代替了已经被我抛弃的梁启超和康有为，一时成了我的楷模。"① 北大中文系学生杨振声的回忆也客观地说明了当时《新青年》及新文化运动对于当时青年的积极影响。他说："像春雷初动一般，《新青年》杂志惊醒了整个时代的青年。他们首先发现了自己是青年，又粗略地认识了自己的时代，再来看旧道德、旧文学，心中就生出了叛逆的种子。一些青年逐渐地以至于突然地，打碎了身上的枷锁，歌唱着冲出了封建的堡垒，确实感觉到自己是那时代的新青年了。"②

（3）五四运动的总司令，亲身指导革命斗争实践，在青年知识分子中树立了较高声望

1919 年五四运动爆发。在新文化运动中觉醒和觉悟的青年，满怀"外抗强权，内除国贼"的爱国热情投入到反抗一切强权、救国救民的政治运动中。一时间，爱国运动风起云涌，迅速波及全国 20 多个省市。在学生运动的感染下，5 月起，上海工人实现罢工、罢市、罢课的"三罢"斗争，中国工人阶级开始以独立的姿态登上政治舞台，成为近代中国民族民主革命运动的主力军。新文化运动与五四运动相互促进，推动中国革命进入一个崭新阶段。

在五四运动前期，陈独秀通过《每周评论》，积极发表文章，进行反帝爱国宣传。这一时期，他在思想认识上取得了更大的进步。他认识到，现在还是"强盗世界"，因此，必须用"强力拥护公理，平民征服政府"。这样的思想认识是正确的，成为后来反帝

---

① ［美］埃德加·斯诺：《西行漫记》，董乐山译，三联书店 1979 年版，第 125 页。

② 中国社会科学研究院近代史研究所编：《五四运动回忆录》（上），中国社会科学出版社 1979 年版，第 260 页。

反封建的新民主主义革命纲领的雏形。在实践活动中，陈独秀明确主张"直接行动"，即"人民对于社会国家的黑暗，由人民直接行动，加以制裁，不诉诸法律，不利用特殊势力，不依赖代表。因为法律是强权的护持，特殊势力是民权的仇敌，代议员是欺骗者，决不能代表公众的意见"①。陈独秀把这种思想付诸实践，起草了《北京市民宣言》，并亲自散发传单，不幸被捕入狱。

　　正如他在《研究室与监狱》一文中写道："我们青年要立志除了研究室就入监狱，出了监狱就入研究室。"②陈独秀的战斗激情和革命乐观主义精神极大地激励着当时的进步知识分子。陈独秀被捕的消息使舆论界大为震惊，各省各界为营救陈独秀而奔走呐喊。毛泽东说："陈君之被逮，决不能损及陈君的毫末，并且留着一个大大的纪念于新思潮，使他越发光辉远大。……我祝陈君至坚至高的精神万岁！"③五四新文化运动在思想上极大地激励着一代青年。他们正是在《新青年》和《每周评论》所宣传的精神感召下积极行动起来的。正是在这个意义上，毛泽东说陈独秀是五四运动的总司令。这为他后来领导中国共产党早期的革命斗争奠定了较好的群众基础。

　　（4）五四运动后期，完成由资产阶级民主主义者向马克思主义者的转变，是中国共产党早期创始人之一，第一届至第五届党中央主要领导人

　　像近代中国历史上许多进步知识分子，或者更确切地说像中共

---

　　①　《五四运动的精神是什么？》，《陈独秀著作选编（1919—1922）》第2卷，上海人民出版社2009年版，第222页。

　　②　《随感录·研究室与监狱》，《陈独秀著作选编（1919—1922）》第2卷，上海人民出版社2009年版，第112页。

　　③　《湘江评论》创刊号1919年7月14日。

早期革命家、理论家一样，陈独秀思想的成长经历了马克思主义的转变。

1917 年俄国爆发十月社会主义革命，给中国送来了马克思主义。结合国际形势的发展，国内先进知识分子很快由接受西方资产阶级的"科学"、"民主"思想，很快转变为学习宣传马克思主义的主力军。李大钊是在中国系统介绍马克思主义的第一人，他的《我的马克思主义观》一文，在当时青年知识分子中产生了较大影响。他们从中认识到了马克思主义作为一个"新主义"的吸引力，尤其是俄国布尔什维克党在这一科学理论的指导下取得了反抗帝国主义和本国民族民主革命的伟大胜利。而这次革命的重大意义在于向中国进步知识分子展现了除资本主义之外的另一条光明道路。陈独秀就是在这样的国际国内背景下开始接受和宣传马克思主义。1920年，他发表《谈政治》一文，较为系统地介绍了马克思主义的基本观点，标志着他已经由一个资产阶级民主主义者转变为一个马克思主义者。在当时来讲，作为拥有广泛声望的进步人士，陈独秀向马克思主义者的转变具有重要意义。

正如马克思所指出的，"哲学把无产阶级当作自己的物质武器，同样，无产阶级也把哲学当作自己的精神武器。"① 马克思主义的到来，使先进的知识分子终于找到了有力的革命武器。以陈独秀为首的具有共产主义觉悟的知识分子，立即将马克思主义这一精神武器运用于指导中国革命的具体实践中。1919—1920 年间，除了通过出版刊物发表文章宣传马克思主义，陈独秀等中国共产党组织早期发起人还积极筹办工人刊物，向工人宣传马克思主义，积极培养干部队伍，为后来中国共产党的成立准备了理论基础、依靠力量和队

---

① 《马克思恩格斯选集》第 1 卷，人民出版社 1995 年版，第 15 页。

伍基础。

这样，在中国民族经济赢得初步发展的基础上，中国共产党创立的条件成熟了。1920 年 2 月中旬，李大钊在护送陈独秀离京南下时，两人相约在中国建立共产党的组织。于是，在共产国际的帮助下，首先成立了上海的共产党早期组织，同时与其他各地的先进分子联系，发起成立中国共产党，成为主要创始人之一。1921 年 7 月在上海举行的中共第一次全国代表大会上，他虽然没有出席，但被选为中央局书记。从中共一大到五大，均被选为中央委员，先后任中央局书记、中央局执行委员会委员长、中央总书记等职务，是中国共产党早期的主要领导人。对于他在创建党的组织的历史作用，毛泽东在 1945 年时给予了客观评价，"他创造了党，有功劳"，"将来在修党史的时候，还是要讲到他"。①

（5）大革命失败后，陈独秀被撤离党的领导岗位，政治立场急速右转，直至孤立

1924 年 1 月至 1927 年 7 月，是中国大革命时期。这一时期，国共两党实现第一次合作，进行了北伐战争，但是革命最终遭到失败。

关于大革命的失败，原因较为复杂。到目前为止，学术界在这个问题上的讨论形成的基本观点是，共产国际对中国革命的操纵和指导是主要原因，但陈独秀作为中国共产党主要领导人负有不可推卸的责任。虽然在国共合作期间，他为维护党的独立性，曾多次反对共产国际的指示，也曾多次回击国民党右派的进攻，但是，由于他在事关中国革命前途的重大问题上的错误认识，最终导致他主动放弃与国民党争夺革命的领导权。1927 年中共中央在汉口召开的

① 《毛泽东文集》第 3 卷，人民出版社 1996 年版，第 294 页。

"八七会议"，不指名地批判了陈独秀的右倾机会主义。可以说，陈独秀的右倾机会主义错误源于当时他对于中国革命力量和革命形势的错误判断。他认为当时的中国革命仍然处于资产阶级民主革命阶段，因此，革命的领导力量就应该由资产阶级来领导，而无产阶级只有等到社会主义革命阶段，才有条件掌握对革命的领导权。正是在这样的思想指导下，在与国民党的合作过程中，陈独秀对于国民党提出的不合理要求甚至一些过激行动一再妥协退让，并最终在共产国际关于一切服务于"统一战线"的指示下，放弃了共产党对于中国革命的领导权。

1927 年 7 月中旬，中央政治局改组，陈独秀被撤销总书记职务，离开中央领导岗位。此后，陈独秀在苦闷中反思，开始接受国际托洛茨基派的观点，要求中共中央接受托派路线，主张以国民会议为中心，从民权民主斗争重新聚集力量，从此他开始背离中国共产党的正确主张。1929 年 11 月，因为他在"中东路事件"上发表对中共中央的公开信，而被开除党籍①。同年 12 月，发表由 81 人署名的作为托陈取消派纲领的《我们的政治意见书》，攻击中国共产党的机会主义领导层。同时，在上海组成托派小组组织的"无产者社"，出版刊物《无产者》，宣传托派思想观点。1931 年 5 月，出席中国各托派小组织的"统一大会"，被推选为中国托派组织的中央书记。1932 年 10 月，在上海被国民党政府逮捕，被囚禁于南京。抗战爆发后，在上海淞沪会战中，支持抗战，谴责蒋介石的卖国独裁行为，被国民党政府逮捕。在多方面努力之下，他于 1937 年 8 月出狱，先后住在武汉、重庆，生命的最后一段居住于四川江津。1942 年 5 月在贫病交加中逝世。

----

① 中东路事件，是对 1929 年张学良所领导的东北政府为收回苏俄在中国东北铁路的特权而发生的中苏军事冲突的称谓。

陈独秀一生誓作坚决的"反对派"。这种"非此即彼"的个性特征，使他经常在思想认识上走极端。众所周知，从资产阶级改良派、资产阶级革命派、民主主义者到马克思主义者，"大革命失败后又转变为托洛茨基主义者，直至去世时仍与托派藕断丝连"。[①]他一生经历了多次思想认识转变，而每一次转变都不彻底。他是一个马克思主义者，但又的确不是一个好马克思主义者。正是由于缺乏对于马克思主义的彻底、科学的认识，导致他的立场动摇，并最终导致大革命的失败。

历史唯物主义认为，评价历史人物对于社会历史发展的作用，必须把他放到具体的历史条件下去认识。陈独秀无疑是一位复杂而矛盾的历史人物，特别是作为党的历史上的重要人物。我们对于他对中国历史地位和作用的认识，应遵循历史唯物主义的原则和方法，坚持以当时的时代环境来评价陈独秀的地位和作用，以获得全面、客观、公正的评价。

2. 陈独秀现代化思想研究的理论意义和现实意义

陈独秀是一位在中国近代史上作出过重大贡献、对中国经济社会发展有着重要影响而又十分复杂的历史人物，也是中国近现代史上一个颇有争议的人物，还是一个十分矛盾的人物。

——他出生于安庆一个封建思想浓厚的知识分子家庭，但后来却成了反封建斗士。早年曾接受了中国传统文化的系统教育，受到封建文化教育的熏陶，6—9岁期间，曾熟读《四书》、《五经》。到1896年17岁时，他还完全处在封建文化和封建礼教的严格束缚下，

---

① 祝彦：《晚年陈独秀》，人民出版社2006年版，第62页。

这一年他还考取了举人。但后来，他却成了一个彻底的反封建传统文化的代表人物。

——他出生在一个需要英雄并能够产生英雄的时代，但他的英雄事迹却被人褒贬不一。时势造就了他这位难以被人遗忘的英雄。但他的一生却极为悲惨，幼年丧父，中年丧子（两个儿子被国民党杀害），晚年生活极为凄惨。他曾哀叹："我半生所做的事业，似乎大半失败了"，"我奔走社会运动，奔走革命运动，三十余年，竟未能给贪官污吏的政治以致命的打击，说起来实在惭愧而又忿怒。"①

——他曾经是中国近现代史上红极一时、地位显赫、影响甚大的名流，但却人生坎坷、命运多舛。他一生东奔西走，反清朝政府，反封建主义，反帝国主义，反苏联"老子党"，反法西斯，反"托派"，曾经八次被通缉，四次坐监牢，被时人称作"终生的反对派"。

——他曾五次东渡扶桑，从更广阔的视角看东方文明，但他后来却成为东方文明的彻底否定者。他一生从未到过西方，但却对西方文明倍加赞赏。他曾经是一个狂热的"西化"论者，认为中西文化是完全异质、不可调和的，主张用西洋文明彻底改造中国文明，倡导走西方资本主义道路。但在第一次世界大战和俄国十月革命之后，他却转向了马克思主义和社会主义者。

——他高举"科学"与"民主"大旗，发动并领导了具有启蒙意义的新文化运动，领导了反帝、爱国的五四运动，在广大工人群众中积极传播马克思主义学说，并努力实现马克思主义的中国化。但他作为中共早期领导人，在领导中国革命的过程中，在政治

① 陈独秀：《我不会自暴自弃和自杀》，载陈独秀研究会主办《简报》（内部刊物）2003 年第 3、4 期合刊。

上逐渐放弃了马克思主义的指导思想，给党的革命事业造成严重失误，以至于今天人们对他到底是不是一个马克思主义者还在继续争论①。

——他把马克思主义与中国实际结合，创建了中国共产党，但却被开除出党。从建党到大革命的六年间连任中共五届最高领导（一大是中央局书记，二大、三大是中央执行委员会委员长，四大、五大是中央执行委员会总书记），这在中国共产党的历史上，是独一无二的。但他却先因大革命失败之"罪"被撤销总书记职务，后因"托陈取消派"问题被开除出党②。

——他曾被毛泽东称之为"思想界的明星"，但后来又遭到彻底否定。"五四"时期，毛泽东积极支持并配合陈独秀的建党活动，对陈独秀的革命精神和创新思想推崇备至。20世纪40年代初，毛泽东对中国现代史上的陈独秀作了客观的、辩证的分析评价，既指出其缺点和错误，又肯定其地位和贡献。但在新中国成立后，毛泽东对陈独秀作了全盘否定③。

——他是中国近现代著名的学者，但他一生的旨趣却不在学术。他是当年北京大学校长蔡元培亲自登门聘请的文科学长和著名教授。他一生著述甚丰，在中国近现代史上，他在诸如思想文化、政治民主、科技教育等领域建树颇多。但他一生的兴趣不在学术研究，而在关注中国的政治。陈独秀坦言，他的"一生差不多是消耗在政治生涯中"。

①　这种争论至今仍未结束。有关此点的争论，参见朱志敏、宋传信、张红：《陈独秀研究中若干争议问题述评》，载《教学与研究》2006年第9期。

②　参见肖甡：《陈独秀连任中共五届最高领导透视》，载《百年潮》2002年第2期。

③　参见董德福：《从崇拜到否定：毛泽东对陈独秀评价的变化轨迹》，载《江苏大学学报（社会科学版）》2004年第3期。

陈独秀生活在中国传统社会急剧衰败、逐步沦为半殖民地半封建社会的一个特殊历史时期。无论是研究中国近现代史，研究中共党史，还是研究中国现代化史，陈独秀都是一个绕不开的历史人物。

在陈独秀丰富的思想中，其现代化思想是学术界探讨较少的一个领域①。本书选择现代化这一全新的角度，将陈独秀思想作为一个体系来研究，有两个用意：其一是通过运用现代化这一新视角将陈独秀的思想系统化，进而给他应有的客观评价；其二是通过研究陈独秀这样一个极具代表性的时代人物的思想，进而洞察早期中国现代化演进的潜在规律。而这两方面的研究，对于进一步认识中国共产党的早期历史，对于进一步认识早期马克思主义中国化的历史，对于梳理中国早期现代化思潮，对于今天我们正在进行的社会主义现代化建设，都具有重要的理论意义和实践意义。

二、当前国内外对陈独秀现代化思想研究的现状

1. 关于陈独秀研究的整体状况

对陈独秀这样一位历史人物进行全方位的研究，一直是史学界关注的研究课题。在 20 世纪 80 年代，学术界整理出版了大量陈独

---

① 在过去几十年内，国内学术界对陈独秀思想与中国社会现代化关系方面研究不够。虽然学术界"对陈独秀思想的研究虽然已经涉及政治、经济、文化、哲学等各个方面，但对于他的这些思想对中国社会现代化关系方面却研究不多，基本上都是单纯地研究他的某一方面的思想，而对于他的思想如何推进中国社会向现代化方向转变，如何影响中国社会现代化进程方面却涉及很少"。参见刘翠：《近三年来陈独秀思想研究综述》，载《山东省农业管理干部学院学报》2006 年第 3 期。

秀的文献著述，包括《后期的陈独秀及其文章选编》（张永通、刘传学编，四川人民出版社 1980 年版）、《陈独秀研究参考资料（第一辑）》（安庆市历史学会等编，1981 年印行）、《陈独秀评论选（上、下）》（王树棣等编，河南人民出版社 1982 年版）、《陈独秀文章选编（上、中、下）》（三联书店 1984 年版）、《独秀文存》（安徽人民出版社 1987 年版）、《陈独秀书信集》（水如编，新华出版社 1987 年版）、《陈独秀年谱》（王光远编撰，重庆出版社 1987 年版）、《陈独秀年谱》（唐宝林、林茂生编撰，上海人民出版社 1988 年版）。与此同时，学术界还出版了一系列研究陈独秀的学术著作，如《五四时期陈独秀思想研究》（曾乐山，福建人民出版社 1983 年版）、《陈独秀思想研究》（魏知信，南京大学出版社 1987 年版）、《陈独秀传（上、下）》（任建树、唐宝林，上海人民出版社 1989 年版）、《陈独秀传（上、下）》（郑学稼，台湾时报文化出版有限公司 1989 年版）等，学术界还围绕陈独秀的思想发表了近 300 篇学术论文，对陈独秀的思想进行了全方位、多领域的研究。

20 世纪 90 年代以来，史学界同仁更注重用历史唯物主义的观点，实事求是地评价陈独秀在历史上的功与过。对于陈独秀的政治思想、学术观点以及他与中国革命的关系等问题进行了深入的考证和评论。在籍著方面，90 年代又出版了《陈独秀选集》（胡明编，天津人民出版社 1990 年版）、《陈独秀与中国共产党》（王学勤，东南大学出版社 1991 年版）、《陈独秀著作选》（任建树等编，上海人民出版社 1993 年版）、《从领袖到平民——陈独秀沉浮录》（朱洪，中国档案出版社 1994 年版）、《陈独秀诗选》（任建树等编，时代文艺出版社 1995 年版）、《终身的反对派——陈独秀评传》（朱文华，青岛出版社 1997 年版）、《陈独秀与中国名人》（朱洪，中央编译出版社 1997 年版）等书。在学术论文方面，20 世纪 90 年代十年间，发表在各种学术性刊物的文章计有 300 余篇。这些成果极大地丰富了陈独秀思想的研究，也为此后人们研究陈独秀的思想奠定了更深厚的基础。

进入 21 世纪以来，学术界关于陈独秀问题的研究，向更深入的方向发展。有一些学术著作面世，如《晚年陈独秀与苏联经验》（阿明布和，人民出版社 2002 年版）、《正误交织陈独秀——思想的诠释与文化的批判》（胡明，人民文学出版社 2004 年版）、《陈独秀与近代中国》（董根明，合肥工业大学出版社 2007 年版）。在公开发表的学术论文方面，从 2000 年到 2009 年十年间，共在期刊杂志上发表的各类研究陈独秀生平与思想的学术论文就达 1300 多篇①，仅 2008—2009 年不到两年时间内，学术界就发表论文 300 多篇。还值得一提的是，2009 年，在纪念陈独秀诞辰 130 周年之际，上海人民出版社重新整理出版了六卷本《陈独秀著作选编》。本书按发表时间收入了陈独秀 1897—1942 年发表和未发表的各类主要论著，共计 890 余篇，所选文章均依据权威资料和《新青年》、《向导》、《安徽俗话报》等重要报纸的影印件精心编选和严格校对，最大限度地保证了内容的权威和准确性。本书可以说是目前涵盖面最广、收入文章最全的陈独秀文章汇编，具有极高的文献保存和学术研究价值。这也说明，作为史学领域里一个研究阵地的陈独秀问题研究，将呈现出更加可喜的局面。

2. 国内外关于陈独秀现代化思想的研究

国内学术界对陈独秀思想的研究，已经进行了很长时间，出版了大量学术专著，发表了大量学术论文。但学界真正从现代化角度

---

① 此数据是通过"中国期刊全文数据库"检索得到的，不包括同一时期在报纸上发表文章和学术讨论会出版的论文集。

研究陈独秀的学术成果却极为少见，有些研究只是散见于有关中国现代化的总体研究之中。复旦大学周丽亚以"陈独秀现代化思想研究"为题的硕士学位论文（2008），是目前少有的从现代化角度、较为系统地研究陈独秀思想的论文。笔者认为，陈独秀生活的年代正是中国现代化由被动现代化向主动现代化过渡的时期，陈独秀正是中国现代化过程中承上启下的关键人物，他的现代化思想影响了中国现代化后来的走向，他的实践推动了中国现代化的转型。陈独秀虽然没有明确提出现代化的概念，但他的思想中却包含了对中国实现现代化探索的真知灼见。该论文从经济现代化、政治现代化、文化现代化这三个层次入手，系统研究陈独秀的现代化思想内容及其变化发展过程①。此外，吴云翔在《理论导刊》2007年第10期上发表文章"从启蒙到革命：陈独秀的现代化思想及其演变"。笔者认为，陈独秀的现代化思想始终贯穿着改造国民性和政治革命这两大主题，早期倾向于改造国民性，重视人的现代化，晚期专注于社会革命，重视政治现代化。陈独秀认为政治制度是可以跳跃发展的，中国的政治现代化应该采取激进的革命的方式，走社会主义道路。但他同时认为经济制度和"作为意识形态的文化的创造"必须是循序的而非跳跃的，不能速成②。以上两篇论文的共同之处是：它们都从不同侧面较为系统地研究了陈独秀的现代化思想。但是我们认为，两篇论文中，现代化范式的运用则仅仅限于中国，而在世界现代化大背景以及中国与欧美资本主义现代化国家的比较等许多现代化重大课题方面思考不深。同时，我们认为，陈独秀现代化思想是一个内容比较丰富的体系，仅一两篇文章难以说清楚。我们认

---

① 周丽亚："陈独秀现代化思想研究"，复旦大学硕士学位论文，2008年。

② 参见吴云翔：《从启蒙到革命：陈独秀的现代化思想及其演变》，载《理论导刊》2007年第10期。

为，从现代化的角度开展的研究，最为基本的就是要从纵向和横向两个方面构成的坐标中去定位一个选题，由此延伸开来的研究将更具有历史纵深感，因而也更具有现实借鉴意义。

此外，还有少数几篇涉及陈独秀的现代化思想研究的文章。其中，有的文章以一个时期的陈独秀现代观念作为研究对象，比如2005 年武汉大学戴浩的硕士论文"新文化运动前期陈独秀的现代化观念"，主要从哲学角度展开研究，其论文的关键词是"现代化观念"、"西化"、"自由主义"、"科学主义"。作者从陈独秀在中西文化对比方面的思想认识入手，认为陈独秀把文化上的"中"与"西"的关系转化为"旧"和"新"的关系，最终落脚于"落后"和"先进"的价值判断上，认为中国必须进行"除旧布新"，走"西化"之路。陈独秀把文化价值观念的变革看成是中国现代化的关键，力图用西方现代性文化尤其是"民主"和"科学"来架构新的价值体系。文章的缺陷很明显，即使是在新文化运动时期，陈独秀的现代化观念也并不仅仅局限于"民主"与"科学"两个方面，这或许只能说是陈独秀早期文化现代化思想的两个主要内容。

有的论者着眼于研究陈独秀现代化思想中的某一方面。陈辉宗在《理论与现代化》1999 年第 5 期上发表的"议'五四'时期陈独秀的文化现代化观"。其关键词是"中国文化现代化"、"中国传统文化"。可以看出，作者主要从中国传统文化与中国现代化，尤其是儒学与现代化关系展开研究。主要观点是，"五四"时期，陈独秀把儒学批判作为价值重估的伦理革命和文化批判的契机，并展开了有力的批判，以启蒙国民的独立思想，为其实现传统文化的现代转型开辟道路[1]。

---

[1]　参见陈辉宗:《议"五四"时期陈独秀的文化现代化观》，载《理论与现代化》1999 年第 5 期。

　　还有论者以陈独秀关于"人的现代化思想"为研究对象，一定程度上推动了陈独秀现代化思想研究的深入。如，陈贵华在《南都学坛》1996 年第 1 期上发表了"略论'五四'时期陈独秀关于人的现代化思想"[①] 一文。作者认为，人的现代化是国家现代化不可缺少的前提条件，且在实现国家现代化中起决定性的作用，为使中国传统封建体制奴役下的国民从心理、思想、态度和行为方式上经历一个从传统到现代的转变，建构具有更多现代特性的新国民，陈独秀一方面向黑暗腐朽的旧社会开战，另一方面又向传统国民传播新的思想观念、价值取向，以促使国民获得独立人格、自由意志、开放心态、斗争创造精神、科学态度等现代特性，达到实现人的现代化的终极目标即国家独立富强。

　　有论者研究了晚年陈独秀的中国现代化思想。柴俊青在《探索》2005 年第 5 期上发表文章："是非已付千秋论、毁誉宁凭众口传——晚年陈独秀中国现代化思想评析"。作者认为，晚年陈独秀超然于党派之外，以独立思想家的眼光，立足中国现实，放眼世界大势，对中国的建国问题，即建设近代国家问题进行思索，形成了较为系统的中国现代化思想。这些思想主要是：关于民族国家的独立与统一的思想；关于发展资本主义的思想；关于民主政治的思考等[②]。

　　从我们所掌握的资料来看，国外并没有对陈独秀的专门研究，现有的一些研究大都以一些相关人物的回忆为主，他们的关注点侧重于陈独秀与共产国际、陈独秀与托派的关系等等。许多学者将陈

---

　　①　参见陈贵华：《略论"五四"时期陈独秀关于人的现代化思想》，载《南都学坛》1996 年第 1 期。

　　②　参见柴俊青：《是非已付千秋论，毁誉宁凭众口传——晚年陈独秀中国现代化思想评析》，载《探索》2005 年第 5 期。

独秀的思想放在中国共产党早期思想的研究之中。与国内或境内研究情况不同的是，不论欧美、日本，还是港台研究陈独秀的学者，大多数都在认识陈独秀的另一面，都有一种为陈独秀正名的倾向，或者说主要是为陈独秀正名。至于运用现代化的视角来系统研究陈独秀思想的著述，目前十分罕见。

综上所述，目前国内外对陈独秀现代化思想的研究从整体上来讲，还处于初始阶段，缺乏系统整体性的研究。本书力求为弥补这方面研究的不足，进而拓展这项研究而作一些积极尝试。

三、本书结构及主要内容

本书由九个部分组成，包括导论和正文。

导论，主要介绍本选题研究的背景，阐述研究陈独秀现代化思想的理论意义和现实意义，介绍当前国内外学者在近几十年来尤其是进入 21 世纪以来对陈独秀现代化思想研究的现状，交代本书研究难点和预突破的地方，叙述本书拟采取的研究方法。

第一章，"陈独秀现代化思想的形成和发展"，主要从世界现代化进程的宏观背景和中国现代化进程的特殊背景来阐述陈独秀现代化思想形成的国际背景、理论渊源、国内背景和历史条件。阐述陈独秀现代化思想的形成发展过程，介绍陈独秀现代化思想的主要内容，分析陈独秀现代化思想在陈独秀思想和中国现代化思潮中的地位。

第二章，"现代化道路的选择"，重点论述陈独秀是如何从"全盘西化"转向社会主义道路的，阐述陈独秀的社会主义现代化思想，包括陈独秀对中国未来社会发展的战略构想。用历史事实说明，中国选择马克思主义、选择社会主义、选择中国共产党的领导，是历史选择的结果。在此选择过程中，陈独秀等早期马克思主义者作出了重要贡献。

第三章，"经济现代化思想"，主要阐述陈独秀运用马克思主义基本原理分析中国国情，考察西方早期现代化国家的历程的思想，介绍陈独秀关于如何推进中国经济发展，实现国家富强的观念主张，阐述陈独秀对中国经济现代化的总体构想、制度设计，论述陈独秀的经济现代化思想的理论意义和现实意义。

第四章，"政治民主化思想"，主要论述陈独秀政治民主观的演变过程、原因以及他对中国政治民主化进程的总体构想，阐述陈独秀政治民主化思想对于反对封建主义，对于推进中国民主化进程，对于中国共产党民主理论的形成和发展所产生的重要影响。

第五章，"文化现代化思想"，这是陈独秀现代化思想中笔墨最多、论述最深刻的思想。他早年接受西方的进化思想，开始反思中国传统文化。新文化运动时期，他对中国传统文化进行了彻底批判。在接受马克思主义之后，他对西方各种思潮都进行了批判，并结合中国实际，阐述了他的文化现代化构想。本章主要论述陈独秀的文化思想，包括陈独秀对传统文化和西方文化的批判以及对中国文化现代化的构想。

第六章，"科学教育现代化思想"，陈独秀对科技和教育的重视，他的大半生似乎都在为科学与教育呐喊。他视科学技术现代化为现代化的关键，力主以科学破除迷信，发挥科学之功，丰富人们物质生活。他对中国的教育甚是担忧，力主通过教育提高国民文化素质。本章主要论述陈独秀的科学思想和教育思想，阐述其关于通过科学技术推进中国现代化和通过教育提高国民素质、实现人的现代化的思想。

第七章，"关于现代化的领导力量和依靠力量"，陈独秀运用马克思主义基本原理，分析中国的阶级状况，指出中国的现代化必须依靠最广大人民的努力才能实现。而要把中国最广大人民群众聚合起来，形成合力，成为坚不可摧的力量，必须建立无产阶级政党。本章主要论述陈独秀关于中国现代化主体的思想、实现人的现代化的思想和他的建党思想。

第八章，"陈独秀现代化思想的历史地位和指导意义"，主要介绍陈独秀现代化思想的特点，并将其现代化思想放在马克思主义中国化的历史进程中、放在中国现代化的历史进程中述其主要贡献和历史局限性，论述陈独秀现代化思想在马克思主义现代化思想史上的地位和陈独秀现代化思想对中国现代化理论和实践的积极影响。

第一章　陈独秀现代化思想的形成和发展

　　根据人类社会发展的一般规律，每个国家和民族，最终都要走向现代化。但是，不同国家的历史进程不是同步的，由于多种复杂的原因，迄今为止，人类社会曾经辉煌过的一些古代文明，如古埃及文明、古印度文明、古巴比伦文明等，先后都出现了不同程度的衰落，至今仍然未能完全实现现代化。率先完成农业社会向工业社会过渡进而实现现代化、走向富强的国家是西方文明中的一些资本主义国家。这些国家早在16、17世纪就开始通过发展工业革命、建立资本主义制度的社会变革进而逐步实现工业化、现代化。由于这些国家现代化起步早，现代化的动力主要来自内部，有人把这些国家的现代化称为"早发内生型现代化"，以英、美、法等国为主要代表。与此相对应的另一种现代化类型属于"后发外生型现代化"，即是在"早发"现代化国家的刺激与示范下，为了回应外部世界的生存挑战而后建立了资本主义制度进而实现工业化、现代化，以德国、日本最为典型。它们的现代化大多到19世纪下半叶才开始起步，最初的诱发和刺激因素主要是源自外部世界的生存挑战和现代化的示范效应。在世界现代化进程中，中国与其他发展中国家一样，属于"后发外生型现代化"国家。

　　美国有位学者曾说，对于许多谋求现代化的国家来说，19世纪的最后四分之一世纪尤为重要。如果哪个国家在这25年内发展上去了，事情就好办得多，否则就很被动。陈独秀出生于 1879 年，他的成长过程恰恰处于 19 世纪的最后 25 年。而这段时间，恰恰是资本主义由自由竞争阶段向垄断资本主义阶段的转变时期，是德、俄、日等后发现代化国家迅速走向现代化的时期，但也是中国进一步衰败的时期。1895 年中日甲午战争的失败，标志着中国以"洋务运动"为代表的自强运动的失败，也标志着中国早期现代化尝试的受挫。这一年，陈独秀只有 16 岁，还在抱着中举的念头接受中国传统文化的熏陶。甲午战争失败后的第二年，他还考中了秀才，圆了他母亲的一个梦想。1900 年，八国联军侵占北京，把中华民族再次推向灾难深渊。这一年，陈独秀 21 岁，风华正茂。他亲眼目睹了晚清政府的无能，于是积极投入反清运动。1901 年因为进行反对清政府的宣传活动，受到清政府通缉，被迫从安庆逃亡日本学习。从此，陈独秀加入到为实现中国现代化而奋斗的历史进程中，并为中国的现代化事业倾注了毕生的心血。陈独秀的现代化思想是我国现代化史上的宝贵精神财富，他的思想不仅在他生活的那个时代发挥了重要作用，产生了重要影响。直至今日，其思想仍然具有重要的理论意义和现实意义。因此，深入研究陈独秀的现代化思想，充分挖掘和吸收陈独秀在中国现代化理论中的远见卓识，仍然是我们的一项必要而非常有意义的研究工作。

第一节　陈独秀现代化思想形成的条件

一、陈独秀现代化思想形成的国际背景

陈独秀生活的时期，世界的现代化已经进入第三个阶

段①。这个阶段大约是在 19 世纪下半叶到 20 世纪中叶，时间跨度大约 100 年。在这个时期，最早实现工业化的英国，其现代化继续深入发展。工业革命及现代化带来的经济社会发展，使其处于世界霸主地位。法国、德国、美国、日本、俄罗斯等国也先后相继走向现代化。欧洲的比利时、瑞士，北美的加拿大，澳洲的澳大利亚、新西兰等国，也逐步走上现代化的道路。

在这个时期，科学技术革命对现代化起到了极为重要的推动作用。经过充分改进的蒸汽机使机器动力机发生了革命性变化，蒸汽机车、蒸汽轮船又使陆上和海上交通发生了革命性变化。这些革命性变化，又极大地推动了生产力的发展，加速了工业化进程，促进了世界现代化②。在欧洲，经过几十年漫长的发展，继英国进一步现代化以后，德国通过政治革命实现政治统一，科学技术革命中心从英国转移到德国。德国经过几十年的努力，逐步实现了现代化。法国、意大利经过半个多世纪的探索，逐步建立起资本主义经济，进而建立起现代文明，其现代化进程向前大大迈进了一步。在俄国和东欧各国，首先废除农奴制度，解放了生产力，在此基础上逐步

①　学术界也有人将此阶段称为现代化的第二个阶段，如罗荣渠认为，人类现代化的第一阶段在 18 世纪后期到 19 世纪中叶（1780—1860 年），19 世纪下半叶到 20 世纪中叶为第二阶段。参见罗荣渠：《现代化新论——世界与中国的现代化进程》，北京大学出版社 1993 年版，第 131—142 页。本书之所以将此阶段称为第三阶段，是因为从地理大发现始到 18 世纪后期以前，人类现代化已经经过了一个阶段，西欧资本主义初步确立，世界市场初步形成，"现代"已经开始。

②　在世界现代化进程中，16 世纪被称为意大利人的世纪，当时的意大利因文艺复兴带来的积极成果使其处于世界科学中心；17 世纪，伴随着近代科学的兴起和近代科学革命的发展，世界科学的中心转移到英国，因此，17 世纪被称为英国人的世纪。到了 18 世纪，伴随着法国启蒙运动和法国资产阶级革命的兴起，法国成为世界科学中心，因此，18 世纪被称为法国人的世纪。19 世纪，世界科学中心转移到德国，因此，这一世纪被称为德国人的世纪。到了 20 世纪，美国成为世界头号工业国，世界科学中心转移到美国。因此，20 世纪被称为美国人的世纪。

建立资本主义经济，也逐步朝着现代化迈进。进入 20 世纪，俄国在列宁的领导下，通过十月革命，又建立了有别于资本主义经济的社会主义经济，开辟了资本主义现代化道路之外的另一条现代化道路，逐步实现了社会的现代化。

在美洲，美国率先实现现代化，到 1900 年，美国成为世界头号工业国家。受其影响，加拿大也逐渐走上现代化道路。在拉丁美洲，由于长期遭受欧洲殖民统治，始终未能改变殖民地型经济，也长期找不到维持社会稳定的办法，工业化的进程被大大推迟，现代化的步伐缓慢。只是在这些国家相继独立之后，才慢慢开始探索工业化的道路，走上现代化的历程。时至今日，拉丁美洲绝大多数国家仍然还没有完成工业化的任务，仍然处于不发达状态，仍然处于世界的边缘。

在亚洲和非洲，绝大多数国家虽然受到西方工业化和现代化的巨大冲击，也都或大或小、或多或少作出了反应，被迫卷入世界现代化的进程。但因情况各异，探索现代化的道路也各不相同。在这一时期，真正走上工业化道路进而实现现代化的，应首推日本。日本的现代化是从 1868 年明治维新开始的。明治政府采取种种措施，反对封建制度，为工业化奠定了政治基础和经济基础。经过几十年的努力，终于摆脱了封建经济，建立起现代化的经济体制，并从一个农业国发展成为一个现代化的工业国家。第二次世界大战以后，在美国推动下进行了又一次社会大改革，这次改革的结果，不仅建立起现代资本主义国家的各种体制，而且推动了社会生产的发展，"成为东方第一个实现现代化的国家"①。

陈独秀成长的这个时期，世界现代化出现了三种不同的道路：

---

① 刘天纯：《日本现代化研究》，东方出版社 1995 年版，第 104 页。

一条是英、美、法开辟的通过民主走向现代化的道路；第二条是德国、日本通过集权走向现代化的道路，后来走向了法西斯道路，在第二次世界大战中付出了惨痛的代价；第三条是俄国十月革命开辟的社会主义现代化道路。

陈独秀在对中国现代化的前途命运进行深入思考的时候，首先面临的就是这三种现代化道路的选择问题。陈独秀最初的西化思想，就受到了第一条现代化道路的影响；陈独秀之所以抛弃资本主义现代化道路，恰恰因为他看到了第二条现代化道路的弊端；而陈独秀对社会主义现代化道路的探索恰恰受到了苏联社会主义现代化的影响。中国近代的急速衰落，使他对中国的富强文明充满了渴望；西方文明显现的优势，使他对西方的现代化充满了热望；但八国联军等帝国主义国家对中国的入侵，使他对以英、法为代表的早期资本主义现代化道路陷入失望；第一次世界大战暴露出来的德国法西斯道路，又使他对第二条现代化道路产生了绝望；而俄国十月革命开辟的社会主义现代化道路，使他看到了中国现代化的希望。

二、陈独秀现代化思想形成的国内背景

谈起中国的现代化，人们往往想到的是近代中国的衰败、落后以及当今中国与世界早发现代化国家的巨大差距。其实，在1840年以前，中国在相当长一段时期内，一直走在世界前列，是一个历史悠久、文化灿烂的文明古国。几千年来，勤劳、勇敢、智慧的中国人民创造了独具特色的东方文化，为人类文明的发展作出了卓越贡献。

但是，进入17、18世纪以后，随着西方科学技术的进步和工业革命的发展与扩散，新兴工业文明逐步替代农业文明，占据人类

文明的主导地位，率先建立工业文明的欧美文明走到了人类文明的前列，以农业文明为主的东方文明逐渐走向衰落，中国自然也不例外。中国因错失工业革命的机会等原因而走向衰落，并为此付出了沉重的代价。在工业革命发生以来的一百多年里，中国的综合国力和人民生活水平相对下降，在国际舞台上饱受欺凌，在与西方列强的战争中屡战屡败。

1840—1842 年，第一次鸦片战争，仅拥有 48 只军舰和 4000 名士兵的英军，就打败了拥有 4 亿人口的大清帝国，中国从此走向衰败；鸦片战争失败以后到太平天国战争爆发之前，中国曾有一个比较安定的社会环境，但由于封建统治集团愚昧无知、不思改革，中国社会依然停滞不前。洪秀全领导的太平天国运动是中国历史上规模最大的农民起义，历时 17 年，沉重地打击了腐朽的晚清王朝。洪秀全建立了政权，颁布了《天朝田亩制度》，后期还制定了一个在中国发展资本主义的方案——《资政新篇》。但由于农民阶级的局限性，没有科学理论的指导，再加上封建主义和外国资本主义列强的双重压迫，太平天国运动最终失败了。

1856—1860 年，第二次鸦片战争，2 万英法联军打败大清帝国，火烧圆明园；1894—1895 年，中日甲午战争，北洋舰队全军覆没，历时近半个世纪的中国第一次现代化尝试惨遭失败；1900 年，八国联军攻入北京，焚毁圆明园，留下了至今仍难以抚平的创伤。每一次战败，中国都不得不赔款割地，丧权辱国。从 1840 年鸦片战争到 1949 年新中国成立前的 110 年间，西方殖民主义者先后对中国发动过大小数百次侵略战争，逼迫中国签订了 1100 多个不平等条约，使中国一步步沦为半殖民地半封建的国家。西方列强通过这些不平等条约，掠夺战争赔款和其他款项达 1000 亿两白银。其中《南京条约》等八个不平等条约就勒索赔款 19 亿多两白银，相当于当时中国清政府 16 年的财政收入。而日本仅通过《马关条约》勒索的赔款就达2.3亿两白银，相当于当时日本国家财政四年半的收入。这些巨额赔款一方面大大滋养了入侵者，另一方面又直接导致了近代中国的贫穷与衰落，拉大了中国与早发现代化国家的差距。

面对中国备受凌辱的现实，有着强烈爱国心的中国仁人志士，奋起努力，极力追求中国的富强和独立。中国的现代化，就是在这样一个特殊的历史条件下进行的。正如许纪霖、陈达凯在《中国现代化史》中所说，中国现代化的运作背景是十分严酷的，这里面既有后发现代化国家普遍遭遇的困境，也有中国文明独特的沉重遗产。这些背景大致有三个方面：庞大的人口过剩压力与自然资源的相对短缺，亡国灭种的民族生存危机，政治衰败、国家四分五裂的乱世局面。中国自秦统一中国以来的两千多年历史中，虽然也曾多次受到异族的入侵，但从来没有遇到过一种强大的甚至更为先进的外来文明的挑战，然而鸦片战争的爆发却使中国的传统文明与西方的现代文明第一次发生了真正意义上的碰撞，使中国人民第一次清醒地认识到中国的落后现状，从而打破了以自我为中心、自我封闭的状态，开始要求改变传统的落后的生产方式，走上独立、自主、繁荣的强国富民之路。因此，鸦片战争是中国真正走向世界历史的起点，也是中国迈向现代化的起点。[①]

鸦片战争之后，中国开始了由传统农业文明向近代工业文明的转型。从辩证唯物主义的观点来看，西方列强对封建中国的侵略具有二重性：一方面，它客观上促使中国封建社会自然经济解体，促进了中国资本主义因素在一定程度的发展；另一方面，西方列强为了控制中国，又不允许中国独立地发展资本主义。在近代中国复杂

[①] 参见许纪霖、陈达凯主编：《中国现代化史（1800—1949）》第 1 卷，上海三联书店 1995 年版，第 5—9 页。

的历史演变过程中，封建王朝腐败与外国资本主义殖民化同步进行，中国人民的革命斗争与现代化的种种努力相互交替。

以洋务运动为开端的中国现代化主要是表现在器物和技能层次上的现代化。洋务运动主张制造近代军事装备，建立近代工业，学习西方近代科学技术，发展教育文化，张之洞提出了"中学为体、西学为用"等主张。但它实际上只是在"器"和"用"的层面上，企图建立起某些能够赶上西方列强的军事工业和民用工业。可是甲午战争一役，北洋海军全军覆没，吞下了改革不彻底和实行错误政策的恶果。

甲午战争的惨败，唤醒了中国士大夫阶层的民族意识。随着"西学"东渐，他们逐渐认识到了只有彻底变革传统的政治制度才是中国现代化的根本出路。从这个时候开始，中国开始了改变封建专制制度的历程，现代化进程从第一阶段的"器物层面"发展到第二阶段的"制度层面"。1898年的戊戌变法，标志着中国现代化进程中制度变革时代的到来。以康有为、梁启超为代表的有识之士鼓吹全面改革，在光绪皇帝支持下希图以日本为榜样，以维新变法推动中国进入富强的现代社会。维新派传播达尔文的生物进化论，组织开展传播以"科学"与"民主"为主要内容的启蒙运动，提出维新变法，推行"新政"，废除八股，变革科举，兴办新式学堂。

1898年建立京师大学堂——中国第一所高等学校①。1905年，清朝废除科举考试制度，并派大臣出国考察国外教育变革态势。1906年制订大幅度行政改革计划，并为进行西方式的立宪作准备。1908年颁布了《钦定宪法大纲》，1911年发布《宪法重要信条十九

---

① 京师大学堂（Imperial University of Peking），是北京大学在1898年到1912年间所使用的名称。京师大学堂不仅是中国第一所国立综合性大学，而且是当时中国的最高教育行政机关。

条》。这一系列变革曾促进了中国经济社会的发展。但是，由于政治改革停滞不前，严重的贪污腐败，民族矛盾不断加深，加上与民争利，终于触发了辛亥革命，清末"新政"也未能完成中国现代化的历史任务。

1911 年，孙中山领导的辛亥革命在中国历史上第一次建立了资产阶级民主共和国。"中华民国"的成立，给中国工业化的发展带来了新的机遇。从此，中国工业化获得了较为迅速的发展。辛亥革命结束了清朝的封建统治，翻开了中国历史新的一页，也翻开了中国现代化新的一页。但辛亥革命并没有彻底结束封建意识。由于社会制度上的变革缺乏广泛深厚的群众基础，特别是缺乏新的现代文化基础的支持，它的性质很快发生改变。从此，中国现代化进入以思想文化现代化为核心的发展阶段。

陈独秀就是在这个时期登上历史舞台的。以新文化运动为起点，中国知识分子开始探索思想文化上的现代化，这一运动在五四运动时期达到高潮。五四运动的开展和马克思主义在中国的传播，都力图在思想文化战线上彻底清除封建专制传统的垃圾，为经济的现代化和制度的现代化确立与之相适应的心理和文化基础。由于马克思主义没有作为主导的意识形态内化到全体国民的内心深处，科学和民主的思想远远没有融入社会，农业文明的刚性依然没有被触动，封建专制意识仍然左右着中国。

近代中国的现代化之所以屡遭挫折，难以抓住发展机遇，是因为在当时的国际国内背景下，中国已经是一个半殖民地半封建社会，中国面临的首要任务并不是或者主要不是如何实现现代化，而是如何避免或减轻外国帝国主义的侵略或者反抗外敌入侵，获得民族的独立；如何改革国家政治制度，尽快使国家民主化，走上人民当家作主的时代。当反帝反封建革命热火朝天的时候，所谓工业救国、科学救国、教育救国等主张只能退居次要地位。

陈独秀就生活在这样一个特殊历史时期。在陈独秀的现代化思想中，他不仅论述了建立具有独立主权国家的重要性，还阐述了实现经济工业化、政治民主化、文化现代化等思想。就是说，在这一时期，陈独秀不仅关注当前的紧迫问题，而且还意识到了中国实现现代化的长远发展目标问题。这在当时不能不说是一种远见卓识。

三、陈独秀现代化思想形成的理论渊源

陈独秀一生的思想极为庞杂，他接受过封建主义、资本主义、共产主义思想三种意识形态，而又都不彻底。在同一时期，常常有许多相互矛盾的思想观点混合在一起。仅就陈独秀的现代化思想而言，早先曾受到西方达尔文进化论的影响，在他接受了马克思列宁主义之后，他的现代化思想主要受到了马克思列宁主义的影响。

1. 西方进化论

进化论对陈独秀一生之影响巨大。陈独秀的现代化思想曾深受西方进化思想的影响[①]。他同当时许多进步知识分子一样，十分信奉进化论。从一开始就是将其当作世界观和方法论直接引入社会历史领域，形成了他的进化史观。早年，陈独秀以社会进化观作为领导新文化运动的指导思想。后来，在他由激进的民主主义者转向接受和宣传马克思主义的过程中，进化观也起着重要作用。陈独秀认为，民主与科学是社会进化的动力，人类进化有两种形式，一是循

---

① 进化论是中国近代影响深巨的思潮，有关陈独秀此方面的研究，参见陈卫平：《中国近代进化论思潮形成的内在逻辑》，载《文史哲》1996 年第 3 期；肖长培：《陈独秀的进化观》；张洪波：《进化论是陈独秀在新文化运动初期思想的主线》；胡惠芳：《陈独秀的社会进化思想述评》，载《安庆师范学院学报（社会科学版）》2004 年第 7 期。

序进化，二是跳跃进化。而革命是推动社会进化最有力的方法。进化论为陈独秀接受马克思主义提供了思想基础。

生物进化论自 19 世纪后期传入中国后，无论是在自然科学领域还是在社会科学领域都产生了重要影响。1898 年，严复翻译的《天演论》正式出版，使西方进化论思想比较系统地介绍到中国，随即在中国知识分子阶层中广泛传播开来。当年陈独秀在杭州中西求是书院就读时，就研读了严复翻译的《天演论》，接受了进化论的思想①。在新文化运动中，进化论成为陈独秀强有力的思想武器。陈独秀出于挽救中国危亡、救国救民的强烈愿望，宣传、信奉、倡导进化论，并力图赋予进化论以鲜活的时代内容和社会意义。社会进化观贯穿于陈独秀政治活动和著述活动的各方面及全过程。

1915 年 9 月，陈独秀在《青年杂志》第一卷第一号上，发表了《法兰西人与近世文明》一文，他明确指出："近代文明之特征，最足以变古之道，而使人心社会划然一新者，厥有三事：一曰人权说，一曰生物进化论，一曰社会主义，是也。"② 由此可见，陈独秀把生物进化论看作是创造欧洲近代文明的重要学说之一。他充分肯定和高度赞扬生物进化论关于适者生存、优胜劣汰的理论。陈独秀

————————————

① 19 世纪中叶，达尔文创立了科学的生物进化学说，以自然选择为核心的达尔文进化论，第一次对整个生物界的发生、发展，作出了唯物的、规律性的解释。他认为，生物之间存在着生存斗争，适应者生存下来，不适者则被淘汰，这就是自然的选择。生物正是通过遗传、变异和自然选择，从低级到高级，从简单到复杂，种类由少到多地进化着、发展着。进化论是人类历史上第二次重大科学突破，第一次是日心说取代地心说，否定了人类位于宇宙中心的自大情结；第二次就是进化论，把人类拉到了与普通生物同样的层面，所有的地球生物，都与人类有了或远或近的血缘关系，彻底打破了人类自高自大，一神之下，众生之上的愚昧式自尊。进化论首先使生物学发生了一个革命变革。除了生物学外，这一理论对人类学、心理学及哲学的发展都有不容忽视的影响。

② 陈独秀：《法兰西人与近世文明》，《陈独秀著作选编（1897—1918）》第 1 卷，上海人民出版社 2009 年版，第 165 页。

认为，达尔文的进化论使"生存竞争优胜劣败之格言，昭垂于人类"，"而欧罗巴之物力人功，于焉大进"[①]。

受达尔文进化论的影响，陈独秀把人类社会历史发展进程看作是一个不断进化的变迁过程。他认为："宇宙间精神物质，无时不在变迁即进化之途。"[②]"人类文明之进化，新陈代谢，如水之逝，如矢之行，时时相续，时时变异。"尤其是在当代世界，"世界之变动即进化，月异而岁不同，人类光明之历史，愈演愈疾。"[③]

陈独秀认为，人类社会同自然界一样遵循着优胜劣汰、适者生存的进化规则。他说："万物之生存进化与否，悉以抵抗力之有无强弱为标准。优胜劣败，理无可逃。"[④] 又说："世界进化，未有已焉。其不能善变而与之俱进者，将见其不适环境之争存，而退归天然淘汰已耳。"因此，陈独秀特别强调积极进取，反对复古守旧。他指出："笃古不变之族，日就衰亡；日新求进之民，方兴未已；存亡之数，可以逆睹。"[⑤] 他对当时社会的各种复古守旧论调大加斥责，认为那是"自闭幽谷"，是"祸国殃民亡国灭种之谈"。

陈独秀还把进化论贯穿到思想文化领域，提出："盖道德之为物，应随社会为变迁，随时代为新旧，乃进化的而非一成不变的，

---

① 陈独秀：《法兰西人与近世文明》，《陈独秀著作选编（1897—1918）》第 1 卷，上海人民出版社 2009 年版，第 165 页。

② 陈独秀：《孔子之道与现代生活》，《陈独秀著作选编（1897—1918）》第 1 卷，上海人民出版社 2009 年版，第 165 页。

③ 陈独秀：《一九一六年》，《陈独秀著作选编（1897—1918）》第 1 卷，上海人民出版社 2009 年版，第 197 页。

④ 陈独秀：《抵抗力》，《陈独秀著作选编（1897—1918）》第 1 卷，上海人民出版社 2009 年版，第 178 页。

⑤ 陈独秀：《敬告青年》，《陈独秀著作选编（1897—1918）》第 1 卷，上海人民出版社 2009 年版，第 160 页。

此古代道德所以不适于今之世也。"① 不过，他并不赞同作为社会发展主体的人只能被动地适应外在的环境。他强调，人的主观能动性在人类社会进化过程中具有十分重要的作用。因此，他十分提倡树立创造精神，强调人类社会一直处于不断创造文明的过程中，创造就是进化，离开创造就没有进化，也就没有现代文明的产生。在他领导的新文化运动中，他的这种创造精神便被大大发挥出来。

从进化论出发，陈独秀强调人类历史的发展是一个不断由低级向高级进化的过程，他赞同法国实证主义哲学家孔德（Oumar Kondé）把人类社会的进化分为三个阶段的理论。他在《近代西洋教育》一文中指出，"孔特分人类进化为三时代：第一曰宗教迷信时代，第二曰玄学幻想时代，第三曰科学实证时代。欧洲的文化，自 18 世纪起，渐渐地从第二时代进步到第三时代，一切政治，道德，教育，文学，无一不含着科学实证的精神。"②

陈独秀把"宗教迷信"和"玄学幻想"看作是古代社会的主要特征，把"科学实证"看作是现代社会的主要特征。在他看来，人类社会由古代社会发展到现代社会是历史发展的一种必然，任何国家、任何民族都无法摆脱这一进化规律。同时，他又明确指出，不同的国家和民族在进化程度上存在着较大差异。在人类进化链条上，欧美一些国家已经进化到"科学实证时代"，进入了现代文明社会，代表着先进文明，处于历史进化链条的最前端。而落后的中国还处于"玄学幻想时代"，还处于古代社会发展阶段，远远落后于西方先进文明国家。他认为，任何国家和民族都必须参与竞争，

① 陈独秀：《答淮山逸民（道德）》，《陈独秀著作选编（1897—1918）》第 1 卷，上海人民出版社 2009 年版，第 307 页。

② 陈独秀：《近代西洋教育》，《陈独秀著作选编（1897—1918）》第 1 卷，上海人民出版社 2009 年版，第 359 页。

加入社会进化的过程，否则就会被历史淘汰。

因此，中国要想不被历史所淘汰，就要实现由古代社会向现代社会的转型、由"玄学幻想时代"向"科学实证时代"的转变。这就必须向西方学习，借鉴西方先进文明，借助民主与科学两大力量，推动中国走上现代化的道路。现代化是人类历史发展的必由之路，是时代潮流大势，中国作为人类历史进化链条中的一环，自然也不例外。陈独秀正是从社会进化这一角度，论证了中国实现现代化的必要性和重要意义。

2. 马克思主义现代化思想

马克思、恩格斯在深入批判现代资本主义社会运作机制的过程中，事实上形成了一整套有关现代社会运作机制及规律的理论观点，这说明马克思主义学说中蕴藏着极为丰富的现代化理论[1]。马克思、恩格斯关于现代化的思想内容极为丰富，他们的思想对陈独秀现代化思想的形成和发展产生了一定的影响[2]。

第一，资本主义的世界现代化在给人类社会带来史无前例的巨大进步的同时，也带来了前所未有的巨大灾难，使阶级与阶级之间、国家与国家之间、民族与民族之间、人与人之间、人与社会之间、社会与其生存的自然环境之间的矛盾愈演愈烈，从而也使人和社会处在一种极端畸形的发展状态。因此，资本主义现代化并不代

---

[1]　关于马克思、恩格斯的现代化思想，国内学界有不少研究。近期研究成果有，王浩斌：《马克思主义现代化理论中国化的根本问题》，载《湖南广播电视大学学报》2009 年第 4 期；俞思念、李彦辉：《马克思主义现代化理论在中国的发展》，载《马克思主义研究》2006 年第 4 期；李强、张国镛：《马克思主义现代化理论与中国现代化建设》，载《马克思主义与现实》2007 年第 2 期。

[2]　陈独秀在接受马克思主义之后，就开始运用马克思主义分析中国的现实，并寻求中国未来发展道路。马克思主义对陈独秀的影响是多方面的，本书在此仅谈马克思的现代化理论对陈独秀现代化思想的影响。

表人类社会的未来。陈独秀正是依据马克思主义的这些观点，对资本主义现代化的弊端进行了分析，对资本主义造成的人类灾难进行了批判，并最终选择了社会主义现代化道路。

第二，从世界历史的高度上看，在资本主义世界现代化发展的一定阶段上，通过社会革命，社会主义制度开始在一些经济相对落后国家逐步建立，这是社会主义发展的历史起点，也是社会主义现代化代替资本主义现代化过程的起点。但是，在"过渡时期"的社会主义现代化建设的难度方面，经济相对落后国家（特别是经济相对落后的大国）比发达资本主义国家要大得多。陈独秀深受马克思、恩格斯这些思想的影响，阐述了中国走向社会主义的可能性，并论述了中国现代化的发展阶段和曲折进程。

第三，在资本主义现代化发展的一定阶段上所产生的社会主义制度，在相当长发展时期内，还不可能在人和社会发展的各个方面实现对资本主义现代化的全面超越。因为新建立的社会主义在相当长发展时期内面临着如何限制、克服或避免资本主义现代化弊病的问题。而要在实践中解决这一难题，只有实施以经济发展为核心的人和社会、人和自然全面、协调发展的战略方针，最终超越资本主义现代化。但是，社会主义现代化全面代替资本主义现代化的过程是曲折、复杂的：对于发达资本主义国家来说，有一个在逐步克服资本主义现代化的各种弊病的过程中实现高于资本主义现代化的现代化形态的问题；而对于经济相对落后国家来说，则有一个在逐步吸取资本主义现代化的一切肯定的成果的同时，尽可能地避免资本主义现代化的弊病，从而实现高于资本主义现代化的现代化形态的问题。马克思、恩格斯的这些思想对陈独秀现代化思想的形成发展产生了重要影响。陈独秀关于社会主义经济是开放型经济，社会主义现代化建设必须吸收利用资本主义积极成果的思想，均与此有关①。

除上述思想之外，马克思主义关于实现民族独立、发展现代工业、利用科学技术推进现代化等思想，也对陈独秀现代化思想的形成和发展产生了重要影响②。

第二节　陈独秀现代化思想的形成发展过程

一、从进化论到政治革命论

伴随着中国现代化的曲折发展进程，陈独秀的现代化思想经历了一系列的转换。

陈独秀年幼丧父，少年时期的他先在其祖父、后在其大哥的严厉监督之下，精读中国传统经典，学作八股文，努力在科举之路上，以实现其母亲光宗耀祖的梦想和自己的雄略大志。

甲午战争失败后，陈独秀在康有为、梁启超的影响之下，与科举制彻底决裂。1897 年年末，陈独秀撰写了长篇政论文《扬子江形势论略》，力劝当时清政府注意长江防务，认清国家危在旦夕的严峻形势，及时采取相应的对策。陈独秀从这一时期开始认识到，国民性是国家存亡和发展的关键。陈独秀认为，中国"以积重难返之势，处激烈竞争之秋"，境况极为严峻。因此，此时的陈独秀极为关注国民性的改造和人的现代化。

---

① 参见叶险明：《对马克思现代化观的一种读解》，载《哲学研究》2000 年第 2 期。
② 本书第八章在谈陈独秀现代化思想对马克思主义现代化理论的丰富和发展时，将更系统地论述这一问题。

戊戌变法的失败，戊戌六君子的鲜血浇灭了陈独秀心中刚刚燃起的力主通过改造国民性实现中国变革的改良热情。他决定赴日本留学，了解国外现代化的情况，解决心中存在的疑问：我们中国人何以不如外国，要被外国欺负？陈独秀就是带着这个问题，开始更深入地探讨中国现代化的问题。

在日本留学期间，陈独秀研读了法国启蒙思想家卢梭(Jean-Jacques Rousseau，1712—1778) 的《契约论》、孟德斯鸠(Montesquieu，1689—1755) 的《论法的精神》、英国社会学家斯宾塞 (Herbert Spencer，1820—1903) 的《代议政题》等西方资产阶级启蒙学者的政治著作。在这些启蒙思想家的影响下，陈独秀开始了他由维新派向革命派的转变。1902 年，陈独秀第二次赴日本，进成城学校学习陆军军事知识，并加入了"以民族主义为宗旨，以破坏主义为目的"的中国青年会，并通过中青会结识了邹容等革命志士，彻底转变为革命派。1904 年，陈独秀在国内创办了《安徽俗话报》，以通俗易懂的语言向社会中下层民众进行思想启蒙教育，宣传开展革命的思想。1905 年他还组织了反清秘密革命组织——"岳王会"，准备以武力反抗清政府的专制统治。这意味着，陈独秀的思想在由进化论转向政治革命论。

陈独秀的政治革命论，在他接受了马克思主义之后，还有一定程度的发展。1921 年 8 月陈独秀在《答蔡和森》的信中指出"综合革命说与进化说"是马克思主义的精髓。他还进一步阐述了革命与进化的关系。指出："人类社会之历史，乃经过无数进化阶段及多次革命战争，乃至有今日之组织及现象。……在每个进化阶段新旧顿变时，都免不了革命战争。革命之所以称为神圣事业，所以和内乱及反革命不同，乃因为他是表示人类社会组织进化之最显著的现象，他是推进人类社会组织进化之最有力的方法。"[①] 因此，陈独秀抛弃了昔日的改良主义主张，吸收了马克思的阶级斗争学说，强调用"强力"，"用阶级斗争的手段，打倒一切资本阶级，从他们手抢夺来政权"[②]。

二、由政治革命论向全盘西化论的转变

1911 年，孙中山领导的辛亥革命获得了成功，推翻了统治中国长达两千多年的封建统治，但革命的胜利果实却被袁世凯篡夺了，并很快掀起了复古逆流，废除国法和议会，大肆提倡"尊孔读经"。面对辛亥革命后中国社会的现实状况，陈独秀又一次陷入了深思之中。对比中西现代化进程的差异，陈独秀终于找到了答案：中国人民尚未觉醒。"吾国之维新也，复古也，共和也，帝制也，皆政府党与在野党之所主张抗斗，而国民若观对岸之火，熟视而无所动心。"[③] 于是，陈独秀开始探索如何改造国民性的问题，这意味着他的思想开始由政治革命转向思想文化革命。

1915 年，陈独秀创办了《新青年》（第一卷叫《青年杂志》），拉开了新文化运动的序幕。新文化运动高举"民主"与"科学"大旗，在政治上对封建制度、在思想文化上对封建思想体系作了坚决的斗争。一时间，陈独秀成了中国思想界的耀眼明星，为众多青年知识分子所追捧。《新青年》影响了中国一代人甚至几代人，为近

---

① 陈独秀：《革命与反革命》，《陈独秀著作选编（1923—1925）》第 3 卷，上海人民出版社 2009 年版，第 1 页。

② 陈独秀：《"共产党"月刊短言》，《陈独秀著作选编（1919—1922）》第 2 卷，上海人民出版社 2009 年版，第 298 页。

③ 陈独秀：《一九一六年》，《陈独秀著作选编（1897—1918）》第 1 卷，上海人民出版社 2009 年版，第 197 页。

代中国的现代化播下了种子。

五四运动前后，陈独秀、胡适等人在报刊上，以彻底不妥协的精神向封建传统文化挑战；吴虞等人打出了"打倒孔家店"的大旗，在思想文化领域激起了轩然大波。陈独秀勇敢地突破传统思维框架的束缚，旗帜鲜明地主张接受近代西方文明来全盘改造中国的传统文化。

陈独秀在"五四"时期就曾悲愤地写道："法律上之平等人权，伦理上之人独立人格，学术上之破除迷信，思想自由：此三者为欧美文明进化之根本原因，而皆为尊重国粹国情之袁世凯一世二世所不许。长此暗黑，其何以求适二十世纪之生存?"①

此时的胡适也明确地指出："西化"优于"东方化"，"西化"将成为东方各国的发展趋向。他认为，当时西方欧洲文化的特色，就是科学与民主，欧洲为此奋斗了几百年，中国也该为此奋斗了。此时的陈独秀，虽然没有放弃进化论，但却对西方文化表现出浓厚的兴趣。在当时关于中西文化大讨论的背景之下，陈独秀将中西文化做了对比，他首先具体分析了两种文化之间的差异。在《青年杂志》第一卷第四号上，他发表了《东西民族根本思想之差异》一文，从三个方面展开了比较：一是"西洋民族以战争为本位，东洋民族以安息为本位"。在陈独秀看来，西洋民族好战健斗，勇于竞争，而东方民族恰恰缺乏这种竞争精神。二是"西洋民族以个人为本位，东洋民族以家族为本位"。在陈独秀看来，西洋民族注重个人，强调主体精神的发挥，而东方民族重血缘宗族关系而忽视个人存在的价值。三是"西洋民族以法治为本位，以实利为本位，东洋民族以感情为本位，以虚文为本位"。在陈独秀看来，西洋民族重制度，

---

① 陈独秀：《袁世凯复活》，《陈独秀著作选编（1897—1918）》第 1 卷，上海人民出版社 2009 年版，第 271 页。

因而法治化程度高，人们更关注自己的经济利益和物质生活。而东方民族注重亲情而轻视法律，鄙视物质利益，因而造成社会经济发展停滞，导致了国家和民族的衰微。①

陈独秀认为，正是东西民族文化之间的这种显著差异，造成了东西民族社会发展巨大的差异。在他看来，中西文化之间的差异，并不仅仅表现在它们是两种不同民族的文化，具有各自的传统，而根本在于：中西文化分别代表着文化发展的不同阶段，具有"旧"和"新"的差别。在当时，许多中国知识分子也认为，所谓"新文化"就是西方文化，"旧文化"即中国古代文化②。

陈独秀认为，"东洋文明"（中国、印度）和"西洋文明"分别代表着两种不同的文明，"代表东洋文明者，曰印度，曰中国。此二种文明虽不无相异之点，而大体相同，其质量举未能脱古代文明之窠臼，名为'近世'，其实犹古之遗也。可称曰'近世文明'者，乃欧罗巴人之所独有，即西洋文明也；亦谓之欧罗巴文明。"③

在陈独秀的文化观念中，两种不同文明可以画以下等号：

新文化＝西洋文化＝西方文化＝先进文化＝近世文明

旧文化＝东洋文化＝中国文化＝落后文化＝古代文明

陈独秀把中、西两种文明视为两种性质截然不同、时代属性不同的文明，认为中西两种文明代表了不同的时代，具有不同的性质。中华文明代表的是落后的"古代文明"，是适应古代社会的。而西方文明则代表先进的"近世文明"，是适应现代社会的。这样，

---

① 参见陈独秀：《东西民族根本思想之差异》，《陈独秀著作选编（1897—1918）》第 1 卷，上海人民出版社 2009 年版，第 195—196 页。

② 如汪叔潜说："所谓新者，无他，即外来之西洋文化也。所谓旧者，无他，即中国固有之文化也。"参见汪叔潜：《新旧问题》，《青年杂志》第一卷第一号。

③ 陈独秀：《法兰西人与近世文明》，《陈独秀著作选编（1897—1918）》第 1 卷，上海人民出版社 2009 年版，第 164 页。

两种文化之优劣便显现出来了。在他看来，中国文化是在落后的封建制度下产生的，其与自然经济相适应的内容已不再适用于今世社会，传统的伦理道德已经落后。而近代中国之所以落后于西方国家，受到西方列强的入侵而出现一系列的民族生存危机，最为关键的原因就是中国文化的落后。由此可以看出，陈独秀此时的现代化观念实际上是一种文化决定论[①]。

陈独秀又进一步分析了新旧文化的关系问题，认为中西两种异质文化，是根本对立的，绝无调和的可能。他指出："欧洲输入之文化，与吾华固有之文化，其根本性质极端相反。"[②]"吾人倘以新输入之欧化为是，则不得不以旧有之孔教为非。倘以旧有之孔教为是，则不得不以新输入之欧化为非。新旧之间，绝无调和两存之余地。"[③]而陈独秀所说的"欧化"，集中到一点，就是拥护"科学"与"民主"，就是后来人们所说的"西化"，即梁启超所说的"新"化，这是20世纪初中国思想界对现代化的理解，它的内涵是科学化和民主化。这种思想，是对在中国流行两千多年的儒学传统的一大突破。

由于新旧两种文化截然对立、不可调和，因此，要引进西方现代性文化，必须首先对中国的传统文化进行彻底清除。正是出于这一考虑，陈独秀发起并领导的新文化运动，掀起了全面反传统主义的浪潮，从而转向了"西化"。陈独秀以西方现代性文化作为尺度来考量中国传统文明，并以此规定中国传统文化的发展方向。他认为，中国的现代化应该就是一个"西化"过程。他主张对中国传统

---

①　2005年武汉大学戴浩的硕士论文"新文化运动前期陈独秀的现代化观念"曾对此作过详细的分析。本书在写作过程中，参阅了此论文部分内容。

②　陈独秀：《吾人最后之觉悟》，《陈独秀著作选编（1897—1918）》第1卷，上海人民出版社2009年版，第201页。

③　陈独秀：《答佩剑青年（孔教）》，《陈独秀著作选编（1897—1918）》第1卷，上海人民出版社2009年版，第311页。

文化做全面否定和彻底清除，要引进西方的"民主"和"科学"，形成平等、自由、独立的新的文化格局，来取代传统的封建专制文化，建立一种全新的中华民族文化。陈独秀这种思想是对于先前的中国思想界"中体西用"文化模式的彻底突破。在他看来，文化是一个整体，文化的"体"和"用"应该是一致的。他认为"中"与"西"之间本质不同，没有任何调和的可能。陈独秀所发起的新文化运动，对中国传统文化进行了猛烈的批判，并将矛头指向儒家文化的核心价值部分，这是面对西方现代性文化的挑战作出的一种积极的反映。它以伦理道德价值系统和人的思维模式为变革目标，将其作为现代化最根本的内容。陈独秀中西文化观的深刻性和合理性就在于此[1]。

五四运动前后，中国知识分子有关中西文化问题的论战长达十年之久。今天回过头来看，这次新文化运动在思想领域内引起的变动，主要不在于已经批倒了以"孔教"为代表的各种旧礼教和旧道德，而在于破除了长期以来束缚人们思想的各种障碍，形成了一个百家争鸣的局面。正是在这样一个百家争鸣的宽松环境之下，才有了新文化运动，才有了马克思主义在中国的迅速传播。

三、陈独秀向马克思主义者的转变

1914 年爆发的第一次世界大战彻底暴露了西方资本主义文明存在的各种问题，而大战中爆发的俄国十月革命，开辟了资本主义现代化之外的另一条现代化道路，使人们看到了西方文明之外另一种文明带来的希望。于是，在中国现代化进程中，产生了对西方文明

---

[1] 参见周丽亚："陈独秀现代化思想研究"，复旦大学硕士学位论文，2008 年。

的信仰危机，人们对西方文化的认识也相应地发生了比较大的变化。

在第一次世界大战的新形势下，从俄国和西方输入中国的马克思主义和无政府主义思潮，对西方资本主义文明进行了彻底的批判；从西方、印度、日本输入中国的罗素、泰戈尔等人的思想，则持比较温和的态度重新估价西方资本主义文明。在这些新思潮的冲击之下，中国的新文化运动，东西方文化的论战，面临着一个新的转折。曾经极力讴歌资本主义文明的梁启超等人从欧洲旅游归来，对西欧文明的幻想破灭了；曾经鼓吹过西方民主、自由的陈独秀，则从"西化"派转向了马克思主义，从西欧文明转向了苏俄社会主义新文明。

1919 年 5 月，由于巴黎和会上中国外交的失败，国内爆发了震惊世界的"五四运动"。五四运动后期，在援助李大钊对非马克思主义者的论战中，陈独秀由激进的民主主义者转变为马克思主义者，并和李大钊相约建立无产阶级政党。这是陈独秀现代化思想最重要的一次转变。

促使陈独秀由民主主义者转变成马克思主义者的原因，有以下几个方面：

一是列宁领导的俄国十月社会主义革命的影响。正当新文化运动蓬勃发展之际，传来了俄国十月革命胜利的消息。中国先进的知识分子从中看到了世界文明的"新曙光"，他们很快把目光从西方转向了俄国。在这方面，陈独秀虽比李大钊迟缓一步，但毕竟还是较早进行这种转换的中国人之一。1919 年 4 月，他在《二十世纪俄罗斯的革命》一文中，对俄国革命大加赞赏，把俄国革命和法国大革命同样看作是"人类社会变动和进化的大关键"[1]。通过五四运

---

[1] 陈独秀：《随感录·二十世纪俄罗斯的革命》，任建树，《陈独秀著作选编(1919—1922)》第 2 卷，上海人民出版社 2009 年版，第 80 页。

动，陈独秀对十月社会主义革命的认识又进一步深化。从此，他的眼光和态度完全转向苏维埃俄国。这是他转变成为马克思主义者的前提。

二是五四运动斗争实践的促进。五四运动爆发后，陈独秀立即投身于实际的、轰轰烈烈的革命斗争之中。五四运动爆发的当天，他就撰写了《两个和会都无用》一文，揭露国外帝国主义的反动本质和国内军阀统治者的卖国本质，公开号召人民起来进行反对国外帝国主义和国内军阀统治的斗争。5月26日，他又撰写《山东问题与国民觉悟》一文，指出应该从山东问题上醒悟过来，并提出了"强力拥护公理，平民征服政府"的两大宗旨①。6月9日，他在亲自起草的《北京市民宣言》中指出，如果用和平方法不能达到目的，便"惟有直接行动，以图根本之改造"②。6月11日，他还亲自上街散发传单，遭到拘捕，直至9月16日，在舆论和群众的压力下，北洋军阀政府才被迫将他释放。五四运动的斗争实践及随后三个月的铁窗生活是他转变成为马克思主义者的强大推动力。

五四运动之后，陈独秀迅速地朝着马克思主义者转变。1919年12月1日，他发表《〈新青年〉宣言》一文，明确表示要同资本主义决裂。同一天载于《晨报》的《告北京劳动界》，他又从世界发展大势，对资产阶级民主制和无产阶级民主制作了区分，对新兴无产阶级的民主制表示了肯定。1920年5月，在关于上海厚生纱厂湖南女工问题的讨论中，他发表《我的意见》一文，初步运用马克思的剩余价值学说，揭露资本主义的剥削"实在是清平世界里

---

① 陈独秀：《山东问题与国民觉悟》，任建树，《陈独秀著作选编（1919—1922）》第2卷，上海人民出版社2009年版，第107页。

② 陈独秀：《北京市民宣言》，任建树，《陈独秀著作选编（1919—1922）》第2卷，上海人民出版社2009年版，第116页。

不可赦的罪恶"①。9 月 1 日，他在《新青年》上发表《谈政治》一文。在这篇文章中，他论述了马克思的国家学说和无产阶级专政的思想，批判了资产阶级的国家观和民主观，承认了无产阶级专政，论证了无产阶级必须从资产阶级手中夺取政权并利用这个政权去征服资产阶级，通过无产阶级专政达到阶级及其权势的消亡。这在当时条件下是一篇水准很高的文章，也是陈独秀世界观转变的一个界碑。这篇文章标志着他和资产阶级民主主义思想的彻底决裂，也表明他已经成为一个马克思主义者。列宁指出："只有承认阶级斗争，同时也承认无产阶级专政的人，才是马克思主义者。"② 按照列宁的标准，陈独秀此时已经成为一个马克思主义者了。

之后，他就把主要精力放在了宣传和传播马克思主义，组建中国共产党，探索中国革命道路和现代化道路等问题上。正是在马克思主义的指导下，在十月社会主义革命的影响之下，陈独秀形成了独特的现代化思想。

1929 年以后，陈独秀开始接触托派的有关文件，了解托洛茨基主义的观念主张，对托洛茨基批评斯大林应负中国革命失败的责任问题很感兴趣③。在发表了《我们的政治意见书》以后，开始从

---

① 陈独秀：《上海厚生纱厂湖南女工问题》，任建树，《陈独秀著作选编（1919—1922）》第 2 卷，上海人民出版社 2009 年版，第 231 页。

② 列宁：《国家与革命》，《列宁选集》第 3 卷，人民出版社 1995 年版，第 199 页。

③ 托洛茨基主义源于俄国十月革命的主要领导人列昂·托洛茨基（Leon Trotsky）。托洛茨基称自己为布尔什维克—列宁主义者，是正统马克思主义的倡导者。托洛茨基主义，是以主张工人阶级先锋的马克思主义理论，反对斯大林主义和社会民主主义。在反对斯大林主义上，托洛茨基主义者强调废除斯大林主义的官僚统治；在反对社会民主主义上，托洛茨基者倡导战斗性的工人革命。世界上有不少的组织，视自己来自托洛茨基主义传统，称自己为托洛茨基主义者，或托派。在 20 世纪 20 年代，以托洛茨基为首的左翼反对派，在苏联和布尔什维克党内有着相当大的影响，直到斯大林于 1928 年对左翼反对派进行残酷镇压。托洛茨基被流放，而他的支持者都被囚禁。

事组织托派、宣传推翻国民党、批评共产党、传播托洛茨基思想的
工作。晚年的陈独秀，对民主、资本主义、社会主义问题进行了再
思考，思想观念有所转变。但有两点没有变：一是反帝反封建的立
场没有变；二是追求中国富强民主的现代化理想没有变。

第三节　陈独秀现代化思想的主要内容

一、陈独秀对现代化内涵的理解

"现代化"一词产生于 18 世纪，内涵丰富，主要指实现现代化
的过程或实现现代化后的状态。陈独秀没有正式使用过"现代化"
这个概念。在他人生最辉煌的时候，"现代化"这个概念在中国并
未流行开来，中国的思想领域正式使用"现代化"这个概念是在
20 世纪 30 年代《申报月刊》关于现代化的讨论之后。即使在正式
使用"现代化"这个概念之后，国内学界还同时使用过"近代化"
这个概念来对应西方的"现代化"这个概念。

陈独秀更多地使用"历史进化"、"社会进化"、"工业化"、"欧
化"来表达"现代化"的语义。从他关于现代化的论述来看，他对
现代化内涵的理解主要体现在以下几个方面：

第一，"现代化"就是"工业化"，就是从传统农业社会向现代
工业社会过渡的过程。

陈独秀在其现代化思想的形成和发展过程中，提出了中国要实
行工业化的目标。他认为，工业化是一个国家实现经济现代化的必
由之路，是国家独立，人民自由民主的根本保证，发展工业化刻不

容缓。在他看来，现代化首先是工业化。

世界现代化的历史进程表明，工业化是现代化的核心内容，工业化是带动整个社会向现代转型的动力。陈独秀在思考中国的现代化发展道路时，也注意到了实现工业化的重要性。中共二大后，他认识到，中国社会生产力水平仍很低下，中国要富强，必须开发实业。晚年陈独秀在《抗战与建国》一文中系统阐述了发展工业的重要性。"为什么要发展工业？因为非如此不能增高国家物质的力量和提高人民生活与文化，以减少整个民族文化方面的落后性。"[①] 因此发展工业、实现工业化刻不容缓。他甚至还把发展工业与战争联系在一起，论述发展工业的必要性。他认为，一个国家的工业化程度如何，直接关系到该国的军事实力的大小；工业化程度高的国家，其军队的武器装备相对精良，军队的士气也相对高涨。在分析中日战争时，他认为，抗日战争就是因为中日两国工业都有了发展才爆发的，中国"建立一个资本主义的新兴国"的企图，"使大部分靠着中国的资源和市场才能够继续发展的日本帝国主义者"，"企图以工业的日本统治农业的中国，只有用战争来打破中国建立资本主义新国家之野心；中国不甘心受日本的统治，要发展民族工业，自做主人，也只有努力抗战以打破敌人的企图"[②]。在他提出的抗战十条纲领中，第一条便是"以推翻帝国主义者加于中国民族工业发展的障碍为此次抗日战争之最终目的"。陈独秀深刻意识到了工业化对于中国现代化的重要性，他甚至把发展工业提到了民族存亡的高度来认识。

---

① 陈独秀：《抗战与建国》，任建树，《陈独秀著作选编（1932—1942）》第 5 卷，上海人民出版社 2009 年版，第 245 页。

② 陈独秀：《我们为什么而战》，《陈独秀著作选编（1897—1918）》第 1 卷，上海人民出版社 2009 年版，第 267 页。

发展现代工业，把中国由一个落后的农业国变为先进的工业国，对于我国的经济现代化，对于我国的统一、独立和富强都具有十分重要的意义。陈独秀意识到了工业化的重要作用，并把工业化作为现代化的重要目标。他提出了中国工业化的许多主张，至今仍然具有现实意义。

第二，现代化不仅指物质层面，还体现在政治层面，现代化在政治领域的内涵就是政治民主化。

在西方现代化理论中，政治民主化是政治发展的一项重要内容，也是一个国家现代化的重要任务。在政治发展方面，陈独秀始终高举"民主"和"科学"两面大旗，其民主思想从民主的价值、主体、发展到制度层面，层层深入，三位一体，共同构成了一个相对完整的体系。他早年受资产阶级民主主义和西方启蒙学者的影响，比较注重民主的价值即人权、自由，还提倡利用法治来保障人权、自由的实现。在了解并接受马克思主义之后，陈独秀认识到，由于不同制度之下的民主主体不同，因而民主在不同制度下的性质大不相同。受马克思主义民主观的影响，他提倡社会主义民主是大众的民主。到了晚年，陈独秀一方面思考中国政治发展的前途，另一方面反思苏联的政治制度，认为制度的建设更为重要，只有制度健全才能保证民主，防止个人独裁。这一时期，他显然更为关注制度层面的民主。

第三，现代化最核心的内容是文化现代化。

文化现代化是现代化中最核心层次的内容。在陈独秀的现代化思想中，最重要的、论述最多的是他的文化现代化思想。首先，他发动领导了新文化运动，反对封建传统文化，引进西方先进文化，其目的就是要以现代思维方式取代具有模糊性特点的传统思维方式，促进人们思想的解放。其次，他提倡新道德，反对以"三纲五常"为核心的旧伦理规范，提出塑造适应现代化的新式国民标准，并把改造国民性，实现人的现代化作为现代化的重要内容。这可谓抓住了现代化的根本。最后，陈独秀提出了科技教育现代化，主张通过科学消除迷信，推进生产力的发展；提出要大力发展教育，通过发展职业教育、平民教育、女子教育等提高国民素质，推动文化由贵族走向大众化。

陈独秀生活的时代正是中国从半殖民地半封建社会向现代社会过渡的时代，当时，许多知识分子曾经对"现代化"进行过激烈讨论，并提出了一些新观点。陈独秀除了在经济、政治、文化三个方面思考现代化之外，还考虑到现代化的主体——人的现代化。这是陈独秀对现代化内涵理解的一个亮点，把人作为实现现代化的主体，把人的现代化作为实现现代化的一个目标，这在当时是十分难得的。虽然陈独秀对现代化内涵的理解并不一定全面，但是其中的思想在今天仍然具有十分重要的理论意义和现实意义。

二、陈独秀现代化思想概述

陈独秀的现代化思想是在人类社会由资本主义向社会主义过渡的时代背景下，在战争与革命成为时代主题的历史条件下，在近代中国急剧衰败而中国人民追求民族解放和国家独立的伟大实践中，在总结中国人民苦苦追寻现代化的胜利和挫折的历史经验的基础上，逐步形成和发展起来的。

陈独秀的现代化思想，内容极为丰富。

——中国为何要实现现代化？因为近代中国一直处于被动挨打的状态，其根本的原因是中国的经济落后、文化守旧、观念保守。只有高举"科学"与"民主"的大旗，实现中国的现代化，才能赢得民族独立和人民解放，才能实现国家富强，才能逐步缩小与西方国家的差距，进而实现中华民族的伟大复兴。

——中国的现代化应该坚持什么样的指导思想？陈独秀在对各种社会思潮进行了对比研究之后，最终意识到，中国现代化只有坚持马克思主义的指导地位。他在意识到这一点后，实现了从一个资产阶级民主主义者向马克思主义者的转变，并开始了马克思主义在中国早期的传播，为实现马克思主义中国化奠定了基础。

——中国应该通过什么途径实现现代化？陈独秀通过对几种现代化模式的比较研究，认为中国的现代化不能走英、美等资本主义现代化的旧路，必须向列宁学习，走苏联式的社会主义现代化道路。

——中国的经济到底如何发展？陈独秀运用马克思主义基本原理分析中国的国情，并考察了西方早期现代化国家的历程，提出了中国经济现代化的总体构想，并阐述了他的工业现代化、农业现代化思想。

——中国的政治如何发展？陈独秀高举"科学"与"民主"两面大旗，向封建专制制度开战，向资本主义制度开战。他结合中国实际，阐述了政治民主化思想，而且这些思想至今仍然具有重要意义。

——如何实现中国的文化现代化？陈独秀认为中国传统文化总体上是一种落后文化，而西方文化是一种先进文化。早年，他曾接受西方的进化思想，分析中国传统文化的弊端。新文化运动期间，他对中国封建传统文化进行了彻底批判。在他转向马克思主义之后，他又对西方文化和西方各种思潮进行了批判，并结合中国当时的实际，阐述了他的文化现代化构想。

——如何实现科技和教育现代化？陈独秀对科学技术和教育的

重视，是同时期其他人无法比拟的。他的大半生似乎都在为科学与教育呐喊。他视科学技术现代化为现代化的关键。主张以科学破除迷信，发挥科学之功，丰富人们的物质生活。他认为："人所有的衣、食、住一切生活必需品，都是物质文明之赐，只有科学能够增加物质文明。"[①] 他对中国的教育甚是担忧，以为"一群之进化，其根本固在教育"。他力主通过发展新式教育，提高国民文化素质。他反对脱离政治空谈"教育救国"，认为教育必须建立在一定的经济基础之上。他主张教育应当"趋重实用"与社会密切联系。他感到中国教育现代化的任务十分艰巨，主张普及与提高并举。

——通过谁来实现现代化？陈独秀运用马克思主义阶级分析方法，分析中国社会的阶级状况，指出中国的现代化既不能依靠资产阶级，也不能依靠知识分子，必须依靠最广大工人农民的努力才能实现。而要把中国最广大人民群众凝聚起来，形成整体力量，必须建立以马克思主义为指导的无产阶级政党。陈独秀为此付出了艰辛的努力，对中国现代化作出了不可磨灭的贡献。

总体来看，陈独秀现代化思想极为丰富，他对中国现代化的必要性、现代化目标、道路、途径、依靠力量、领导核心等问题进行了较为全面的阐述，这些思想构成了陈独秀现代化思想的主要内容。

三、陈独秀现代化思想在陈独秀思想中的地位

陈独秀的思想内容十分丰富。他的一生处于世界巨变、中国巨变的过程之中。环顾世界，他经历了两次世界大战，目睹了世界大战给人类带来的巨大创伤；经历了中国的封建社会、半殖民地半封

①　陈独秀：《评泰戈尔在杭州、上海的演说》，《陈独秀著作选编（1923—1925）》第 3 卷，上海人民出版社 2009 年版，第 258 页。

建社会，目睹了贫穷落后给中国人民带来的痛苦；作为一个贫民知识分子，痛定思痛，陈独秀最关心的还是国家的前途和命运；作为一个淡于物质生活的人，虽然一生没有离开政治，但他思考的几乎全是思想层面的问题。

陈独秀一生著述较多，现已编辑出版的就有《独秀文存》、《陈独秀文章选编（上、中、下)》、《陈独秀选集》、《陈独秀著作选》、《后期的陈独秀及其文章选编》、《陈独秀书信集》、《陈独秀年谱》、《陈独秀诗选》、《陈独秀评论选（上、下)》、《陈独秀著作选编》（六卷）等等。他的这些著述，内容涉及方方面面，包括经济、政治、文化、社会、科技、教育，革命、改革、改良，国际、国内，历史、现实与未来。他的著述形式多样，包括文章、社论、政纲、报告、决议、指示、书信、总结、文件、诗歌等等。

但陈独秀并不是两耳不闻窗外事、躲在书斋里的学者。他的所有著述都与中国的实际联系在一起。他的每一篇文章、每一份评论、每一次演讲，甚至每一首诗，都与那个时代有关，与当时中国的实际相连。从他的著述中可以窥见中国当时的历史，反映中国的社会变迁和思想变迁。

对于陈独秀的思想，我们可以作纯粹历史学的解读。从19世纪末期到20世纪上半期，中国从封建帝制的满清王朝到"三民主义"的"中华民国"，再到社会主义新中国成立以前，陈独秀的思想一直在变化。这些变迁折射出中国历史的变化和中国思想史的变化。编写中国近代史和中国近代思想史，陈独秀的思想都是不能忽略的。因此，对于陈独秀的思想，我们完全从纯历史学的角度去解读，也可以从纯思想史的角度去解读。

对于陈独秀的思想，我们可以作中国革命史和中共党史的解读。因为陈独秀的思想对于中国共产党的建立和发展，对于中国共产党领导的新民主主义革命，产生了极为深远的影响。编写中共党史和中国革命史，也不能不提陈独秀。因此，我们完全可以从革命史和中共党史的角度，对陈独秀的思想进行解读。

对于陈独秀的思想，我们也可以作中国政治发展史的解读。按照陈独秀本人的说法，他的一生就没有离开过政治。他的学术是一种政治学术，他的活动是一种政治活动。讲中国近代政治发展史，也不能不提陈独秀的思想与活动。所以，我们完全可以对其思想作政治发展史的解读。

但通读陈独秀的著述，笔者认为，我们对陈独秀的思想完全可以作现代化视角的全新解读。近代以来，中华民族面临两大历史任务：一个是求得民族独立和人民解放；一个是实现国家繁荣富强和人民共同富裕。而这两大历史任务，恰恰又是中国现代化的历史任务。陈独秀一生在为完成第一个任务而斗争，为完成第二个历史任务而努力。

为完成第一个任务，他发起新文化运动，倡导思想解放，力主改造国民性；他在群众中宣传新文化，传播马克思主义，倡导社会主义，唤醒国民革命积极性；他走南闯北，亲自领导建立了中国共产党，为中国人民找到革命的领导力量。

为完成第二个任务，他潜心研究，不断奋斗，设计了中国现代化的宏伟蓝图，并就如何实现中国经济现代化、政治民主化、文化现代化等作了深入的理论探讨。这些理论探索形成的丰硕成果，构成了陈独秀的现代化思想。

陈独秀为中国的现代化事业倾注了毕生的心血。他的现代化思想虽然还不够成熟，但却是我国现代化史上的瑰宝，不仅在他所处的那个时代产生了重要影响，而且至今仍然具有重要的理论意义和现实意义。

第二章 现代化道路的选择

中国要实现现代化，到底该走何种道路？这是中国早期知识分子不能回避的问题。陈独秀在其成长初期，人类现代化只有一条道路，即资本主义现代化道路。现代社会往往等同于资本主义社会，现代化往往被称之为资本主义现代化。由于资本主义现代化始于西方，因此，现代化也通常等同于"西化"。十月革命之后，人类现代化出现了两种不同道路：一种是以早期现代化国家为代表的资本主义现代化道路；另一种是以俄国为代表的社会主义现代化道路。

陈独秀曾经是一个西化论者。早年他曾一度设想用西方文明改造中国文明，走西化的道路。俄国十月革命之后，尤其在他接受了马克思主义之后，陈独秀转向了社会主义现代化道路。他认为：中国的现代化绝不能走"欧美、日本人的错路"，必须走社会主义道路。因为欧美现代化道路是资本主义现代化道路，具有许多弊端，中国曾设想走资本主义现代化道路根本走不通，"西化"处处碰壁；而俄国十月革命开辟的社会主义现代化道路代表着人类的未来。他认为，在世界正处于帝国主义时代，经济文化落后国家处于薄弱环节的情况下，走向现代化必须选择特殊的道路。他把这条道路称为"跳跃式的特殊道路"，认为中国只有走跳跃进化之路，才能获得民族独立和人民解放，才能实现民族振兴。而中国要通过跳跃进化道路走向社会主义现代化，必须首先进行无产阶级革命，建立无产阶级专政，在政治条件具备后，还应尽快发展社会经济。

第一节　"西化"即"现代化"

一、现代化即资本主义化

传统社会向现代社会的过渡是从 15 世纪下半叶开始的。在当时，现代社会就是资产阶级社会，现代的到来，就是资本主义时代的到来。现代社会的到来是从西方开始的，西方资本主义国家逐步成长起来的新兴资产阶级开创了人类从分散走向整体的世界历史过程，一度引领了现代化发展的方向。现代化之所以带来剧变和冲击，就在于资产阶级创造了传统社会无法比拟的极其先进的社会生产力。先进的机器、先进的武器、价廉物美的商品，改变着生产方式和人们的生活方式，以无比巨大的威力吸引着未开化国家人民的眼球。连马克思都不得不发出感叹："自然力的征服，机器的采用，化学在工业和农业中的应用，轮船的行使，铁路的通行，电报的使用，整个整个大陆的开垦，河川的通航，仿佛用法术从地下呼唤出来的大量人口，——过去哪一个世纪料想到在社会劳动里蕴藏着这样的生产力呢？""资产阶级在它的不到一百年的阶级统治中所创造的生产力，比过去一切世代创造的全部生产力还要多，还要大。"[①]更为重要的是，西方资本主义所开创的世界现代化进程，一开始便

---

① 《马克思恩格斯选集》第 1 卷，人民出版社 1995 年版，第 277 页。

具有强烈的扩张性。为了占领国际市场、得到充足原料和廉价劳动力，最早开始现代化的资本主义国家不惜一切代价，对世界其他国家或地区进行猛烈的血与火的扩张，结果"使未开化和半开化的国家从属于文明的国家，使农民的民族从属于资产阶级的民族，使东方从属于西方"①。也就是说其他地区，包括很多欧洲国家，都不得不在西欧资本主义工业的巨大优势下先后作出反应。马克思也正是在这个意义上，指出了资本主义开创的世界现代化进程的必然性："它迫使一切民族——如果它们不想灭亡的话——采用资产阶级的生产方式"②。这样，现代化的必然性造成了对现代化回应的必然性，而引领人类现代化进程的西方资本主义尤其是欧美国家首先成为世界上其他民族国家走向现代化的榜样。

在中国，鸦片战争是完全从属于 19 世纪上半期的西欧资本主义国家的殖民扩张需要的，而战争的结果客观上促进了中国现代化的起步。由于当时的现代化国家主要是西方国家，西方国家在经济、政治、科技、军事甚至文化方面都显示了强势地位。因而非西方国家要想使自己成为具有现代性特点的国家，在当时的榜样只有西方几个资本主义国家。因此当时人们称向西方学习是"西化"或"欧化"。正如陈序经在《中国文化的出路》中写道："自鸦片战败后，中国屡受外人之迫，中国人逐渐知道排外势所不能，因为西方文化的东渐，决非顽固不准外人来中国所能阻止。"③陈序经等人已经看到了现代化的势不可挡之势。由于现代化始于西方，向西方学习就成为后发现代化国家的最先选择。中国现代化思想史上的"西化"思潮就是在这种背景下形成的。在当时的"西化"论者看来，现代

---

① 《马克思恩格斯选集》第 1 卷，人民出版社 1995 年版，第 277 页。

② 《马克思恩格斯选集》第 1 卷，人民出版社 1995 年版，第 276 页。

③ 陈序经：《中国文化的出路》，中国人民大学出版社 2004 年版，第 86 页。

化就是"西化"①。

二、现代化只能学习西方

"西化"的基本要义是向西方学习，即通过全方位地学习西方先进的科技、制度、文化，以使自己达到如西方国家一样的先进的社会状态。可以说，中国自中西文化开始接触以来，就产生了要不要学习西方、学习什么以及如何学习西方的问题，只不过鸦片战争的发生，把这个问题更加凸显出来。以鸦片战争为界，中国人向西方学习的态度发生了新的变化。如果说鸦片战争前中华民族向西方民族的学习是一种积极、主动、开放的态度，那么，鸦片战争失败之后，中国人对西学的态度就转变为消极、被动、保守的态度。为何会发生这种转变？这主要源于鸦片战争之后中国与西方力量对比的变化。鸦片战争前，尤其明清之际的中西文化交流大致是在和平友好的环境下进行的，而且国人由于对西方文化的不了解或对中国文化的盲目自信，对西方渐入的文化给予了许多包容。实事求是地讲，那时候，中国的综合实力虽然较之从前有所下降，但总体实力依然较强。此时的西方国家还没有完成工业革命，生产力还不够发达。因此，西方国家要想超越中国，一时还难以企及。这可以从西方对中国的几次军事侵略均以失败告终的事实得到证明。鸦片战争后，中西文化交流随着西方资本主义列强的野蛮入侵，而演变为西方资产阶级凭借其先进的军事武器为其进行文化侵略开道。因此，在一定意义上说，鸦片战争后的中西文化交流主要成了西方文化以

---

①　郑丽平：《"全盘西化"思潮：一种现代化视角的解析》，载《中国特色社会主义研究》2008 年第 1 期。

武力相裹挟的文化侵略①。

鸦片战争使中华民族面临前所未有的生存挑战。在这种情况下，一些有识之士首先意识到，中华民族之所以受到西方列强的侵略、威胁甚至践踏，就是因为中国比西方落后，而要变落后为先进，在当时只有向侵略自己的西方国家学习，只有这样才能自强图存。于是，洋务派、维新派、革命派等先后崭露头角，以不同的方式掀起了一轮又一轮救亡图存的高潮。这几个派别都主张学习西方，也就是说，在要不要向西方学习的问题上，答案是肯定的，至于学习什么、如何学习以及学到何种程度，他们的看法却不尽一致。自近代以来，中国知识分子的这种认识过程先后经历了器物、制度、思想文化三个阶段。具体说来，这是一条由保守的"中学为体，西学为用"到激进的"西化"、"全盘西化"的思想认识路线。陈独秀就成长在这一特殊的历史时期。幼年时期，他接受的完全是中国传统文化。而当他接触西方文化，尤其是看到西方文化的先进性之后，开始意识到了"西化"，即学习西方的必要性和重要性。

三、实现现代化必须走资本主义道路

从"西化"道路到"全盘西化"道路的转折始于20世纪上半期发生的五四运动。五四运动之所以在中国产生巨大的影响，以至国内史学界把它作为中国现代史的开端，一个非常重要的原因就在于在这个时期开始了对旧的封建传统文化全面、大胆、彻底的讨伐。而在这个大讨伐过程中，中国人从根本的思想认识上经历了一

---

① 参见张世保：《西化思潮的源流与评价》，华东师范大学出版社2005年版，第24页。

个思想解放的过程，西化思潮也进入了它的兴盛期。陈独秀是新文化运动的领导者，是五四运动的总司令，在当时自然也是一个实足的西化论者。

经历了洋务运动、戊戌维新运动的失败和辛亥革命的成果被窃之后，中国人由此开始痛苦而深刻的反思，中国现代化为何一再受挫？中国究竟该向何处去？一些人认识到，以往寻求救国出路的种种努力之所以都归于失败，就在于那些所谓救国的主张和措施都只是在做表面文章，而没有触及人们的道德及内心精神世界，而后者才是问题的本质所在。陈独秀是"五四"时期西化思潮的主要代表人物之一，他指出："继今以往，国人所怀疑莫决者，当为伦理问题。此而不能觉悟，则前之所谓觉悟者，非彻底之觉悟，盖犹在惝恍迷离之境。吾敢断言：伦理的觉悟，为吾人最后觉悟之最后觉悟。"[①]在陈独秀等人看来，要救亡图存，就必须向西方学习，发动一场批判封建传统文化，用新的伦理道德取代旧的伦理道德，用新文化取代旧文化的新文化运动。这样，新文化运动的主要倡导者陈独秀和胡适，也就自然被后人划为"全盘西化"的代言者。事实上，"五四"时期"西化"思潮的主流意识是输入西方的民主与科学精神，而不是全部的西方文化；同样地，它的"反传统"反对的是以儒学、孔教为中心的传统文化。与辛亥革命后袁世凯之流假借尊孔大搞帝制复辟不同，新文化运动只是在手段上采用了激进的文化革命的方式，以期彻底改造中国文化，实现中国的文艺复兴。因而这一时期的"西化"还不是完全意义上的"全盘西化"。

"全盘西化"思想是在20世纪30年代的"本位文化"与"全盘西化"的大论战中出炉的。1934年1月广州《民国日报》副刊《现

---

① 陈独秀：《吾人最后之觉悟》，《陈独秀著作选编（1897—1918）》第1卷，上海人民出版社2009年版，第204页。

代青年》专栏发表岭南大学教授陈序经于 1933 年年底在中山大学的演讲——《中国文化之出路》，并由此在广州思想文化界引发一场规模不大的文化争论。1935 年 1 月，王新命、何炳松等十教授联名发表《中国本位文化的建设宣言》，引发了 20 世纪 30 年代文化大论战。论战在以十教授为代表的"本位文化"派和以陈序经为主要代表的西化派之间展开。陈序经主张的"西化"就是"全盘西化"思想，在他的代表作《中国文化之出路》一书中，将中国文化的出路归结为三条：一是复古、二是折中、三是全盘西化，经过比较分析，他得出结论，折中的办法既办不到，复古的办法也行不通，唯一办法是全盘西化。归结起来，他的基本认识是传统文化不适应现代生活，要实现现代化，实现中国以传统农业社会向现代工业社会的转变，就必须是全盘地接受西方文化，也就是现代化即西方化。

这一时期，站在陈序经"全盘西化"论一方的，还有胡适、张佛泉、熊梦飞等。但是他们内部就西化的程度仍有不同看法：胡适提倡"充分西化"、张佛泉主张"根上西化"、熊梦飞主张"西体中用"[1]。但是无论是"充分西化"、"根上西化"还是"西体中用"，在本质上都是要绝大部分、最大可能地用西方文化来改造中国文化。既然连主张"全盘西化"的陈序经都承认"全盘"并非百分之一百。其实"全盘西化"论在实质上是一样的，就是要将中国整个"西化"，即实现资本主义的现代化[2]。

---

[1] 参见郑大华：《30 年代的"本位文化"与"全盘西化"的论战》，载《湖南师范大学学报》2004 年第 3 期。

[2] 参见郑丽平：《"全盘西化"思潮：一种现代化视角的解析》，载《中国特色社会主义研究》2008 年第 1 期。

第二节　从资本主义现代化到
社会主义现代化

一、中国现代化绝不能走"欧美、日本人的错路"，必须走社会主义道路

陈独秀把"科学"、"民主"和"社会主义"视为"近代人类三大天才的发明"。晚年他把这三者的关系，写成一个公式：民主、科学——社会主义；民主、科学——共产主义。他在 1921 年 1 月和 1923 年五六月间于广东公立法政学校和广东高师分别作的《社会主义批评》和《关于社会主义问题》讲演，是早期传播社会主义较为全面系统的代表作。

第一，欧美现代化道路是资本主义的现代化道路，带有许多弊端。

资本主义文明是较封建主义更为先进的文明，但是具有许多无法克服的弊端。陈独秀承认，资本主义制度是较之封建制度进步的制度，正是资本主义制度造成了社会生产力前所未有的大发展，物质财富的极大丰富，社会文明程度的极大提高。但是，他从一开始就认识到，资本主义私有制是资本主义文明的根本缺点。早在 1915 年 9 月，他在论及法兰西人开创的近世文明的时候，就指出，"近世文明之发生，欧罗巴旧社会之制度，破坏无余，所存者私有财产制耳。此制虽传之自古，自竞争人权之说兴，机械资本之用广，其言遂演而日深：政治之不平等，一变而成社会之不平等；君主贵族之压制，一变而为资本家之压制；此近世文明之缺点，无容

讳言者也。"①可见，从一开始接触资本主义文明，陈独秀就认识到了这种文明的阶级本质，认为这种较之封建主义制度先进的制度本身具有很多弊端。需要指出的是，陈独秀对资本主义弊端的认识，是随着他对马克思主义的学习和研究获得的。他在接受了马克思主义的科学社会主义之后，即开始运用马克思主义的基本原理对资本主义进行分析和批判。

资本主义私有制造成了经济上的弊端。他认为，资本主义在经济上的弊端集中表现在以下三方面：一是资本主义私有制；二是生产过剩；三是剩余价值。其中，资本私有制直接导致社会上雇佣阶级和被雇佣阶级的显著分离。而生产过剩则是资本主义制度本身无法从根本上消除的弊病，这种弊病的直接结果是导致经常不断的经济危机，乃至世界性经济危机。而剩余价值是资本家剥削工人的秘密，是极不平均的分配方法，这几大缺陷在资本主义制度本身内部，是根本不可能得到解决的。

在社会生活上，资本主义制度造成了普遍贫穷。欧美、日本资本主义国家普遍存在的"贫民窟"现象，正是资本主义制度的必然现象。他指出，为资本主义生产开道的机器所到之处，如"秋风扫落叶一般"②，致使当地手工业大都遭到了破坏。他认为正是资本家疯狂兼并土地和资本家利用机器打倒了地方手工业，如果单从社会生产力的演进来讲，这本是一个客观的事实，但是在这种生产手段胜利的背后，却造成了中产阶级沦落为无产者甚至是失业者，而且队伍日渐壮大，"多数人过不着人的生活"，并且他们承受的剥削

---

① 陈独秀：《法兰西人与近世文明》，《陈独秀著作选编（1897—1918）》第 1 卷，上海人民出版社 2009 年版，第 165 页。

② 陈独秀：《关于社会主义的讨论》，《陈独秀著作选编（1919—1922）》第 2 卷，上海人民出版社 2009 年版，第 304 页。

和压迫一天比一天多。他说："世界各国里面最不平等最痛苦的事，不是别的，就是少数游惰的消费的资产阶级，利用国家、政治、法律等机关，把多数勤苦的生产的劳动阶级压在资本势力底下，当做牛马机器还不如。"① 他进一步指出，这种状况，是资本主义制度本身造成，不是资本家个人的罪恶。这种社会制度"决不能够使多数人'都'得着人的生活"②。

资本主义民主具有虚伪性。在接受了马克思主义以后，他认识到，资本主义民主的本质是代表资产阶级利益的，根本不可能是"全民"民主。这种民主在从前是打倒封建制度的武器，在现在却变成了欺骗世人把持政权的工具。西方资本主义民主制度鼓吹的舆论自由、议会选举、共和政治等，资产阶级的民主只能够代表资产阶级的利益，而决不能代表大多数劳动者的利益。在资本主义国家，"全国底教育、舆论、选举，都操在少数的资本家手里，表面上是共和政治，实际上是金力政治，所以共和底自由幸福多数人是没有分的。"③ 他呼吁人们不要受这种蒙蔽和欺骗，并进而指出，"资本和劳动两阶级未消灭以前，他两阶级底感情厉害全然不同"④，这实质上指明了，资产阶级和劳动阶级（无产阶级）两大阶级有着根本阶级利益和阶级性质的不同，他们之间的天生对抗的关系决定了资本主义民主只能是资产阶级的民主。这种对于两大阶级根本性质

① 陈独秀：《谈政治》，《陈独秀著作选编（1919—1922）》第 2 卷，上海人民出版社 2009 年版，第 252 页。

② 陈独秀：《关于社会主义的讨论》，《陈独秀著作选编（1919—1922）》第 2 卷，上海人民出版社 2009 年版，第 305 页。

③ 陈独秀：《国庆纪念底价值》，《陈独秀著作选编（1919—1922）》第 2 卷，上海人民出版社 2009 年版，第 278 页。

④ 陈独秀：《随感录·民主党与共产党》，《陈独秀著作选编（1919—1922）》第 2 卷，上海人民出版社 2009 年版，第 312—313 页。

的分析和认识，是完全符合马克思主义的唯物主义基本原理的。

资产阶级殖民主义罪恶深重。1921 年 9 月 1 日，陈独秀在《新青年》第九卷第五号上发表的《太平洋会议与太平洋弱小民族》一文中指出，资本主义私有制必然产生帝国主义战争，他们都借口自由竞争而鱼肉别的弱小民族。"可怜被压迫掠夺在此同盟势力之下的弱小民族，在列强自身内被压迫掠夺的阶级即无产阶级联合起来和弱小民族携手努力世界的改造成功以前，决没有一日能逃帝国主义资本主义之铁蹄和算盘蹂躏的。"也就是说，世界上被欺凌和压迫的广大弱小民族，只有和世界上的无产阶级联手起来推翻资本主义的统治，才能赢得自己的解放。他进一步指出，"在资本主义帝国主义的大海中，没有一滴水是带着正义人道色彩的呵!"[1] 在对帝国主义的认识上，在第一次世界大战，尤其是华盛顿会议之后，陈独秀指出，中国人尤其是中国的知识阶级和留美学生，寄希望于帝国主义来维护中国的利益，无异于"与虎谋皮"[2]，是一种"迷梦"。

正是在认识到资本主义制度的诸多弊端之后，他认为，欧美、日本资本主义道路已然是一种旧路，更是一条错路，中国要走向现代化，要避免资本主义的这些弊病，就绝不能走欧美、日本的错路[3]。

---

[1] 陈独秀:《太平洋会议与太平洋弱小民族》,《陈独秀著作选编（1919—1922）》第 2 卷，上海人民出版社 2009 年版，第 417 页。

[2] 陈独秀:《太平洋会议与太平洋弱小民族》,《陈独秀著作选编（1919—1922）》第 2 卷，上海人民出版社 2009 年版，第 414 页。

[3] 抗日战争结束后，陈独秀一度改变了他对资本主义的认识，这种认识主要体现在：一是肯定了资本主义制度对于社会发展的进步作用；二是认为中国可以发展资本主义，而社会主义相对来说还不够成熟；三是将中国认定为"初期资本主义国家"。但必须说明的是，陈独秀晚年赞成在中国发展资本主义，并非完全否定社会主义。他认为，社会发展的趋势仍然是社会主义，接受资本主义只是当时阶段的需要。详细论述参见高晓燕:《浅谈陈独秀对资本主义认识的转变》，载《党史文苑》2009 年第 7 期。

第二，中国曾设想走资本主义道路，但"西化"处处碰壁。

陈独秀出生的时代正是中国封建社会急剧没落，新的社会发展道路亟待开辟的时代。1840年，西方资本主义在以现代化的军事武器打破中国人"天朝上国"迷梦的同时，也以一种现代化强者的姿态从各个方面刺激和推动着中国人对于新的现代化道路的选择和尝试。而在19世纪下半期到俄国十月革命爆发前，世界上只有资本主义一种现代化道路。于是在这段时间里，西方资本主义为所有经济落后国家走向现代化提供了唯一的道路范式。中国毫不例外。当时国内许多有识之士逐渐认识到，要达到挽救民族危亡，民族富强的目的，就必须向西方资本主义学习，走资本主义现代化道路。

陈独秀亲身经历了这一过程。最初，他崇拜和追随康有为、梁启超为首的资产阶级改革派的主张，试图通过对现有政治制度自上而下的改革，走上西方资本主义道路。但是仅仅百余天的时间，主张西化的戊戌变法，终究在封建顽固势力的疯狂进攻下夭折。紧接着在1900年，清政府对八国联军屈膝投降，完全沦为帝国主义侵略和统治中国的工具。清政府的腐败无能使得像陈独秀这样的爱国志士，彻底失望。他们迅速转变，追随孙中山为首的资产阶级革命派，立志推翻清王朝的封建统治，建立资产阶级共和国。1911年革命党人发动辛亥革命，最终推翻了清政府的统治。但是，革命的果实很快就被袁世凯为首的北洋军阀窃夺，"西化"方案再次受阻。

中国向西方学习的历史，经历了从器物、技术到制度的阶段，但是一次次受挫和失败的事实无情地说明："西化"的道路在帝国主义和封建军阀官僚统治的体制下，是根本走不通的。因为西方帝国主义国家掠夺成性，绝不会允许半殖民地的中国自由地发展资本主义的工业，而国内的旧官僚和旧军阀，则是要拼力维护自身利益，维护旧有的统治制度和秩序，因而也决不会允许任何否定自身的新生事物的存在和发展。陈独秀正是认识到这一点，他总结道，"在国际帝国主义的侵略及国内军阀的扰乱未解除以前，中国的资产阶级很难得着发展的机会"。① 也就是说，资产阶级的现代化道路在当时的中国是根本无法实现的。

第三，社会主义代表着人类的未来。

在走资本主义道路的希望破灭后，出于救国的急切需要，他把目光转向另一种现代化的救国方案——社会主义道路。经过学习和研究，陈独秀认为，社会主义代表着人类的未来，是世界上优于资本主义发展模式的一种社会制度和社会道路。而且这种认识随着他对社会主义认识的加深日益巩固。

在资本主义道路的实践失败后，陈独秀毅然转向了或者说选择了社会主义。他的这一转向，主要是由于他认为社会主义较资本主义先进，而且是克服资本主义弊病的唯一道路。他认为，"社会主义对于生产力之增高和人类幸福，都好过资本主义制度"②。除此，别无他途。正如他所说，他认为，中国发展经济必须采用社会主义的发展方式。他说："吾人生产方法除资本主义及社会主义外，别无他途。资本主义在欧美已经由发达而倾于崩坏了，在中国才开始发达，而他的性质上必然的罪恶也照例扮演出来了，代他而起的自然是社会主义的生产方法。""中国必须发展工业，但同时必须使重要的工业都是社会主义的，不是私人的，如此中国底改革才得着西洋工业主义的好处，免得他们那样由资本主义造成经济危殆的短

---

① 陈独秀：《造国论》，《陈独秀著作选编（1919—1922）》第 2 卷，上海人民出版社 2009 年版，第 481 页。

② 陈独秀：《我们不要害怕资本主义》，《陈独秀著作选编（1932—1942）》第 5 卷，上海人民出版社 2009 年版，第 279 页。

处。"① 可见，陈独秀正是以一种现代化的眼光来看待和解决中国的发展问题，既看到了社会主义代替资本主义的社会发展进化的客观规律，也看到了资本主义制度所造成的弊端，因而找到了中国发展工业经济的出路，即趋社会主义之利而避资本主义之害。这种认识在当时来讲是一种远见。

陈独秀向社会主义的转变，主要有以下因素：一是中国现代化的受挫。从 1840 年鸦片战争以来，中国已经被卷入世界现代化进程。中国的特殊国情决定了当时中国现代化的主题就是围绕救亡和富强。但是围绕这个主题所进行的一次次努力，却都遭到了失败。资本主义现代化的道路行不通，中国现代化的出路究竟在哪里？二是第一次世界大战对人类造成的破坏。如果说资本主义共和国的方案只是由于中国特殊国情而行不通，那么此次世界大战的爆发，特别是战后协约国帝国主义分赃的巴黎和会，对中国问题的不公正处理，则从另一方面加速淘汰了陈独秀对于走资本主义道路的幻想。三是俄国革命的影响。正当陈独秀为现代化出路失望、徘徊的关头，东方的俄国爆发了十月革命，建立了世界上第一个社会主义国家，开辟了资本主义之外的另一条现代化道路。全世界无产阶级，尤其是经济落后国家的劳动群众，无不为之欢欣鼓舞。正如陈独秀所言："俄国革命开辟了新的生产方式的试验场，为人类带来了新的曙光"，这是"人类社会变动和进化的大关键"②。按照他的认识，俄国革命从此将把世界带入一个新的历史时期。陈独秀向社会主义的转变不是偶然的，相反他的转变完全符合当时的时代特点，符合

---

① 陈独秀：《"共产党"月刊短言》，《陈独秀著作选编（1919—1922）》第 2 卷，上海人民出版社 2009 年版，第 298 页。

② 陈独秀：《随感录·二十世纪俄罗斯的革命》，《陈独秀著作选编（1919—1922）》第 2 卷，上海人民出版社 2009 年版，第 80 页。

当时的世情、国情，即使不是从进化论的角度，他的这种转变也是不应该有非议的。这恰恰体现了陈独秀务实、灵活和不懈探求的精神①。

二、走跳跃式的路是经济文化落后国家走向现代化的特殊道路

中国特殊的历史条件和国情已经证明，资本主义道路在中国行不通。而逆水行舟，不进则退。中华民族必须尽快找到实现救亡和富强的现代化道路。陈独秀认为，既然资本主义在中国证明行不通，那么，何不直接尝试走社会主义道路呢？正是在这种情况下，他指出，经济落后国家完全有可能走出一条跳跃进化的道路，进而以非正常方式达到救国和富强的目的。具体理由是：

第一，时代发生了变化，当时的世界正处于帝国主义时代，经济文化落后国家处于薄弱环节，可以走跳跃式的道路。

受马克思列宁主义的影响，陈独秀始终从时代变化的角度来观察中国的前途问题。他曾说，"为了要明白建国即建立近代国家之整个概念，以及战后会出现一个什么形态的国家，我们首先必须明白我们现今处在全世界历史发展的什么时代。"② 而时代问题正是陈独秀思考和探索中国革命和前途问题出发点的首要因素。正如他所说，"社会主义在中国开始进行的时候，我们应该用严密的观察，看中国现在的政治情形如何，经济情形如何；并且先要明白世界的

---

① 学术界有一种观点，认为陈独秀晚年放弃了社会主义的追求。本书不同意这种观点。笔者认为郭德宏教授的观点是较为客观的：陈独秀晚年并未放弃社会主义，而是仍然在信仰社会主义。参见郭德宏：《论陈独秀晚年的社会主义观》，载《安庆师范学院学报（社会科学版）》2008 年第 7 期。

② 陈独秀：《抗战与建国》，《陈独秀著作选编（1932—1942）》第 5 卷，上海人民出版社 2009 年版，第 244 页。

政治和经济情形是怎样"①。

从国际上来看，他认识到当时世界资本主义的发展已经进入帝国主义时代。帝国主义是资本主义发展的最高阶段。一方面，资本主义经过长时间的发展，在各个方面已经具备了强大的实力，这些实力的具备，很大一部分就是依靠欺压和掠夺殖民地和被压迫民族发展起来的。"被压迫民族是帝国主义之产物，被压迫的劳动者为他生产商品，被压迫的落后民族为他推销商品和生产原料，这是资本帝国主义的两个支柱。"② 因此，帝国主义的本性决定，决不允许这些被压迫民族自由地发展本国的民族经济，而永远充当帝国主义的附庸。另一方面，经济落后国家的旧的统治势力为了维护日益没落的统治，压制社会下层的革命运动，往往与帝国主义勾结在一起，充当帝国主义的统治工具。在这种情况下，他们如何走向现代化？ 具体途径是什么？ 陈独秀认为，帝国主义那条旧路不好走了，"客观的历史的进化之历程明白指出我们的必由之路，就是我们不能不相信的社会主义。"③ 既然正常的社会进程已被打断，那就只有走跳跃进化的道路。这种跳跃进化实际上指的是经济落后国家的劳动阶级直接起来发动本阶级的政治革命，直接把本国现代化进程推进到高于资本主义的社会主义阶段。

陈独秀认为，经济落后国家完全有可能首先进行无产阶级革命。在资本主义世界体系中，除了发达资本主义国家，更多的是那些不太发达的资本主义国家，还有那些被帝国主义压迫的殖民

①　陈独秀：《关于社会主义问题》，《陈独秀著作选编（1923—1925）》第 3 卷，上海人民出版社 2009 年版，第 84 页。

②　陈独秀：《被压迫民族之前途》，《陈独秀著作选编（1932—1942）》第 5 卷，上海人民出版社 2009 年版，第 395 页。

③　陈独秀：《关于社会主义问题》《陈独秀著作选编（1923—1925）》第 3 卷，上海人民出版社 2009 年版，第 79—80 页。

地，这些民族和国家正是资本主义世界里最薄弱的环节，因而在这些地方更容易爆发无产阶级革命。他说，"我们可以承认，任何幼稚的资本主义国家，只要那里有了无产阶级运动，只要那里有了无产阶级之有力的同盟者，那里便有无产阶级革命之可能。如果认为必须资本主义发达到和先进国相接近的程度，那里的无产阶级才能担负革命的任务，那么'无产阶级革命'这一名词，必须从经济落后国家的字典中永远除去。"① 也就是说，只要存在资产阶级和无产阶级，便会有阶级对抗，而这种天生的、根本的阶级对抗，不管在资本主义发展的哪个阶段，随时有可能爆发无产阶级革命。除此之外，还有其他爆发无产阶级革命的必要条件。陈独秀一改从前的看法，认为，"现代人类底经济关系乃国际的而非国别的了"②，因此不要等到资本主义崩溃才敢于谈社会主义。而经济落后国家首先爆发劳动阶级的革命，正是走跳跃式道路的必然途径。

第二，俄国革命提供了成功的范例。

陈独秀认为，俄国十月革命的成功就是一种跳跃式道路的典范。1920 年 11 月 7 日，陈独秀在《共产党》月刊第一号上指出："经济的改造自然占人类改造之主要地位。吾人生产方法除资本主义及社会主义外，别无他途。资本主义在欧美已经发达而倾于崩坏了，在中国才开始发达，而他的性质上必然的罪恶也照例扮演出来了。代他而起的自然是社会主义的生产方法，俄罗斯正是这种方法最大的最新的试验场。"③ 他认为，经济落后国家要实现跳跃式发展，政

---

① 陈独秀：《几个争论的问题》，《陈独秀著作选编（1932—1942）》第 5 卷，上海人民出版社 2009 年版，第 113 页。

② 陈独秀：《社会主义批评》，《陈独秀著作选编（1919—1922）》第 2 卷，上海人民出版社 2009 年版，第 344 页。

③ 陈独秀：《"共产党"月刊短言》，《陈独秀著作选编（1919—1922）》第 2 卷，上海人民出版社 2009 年版，第 298 页。

治革命是首要前提。经济落后的国家只有像俄国那样，由下层劳动阶级首先行动起来进行无产阶级革命，夺取政权，才能为进一步的发展创造条件。但是他又认为，即使无产阶级革命赢得了胜利，也并不能代表在经济上也取得了胜利，而只是迈出了第一步。他明确指出，"俄罗斯十月革命的主义及其成功，不过是无产阶级夺得政权，不过是走向共产党主义的路的第一步，由此第一步，运用此政权以创造无产阶级的经济力，以建筑共产主义社会物质的基础"。①具体来讲，他指的是，革命的胜利只是政治上的胜利，而在经济上却没有"走出了资本主义的范畴"。十月革命后的俄国就是典型的例子。他说，俄国十月革命"本是政治的成熟，而非经济的成熟"。"苏俄虽然经过了社会革命，变更了财产关系，变更了国家的阶级性，剩余劳动在名义上归了工人自己的国家，而实际上远远优裕过一般工人工资和生活的高级职员及寄生官僚这一阶层，还存在着，如此便不能够说已经走出了人剥削人的资本主义制。"②虽然他的思想和认识并不一定科学，但是他实际上看到了这种跳跃政治胜利后，客观经济进程的不可逾越性。

为了使经济发展与政治相适应，无产阶级在取得政治革命的胜利后，就应尽快推进经济建设。但是通过何种方式，才能推进经济发展，进而在经济上进入社会主义阶段。陈独秀认为，列宁时期的苏俄就提供了这方面成功的范例。这就是，经济落后国家在政治革命胜利后，必须经过一个经济上的过渡阶段。"无产阶级开始建设的时候，即在产业充分发达的国家，也不能没有一种过渡的经济政

①　陈独秀：《苏俄六周》，《陈独秀著作选编（1923—1925）》第 3 卷，上海人民出版社 2009 年版，第 138 页。

②　陈独秀：《我们不要害怕资本主义》，《陈独秀著作选编（1932—1942）》第 5 卷，上海人民出版社 2009 年版，第 281 页。

策，才能渡到实行废绝私产，实行社会主义的分配，何况半亚洲式的俄罗斯：所以此时苏俄采用的经济政策，在社会革命之经济改造的过程上，正足以证明客观上的必然性，也足以证明科学的社会主义和乌托邦的理想不同。"[①]

第三，中国只有走跳跃进化的道路，才能获得民族独立和人民解放，才能实现民族复兴。

1938 年 7 月，陈独秀在重庆民生公司发表题为《资本主义在中国》的演讲，论述了中国走跳跃进化道路的必要性。

首先，他认为中国作为经济落后国家，具备跳跃进化的可能性。他说，"社会主义生产制，比资本主义生产制有更高度的发展，也能以清除资本主义的罪恶，已经是初期资本主义的中国，便不能说没有跳跃进化之可能"。而他主张的所谓跳跃进化，就是跳过资本主义阶段而直接进入社会主义社会。在他看来，社会主义是比资本主义"生产力更高"、更优越的社会制度。

其次，中国的现状决定只有走跳跃进化的道路。当时的中国，对外遭受着帝国主义的欺凌和压迫，中国资本主义民族工业的发展只能在夹缝中生存，举步维艰。对内则是封建军阀的混战，国内一盘散沙。几个阶级曾试图登上引导中国进一步前进的宝座，但是最终都宣告失败。事实证明：资本主义在中国行不通。中国内部的经济、政治都远没有达到成熟的程度，也就是说，从社会进化的角度，中国当时的发展不具备走循序渐进式的道路。按照他的理解，这种进化的内部政治经济条件的成熟，主要标志就是社会要具有"相当力量的工业无产阶级及其政党"，而这种条件"只有在工业发达的资本主义社会才能够生长起来"。而中华民族要求得民族的独

---

① 陈独秀：《答张君劢及梁任公》，《陈独秀著作选编（1923—1925）》第 3 卷，上海人民出版社 2009 年版，第 278 页。

立和解放，要实现民族的振兴，就要首先发动打倒封建军阀和帝国主义统治的革命，为发展本国现代化扫清道路。

再次，所谓的"跳跃"只能是政治上的跳跃，而经济发展上则不可能跳跃。他引用列宁的话深刻说明了这一道理，即"俄国工人吃了资本主义不发达的苦，而不是吃了资本主义发达的苦"[1]。这种情况在中国来讲，更是如此。他认识到，不同于政治的发展，可以主观选择，经济的发展则是一个客观的过程，遵循客观的规律，任何时候都不可能逾越。正是在这种认识前提下，他认为，中国的劳动阶级在取得革命的胜利之后，在客观经济过程上还必须发展资本主义。虽然这种发展资本主义的主张并不正确，但是有一个事实是，他所指的这个客观经济阶段是确实存在的，也是所有通过跳跃式道路发展的国家，在开始真正的社会主义经济建设之前所必须经过的一个经济"过渡阶段"。

第三节　中国通过社会主义走向现代化的步骤设想

一、经济落后国家要想走向社会主义，必须首先进行无产阶级革命

那么如何发展到社会主义阶段呢？陈独秀提出了一个著名的论断，即"行向社会主义的社会"。从本质上来讲，这个"行向社会主义的社会"就是一个过渡阶段。他首先分析了国民革命成功后中

---

① 以上未注之引文参见陈独秀：《资本主义在中国》，《陈独秀著作选编（1932—1942）》第5卷，上海人民出版社2009年版，第272页。

国的经济状况，那就是家庭手工业与农业、小生产制、私人资本主义的大生产制、国家资本主义四种经济成分并存。那么，具体采用哪一种经济制度呢？他明确主张，"我们所谓采用何种经济制度，并不是说只采用那一种而禁绝其余一切，乃是说采用某一种为全社会中主要的生产制度。我们以为中国国民革命成功后的经济建设，在主观上在客观上，都不必采用私人资本主义为全社会主要的生产制度，而可以采用国家资本主义以过渡到非资本主义的国家工业，即是行向社会主义的社会。"①

他号召"直接解决"和"直接行动"。首先，巴黎和会使人们看到了国际帝国主义的卑鄙，而并不能寄希望于他们来解决各个国家尤其是经济落后国家的实际问题，因此陈独秀号召全世界的人民都站起来直接解决。他在 1919 年 5 月 4 日《每周评论》上指出："巴黎的和会，各国都重在本国的权利……我看这两个分赃会议，与世界永久和平人类真正幸福，隔得不止十万八千里，非全世界的人民都站起来直接解决不可。"②中国的问题也同样如此，非广大民众联合起来直接解决不可。他在 5 月 26 日《山东问题与国民觉悟》中指出：要避免一人或少数人专制政权，根本的办法"只有'平民征服政府'。由多数的平民——学界、商会、农民团体、劳工团体——用强力发挥民主政治的精神（各种平民团体以外，不必有什么政党），叫那少数的政府当局和国会议员都低下头来听多数平民的命令。"③他这里所指的"强力"就是指广大劳动群众直接起来用暴

---

① 陈独秀：《答沈滨祈、朱近赤（国民革命之归趋）》，《陈独秀著作选编（1926—1931）》第 4 卷，上海人民出版社 2009 年版，第 269 页。

② 陈独秀：《随感录·两个和会都无用》，《陈独秀著作选编（1919—1922）》第 2 卷，上海人民出版社 2009 年版，第 90—91 页。

③ 陈独秀：《山东问题与国民觉悟》，《陈独秀著作选编（1919—1922）》第 2 卷，上海人民出版社 2009 年版，第 107 页。

力革命的方式推翻封建军阀的统治，建立"平民"政府。在比较了各种社会主义流派的主张之后，他认定，只有马克思主张的科学社会主义才是最有效可行办法。他在学习了马克思主义关于暴力革命和建设社会主义的理论之后，将马克思的思想变成了自己的主张，"共产主义者的主张是：立脚在阶级争斗的原则上面（此点与基尔德社会主义及无政府主义不同而与工团主义相同），集合无产阶级中最觉悟最革命的群众，组织为无产阶级做革命运动的共产党；无产阶级的革命成功，即应建设无产阶级专政的国家（此点与工团主义不同），利用无产阶级的国家这个武器，压制资产积极的反动，加入世界的革命，扑灭全世界资本帝国主义的国家；然后渐渐灭绝资产阶级的私有制度及私有习惯及心理，建设无产阶级的工业与文化，最后达到消除一切阶级无国家的共产社会。"① 他强调，只有最有觉悟的群众组织起来，进行无产阶级的社会主义革命，才能为走向社会主义扫清道路。"我承认用革命的手段建设劳动阶级（即生产阶级）的国家，创造那禁止对内对外一切掠夺的政治法律，为现代社会第一需要。"②

在陈独秀看来，是否运用革命的手段去改造旧的国家、政治及法律，这是无产阶级政党与社会民主党的一个原则区别。他认为，社会民主党人不主张直接行动，不主张用革命的手段改造旧的社会，而是主张议会主义，想通过加入资产阶级的政府、议会，来推行社会主义的政策，"结果不但主义不能施行，而且和资产阶级同化了，还要施行压迫劳动阶级反对社会主义的政策"，这种主张和

---

① 陈独秀：《关于社会主义问题》，《陈独秀著作选编（1923—1925）》第 3 卷，上海人民出版社 2009 年版，第 82—83 页。

② 陈独秀：《谈政治》，《陈独秀著作选编（1919—1922）》第 2 卷，上海人民出版社 2009 年版，第 257 页。

做法无疑是"与虎谋皮"、"为虎所噬"、"替虎噬人",因此应当引以为鉴。

陈独秀认为,中国革命只有两条道路:一条是由工农群众及其他被压迫阶级联合起来进行国民革命而行向社会主义;另一条是由资产阶级联络一切反动势力,在国民革命的假面具下,复辟帝国主义的统治。显然,如果经济落后国家的劳动阶级在革命问题上不觉悟,那就必然被反动势力的统治抢占了机会。"所以中国劳动阶级和社会主义者目前的工作,首先要做打倒军阀打倒帝国主义的国民革命。"①

二、在革命胜利后,必须实行无产阶级专政

他明确指出,"无产阶级专政就是不允许有产阶级得到政权的意思,这种制度乃是由完成阶级战争消灭有产阶级做到废除一切阶级所必经的道路。"②他完全认可马克思主义的主张。具体来讲,实行无产阶级专政,有以下几个原因:

其一,实行无产阶级专政是彻底推翻资产阶级统治的必要手段。针对无政府主义者反对一切强权的主张,他指出,应该区别看待所谓的"强权",要看强权的用法,而不是强权本身。他说:"强权之所以可恶,是因为有人拿他来拥护强者、无道者,压迫弱者与正义。若是倒转过来,拿他来救护弱者与正义,排除强者与无道,就不见得可恶了。"也就是说,要利用强权来做善事。"劳动阶级之

---

① 陈独秀:《关于社会主义问题》,《陈独秀著作选编(1923—1925)》第3卷,上海人民出版社2009年版,第88页。

② 陈独秀:《社会主义批评》,《陈独秀著作选编(1919—1922)》第2卷,上海人民出版社2009年版,第348页。

所以受资产阶级的压迫的生产的劳动阶级自己造成新的强力，自己站在国家的地位，利用政治、法律等机关，把那压迫德（的）资产阶级完全征服，然后才可望将财产私有、工银劳动等制度废去，将过去不平等的经济状况除去。""若不主张用强力，不主张阶级战争，天天不要国家、政治、法律，天天空想自由组织的社会出现；那班资产阶级仍旧天天站在国家地位，天天利用政治、法律。如此梦想自由，便再过一万年，那被压迫的劳动阶级也没有翻身的机会。"①而劳动阶级不采用强力，不要国家政权法律，则恰恰是资产阶级所欢迎的。

其二，实行无产阶级专政是防止资产阶级复辟的需要。他指出，资产阶级已经有数千年或数百年的发展历史，在诸多方面都比劳动阶级处于优胜的地位，因此劳动阶级要想战胜他们，尤其是战胜后要想彻底制伏他们，是有很大困难的。因此，在这个时候，就有必要运用政治的强权，防止他们的阴谋活动；利用法律的强权，防止他们的懒惰、掠夺，矫正他们的习惯、思想。他认为，中世纪自治城市被近代资本主义国家所替代，就是因为放弃了政权而失败的。因此，无产阶级革命胜利后，就必须马上实行无产阶级专政，以防止资产阶级或其他反动阶级卷土重来。

其三，实行无产阶级专政是管理社会生产和社会生活的必要条件。陈独秀认为，"怎样通力合作，怎样使生产事业集中成为社会化，怎样使生产力大增、生产品充裕，使人人真能各取所需。想努力实现这些理想，都非经过无产阶级专政不可"②，如果"没有统一

---

① 陈独秀：《谈政治》，《陈独秀著作选编（1919—1922）》第 2 卷，上海人民出版社 2009 年版，第 252 页。

② 陈独秀：《答黄凌霜（无产阶级专政）》，《陈独秀著作选编（1919—1922）》第 2 卷，上海人民出版社 2009 年版，第 466 页。

机关用强制力去干涉调节，自然发生生产过剩或不足的弊端"①。而无产阶级专政下的法律调节也是维持社会秩序所必需的。按照他的意思，无产阶级专政就是无产阶级的强权，是为了镇压资产阶级和其他未有消灭的反动阶级、反动势力而存在的。还有一个重要的方面，他特别强调无产阶级专政下教育和法律的重要性。他指出，无产阶级革命胜利后，虽然消灭了剥削阶级的制度，建立了没有剥削的社会主义制度，但是诸如"人类专己自私"的本性，"倘然没有法律裁制这种倾向，专制的帝王贵族就会发生在自由组织的社会里；若要预防他将来发生，抵抗他已经发生，都免不了利用政治的法律的强权了。"还有，就是一直存在的男女问题，如果没有法律的制裁，就会导致使个人利益遭受侵犯，以致损害社会的安定。

以上是他运用唯物主义原理，观察和分析问题最实质的地方，而主张阶级斗争和实行无产阶级专政，表明陈独秀在这个时候已经是一个马克思主义者。特别强调无产阶级专政的必要性。他引用马克思在《哥达纲领批判》中所说的："在资本主义和共产主义的社会的中间，有一个由这面推移到那面的革命变形时期，而这个时期，政治上的过渡时代就为必要。这个政治上过渡时代，不外是无产阶级的独裁统治。"他明确对比了共产主义和国家社会主义的主张的根本区别，其中，是否实行无产阶级专政是二者的一个根本区别。

三、在社会主义制度建立后，必须首先发展经济

首先，关于为什么要发展社会生产力？陈独秀认为，中国的长

---

① 陈独秀：《社会主义批评》，《陈独秀著作选编（1919—1922）》第 2 卷，上海人民出版社 2009 年版，第 346 页。

期落后，根本原因就是经济的落后。中国经济的总的状况是长期停滞在"前资本主义时期"①，"这一时期的农业造成社会的蒙昧无知和散漫，商业造成社会的奸诈和苟偷，于是它的生产力、武力、道德、文化，都一般的衰落。"②而且正由于中国经济长久停滞于前资本主义时期，才使得"旧社会的抵抗力过于强大，资本主义的工业与文化不宜侵入"③。直接决定了旧的士大夫阶层把持朝野，而新兴的民族资产阶级却"昏懦的可怜"，于是导致了帝国主义的侵略，导致了历次革新运动的失败。因此，正是在此景况下，他号召中国人要有点民族野心，要从根本上大力发展中国的实业，大力增加中国经济的"富力"。而且，这种需要一刻都不能等。可以说，陈独秀抓住了问题的根本原因，经济问题是解决其他一切问题的前提和关键。而且从人的生存本身来讲，他认为只有发展经济，创造很好的物质条件，才是"光荣的生存"④。可见，发展工业是增加经济实力、解决民生和提高民族文化的根本出路。这一点可以说抓住了社会主义现代化的核心，是与马克思主义关于社会主义阶段要尽快发展社会生产力的思想是一致的。因为只有这样，才能保障和实现最大多数人的根本幸福。

其次，关于怎样发展社会主义的经济。陈独秀首先分析了当时中国的经济状况。总的来讲，一方面，中国经济已经"完完全全操

①　他指的是中国自晚周封建崩溃以至清代鸦片战争这一段时期，有两千年的历史。参见陈独秀：《民族野心》，《陈独秀著作选编（1932—1942）》第5卷，上海人民出版社2009年版，第255页。

②　陈独秀：《民族野心》，《陈独秀著作选编（1932—1942）》第5卷，上海人民出版社2009年版，第255页。

③　陈独秀：《民族野心》，《陈独秀著作选编（1932—1942）》第5卷，上海人民出版社2009年版，第257页。

④　陈独秀：《我们为什么而战》，《陈独秀著作选编（1932—1942）》第5卷，上海人民出版社2009年版，第266页。

在外国资产阶级国家的手里"[①]，如关税、工商业、金融、交通、矿业等等。另一方面，落后的农业经济、商业经济在中国本土经济中占有很大的比重。他认为在建立社会主义制度后，应该采用社会主义的生产方法，在所有制上，实现生产资料公有制，即"资本公有，人人都有工作生产底机会，社会上一切生产工具——土地、矿山、机器、房屋等——谁也不能据为已有，谁也不能租给他人收取利益"，"一切生产品底产额及交换都由公的机关统计调节或直接经营，务使供求相应，不许私人投机营业"；在分配上，"不是直接使劳动者全收，也是国家收取一部分仍间接的用在劳动者身上"。但是，他认识到，国民革命成功之后，我国的经济制度为"家庭的手工业和农业、小生产制、私人资本主义、国家资本主义"四种经济成分并存。根据这种状况，陈独秀又提出了"由国家资本主义过渡到社会主义"的具体主张。在经济制度上面，他主张以国家资本主义为主，允许其他多种经济成分（包括私有经济）并存，在他看来，国家资本主义就是最容易转化为国家社会主义的那种经济成分。他指出，"中国国民革命成功后的经济建设，在主观上在客观上，都不必采用私人资本主义为社会主要的生产制度，而可以采用国家资本主义过渡到非资本主义的国家工业"，这是"行向社会主义的社会"的发展方案。这种认识虽然在今天看来是错误的，但其中包含的几重意思具有历史进步意义：一是他既想得到西方资本主义发展的好处，又想同时避免资本主义私有制带来的弊端以及免于遭受国际帝国主义压迫的痛苦，于是选择"国家资本主义"为行向社会主义的主要经济成分；二是从"究竟如何走向社会主义"的角度来思考，之所以提出"国家资本主义"显然有一个从经济上过渡的想法。

---

① 陈独秀：《关于社会主义问题》，《陈独秀著作选编（1923—1925）》第 3 卷，上海人民出版社 2009 年版，第 86 页。

因为他一直坚持经济发展阶段具有不可超越性；三是以一种经济成分为主，允许多种经济成分，在当时无疑是一种远见。总之，陈独秀思考社会主义发展经济的思想，其出发点始终是中国的基本国情，而在当时社会主义革命尚未实现的情况下，能思考社会主义的建设问题已经是一大进步。

四、陈独秀关于通过社会主义走向现代化的启示

从上面的分析中，我们至少可以得出以下结论：

第一，陈独秀在实现马克思主义中国化和探索中国现代化道路的进程中，形成了比较丰富的社会主义思想。这些思想恰恰是科学社会主义与中国具体实际相结合的产物，是马克思主义中国化的理论成果。正是陈独秀等早期无产阶级革命家开创了马克思主义中国化的先例，并奠定了马克思主义中国化的基础，同时也奠定了进行社会主义革命、谋求社会主义现代化的理论基础。

第二，陈独秀运用马克思主义分析资本主义的弊端所形成的一些认识，对于我们今天划清社会主义与资本主义的界限，认清资本主义发展的历史进程，弄清楚中国为什么只能走社会主义道路而不能走资本主义道路，具有重要的理论意义和现实意义。

第三，陈独秀对中国这样的经济文化落后国家走跳跃进化道路走向社会主义的论述，既坚持了马克思列宁主义关于经济文化落后国家进行社会主义革命，建设社会主义的思想原则，又结合中国实际丰富和发展科学社会主义基本原理。对于我们在今天进一步弄清楚为什么中国必须走社会主义道路，坚定走社会主义道路的自觉性，具有重要意义。

第四，陈独秀关于过渡时期、关于无产阶级革命、无产阶级专

政、关于利用国家资本主义建设社会主义、关于革命成功后把工作重点转移到经济建设上来的一些思想，对于我们在继续推进中国特色社会主义事业中，继续坚持人民民主专政，大胆吸收和借鉴资本主义文明成果，继续坚持以经济建设为中心的路线方针政策，仍然具有重要的现实意义。

第三章 经济现代化思想

　　经济现代化是指从物质层面、从经济发展的角度所考察的现代化进程，它是现代化进程中的重要环节和核心内容。经济现代化对于一个社会的现代化进程具有决定性作用。如果没有经济的现代化，那么其他现代化将无从谈起。正因为如此，世界各国均把经济现代化作为现代化的首要目标，把经济发展指标作为衡量现代化水平的重要指标。中国现代化起始阶段的洋务运动也是从物质层面，即经济现代化开始的。陈独秀对中国经济发展特别重视，也对中国社会的经济发展进行了认真探索。在他看来，中国长期落后的根本原因是经济落后。他强调，发展民族经济是国家独立与强盛的基础。在当时激烈的斗争环境下，陈独秀敏锐地洞察到了中国贫穷落后、受外国侵略者欺压的社会经济根源。他认为，国家强盛才能维护国家独立，才能保障人民的民主与自由，因此发展经济刻不容缓[①]。

---

　　①　关于陈独秀的经济思想，国内学术界进行了比较系统的研究，主要研究成果有：左继亮、高洪力、林修敏：《陈独秀的社会主义经济思想》，载《党史纵横》1996年第3期；高明、王世安：《陈独秀社会主义经济思想探析》，载《乐山师范学院学报》2002年第6期；张洪波：《陈独秀的社会主义经济思想》，载《安庆师范学院学报（社会科学版）》2006年第4期；赵国友：《从陈独秀的经济思想透视社会主义理论与实践的创新》，载《阿坝师范高等专科学校学报》2006年第3期；杜伦芳：《陈独秀经济思想浅析》，载《中国水运》2007年第4期。

第一节　陈独秀经济现代化思想的
形成与发展

一、对资本主义经济的批判

1920 年以前，陈独秀主要注意力集中在改造国民性，实现文化现代化的问题上。1920 年以后，随着对马克思主义的接受、研究和宣传，他开始从社会制度层面深入思考中国经济的具体发展道路和发展战略问题。

1920 年年底，陈独秀逐渐认识到资本主义的弊端，进而开始对资本主义制度的无情批判。他认为，"资本主义虽然在欧洲、美洲、日本也能够发达教育和工业，同时却把欧、美、日本之社会弄成贪鄙、欺诈、刻薄、没有良心了"[①]，而且引发了世界大战，给人类造成极大危害。即使在将来，资本主义的经济制度也不可避免会造成经济上的战争和混乱。他集中批判了资本主义经济制度的弊端。

第一，资本主义生产资料私有制具有自身难以克服的弊端。一是资本主义生产方式对农业和手工业造成严重破坏。资本主义所到之处，农业生产力遭到严重破坏，农民失地，沦为被压迫对象。他描述了这样一种现象：一方面，"都会中新富豪拿资本到乡间购买田地的一天多似一天"；另一方面，"农民失去地权受掠夺压迫的一

---

① 陈独秀：《关于社会主义的讨论》，《陈独秀著作选编（1919—1922）》第 2 卷，上海人民出版社 2009 年版，第 303 页。

天多似一天"。资本主义所到之处，手工业遭到破坏。"富豪拿资本在通商口岸与都会办工厂，机器所到的地方手工业之破坏好像秋风扫落叶一般"[①]。这样，在农村，大量的土地被兼并，造成大批农民失业；在手工业中，由于资本主义生产方式普遍使用机器，传统的手工业被打倒，造成了大批手工工人失业。结果，随着资本主义生产对农业的破坏，少数人财富在不断增加，失业大军也日益增加。二是资本主义生产方式造成了两大不平等的阶级。资本主义制度下的工业是个人主义的工业，这种工业牺牲的是无数穷苦工人，然而实际利益却被少数的资本家夺去了。这就必然造成两大地位日益悬殊的社会阶级，一个是劳动阶级，一个是不劳而获的资本家阶级。这两个阶级根本对立，矛盾越来越深。要改变多数劳动阶级的悲惨处境，就必须从根本上废除资本主义生产制。三是资本主义生产方式使得"多数人过不着人的生活"。他引用一个工人的疑问来质问这种剥削制度。"有许多出力做工的工人做出粮食房屋或是衣服，却仍然没得吃没得住没得着，有许多人不劳一点力不做一点工，反来吃得很阔住得很阔衣服也穿得很阔，这还不算，还要把出力做工的人压在脚底下不当人看待"[②]。对于这种极不平等的现象，他一针见血地指出，造成这种社会状况的本质并不是资本家个人的道德败坏，而是"资本主义生产制下必然的状况"[③]。总的来讲，陈独秀在肯定资本主义生产制在增加财富、促进生产力发展、带来社会进步的同时，也无情地指出了这种生产制造成的负面影响和存在的

---

① 陈独秀：《关于社会主义的讨论》，《陈独秀著作选编（1919—1922）》第 2 卷，上海人民出版社 2009 年版，第 304 页。

② 陈独秀：《两个工人的疑问》，《陈独秀著作选编（1919—1922）》第 2 卷，上海人民出版社 2009 年版，第 243 页。

③ 陈独秀：《关于社会主义的讨论》，《陈独秀著作选编（1919—1922）》第 2 卷，上海人民出版社 2009 年版，第 305 页。

弊端。

第二，剩余价值是资本主义剥削工人的秘密。而造成两大不平等阶级的正是资本主义的利息制度。陈独秀运用马克思主义剩余价值学说揭露和批判了资本主义制度。他称马克思所说的剩余价值为工值。他解释道："'工值'是什么？是工人每日劳力结果的生产额在市面上的市值，不是资本家任意定的三角两角。"也就是说，资本家现在发给工人的所谓的工资，并不等于工人劳动实际创造的价值。而除工资以外多余的部分，都被资本家以红利的名义抢去了，工人是丝毫分不着的。他大声疾呼，资本家把"工值抢了去，反过脸来还要审问被抢者底工作能力之大小与责任心之有无，这实在是清平世界里不可赦的罪恶！"[①]因此，他认为，要扫除不劳而获的资本家阶级，就必须首先扫除这种不公平的利息制度。由此可见，陈独秀运用马克思主义的方法观察分析资本主义经济制度，已经认识到资本主义欺骗和剥削的制度根源。这在当时是难道可贵的，这种认识对于他后来选择社会主义道路，建立社会主义经济制度产生了极为重要的影响。

第三，生产过剩造成了资本主义社会的经济危机，造成了社会的不稳定。首先，他指出，资本家追求剩余价值的直接结果就是生产过剩，而这种现象归根结底是资本主义经济制度造成的必然结果。正是由于资本家阶级根本掌握着生产资料，出于个人主义的野心，拼命增加生产计划，扩大社会生产，对内对外拼命掠夺，导致整个社会的产能过剩，而在经济上的直接后果就是导致周期性的经济危机。这种危机的发生在资本主义制度内部是不可能消除的。其次，资本家只顾着剥削工人，尽可能地增加社会财富，而无视诸如

---

① 陈独秀：《上海厚生纱厂湖南女工问题》，《陈独秀著作选编（1919—1922）》第2卷，上海人民出版社 2009 年版，第 231 页。

"纺织业与民生之关系"、"平民生计"、"救国爱群"以及"社会国家"的利害等问题，这些问题导致社会矛盾日益增多，阶级矛盾日益尖锐，社会日益不稳定。最后，在生产过剩的同时，社会的贫困却日益增加。他举例说，有名的伦敦、神户的贫民窟就是资本主义生产过剩的另一种写照。也就是说，资本主义的生产过剩与多数穷苦人是没有丝毫关系的。他十分痛恨资本主义这种少数人富裕多数人贫穷、少数人游手好闲多数人受压迫的不平等的制度①。

二、转向社会主义经济

陈独秀转向社会主义经济是与批判资本主义经济同时进行的，而之所以转向选择走社会主义经济发展道路，主要原因有如下几个方面②：

第一，马克思主义的唯物史观的影响。俄国十月社会主义革命之后，陈独秀逐渐看清了世界现代化发展的潮流，认识到资本主义并非最先进的社会制度，列宁领导的以马克思主义为指导的俄国布尔什维克开创的社会主义现代化道路具有比资本主义更大的吸引力。自俄国十月革命开始，人类社会进入一个从资本主义向社会主义过渡的新时代。陈独秀敏锐地感觉到了这一时代的变迁，于是他顺应这一时代潮流，开始学习和接受马克思主义，并以此为理论武器探索中国社会经济的发展道路。其中，马克思主义观察社会发展

---

① 参见陈独秀：《谈政治》，《陈独秀著作选编（1919—1922）》第2卷，上海人民出版社2009年版，第252页。

② 关于这一思想的研究，可进一步参考贾立臣：《试论陈独秀的社会主义经济思想》，载《大庆高等专科学校学报》1994年第2期；胡惠芳：《陈独秀社会经济思想的演变轨迹(1920—1927)》，载《北京科技大学学报（社会科学版）》2002年第4期；万金鹏：《陈独秀社会主义经济思想研究》，载《党史纵横》2006年第3期，等等。

的唯物史观，对陈独秀经济思想的形成起到了根本作用。他认为，社会主义经济代替资本主义经济是社会经济发展的必然。他指出："马克思社会主义之所以称为科学的不是空想的，正因为他能以唯物史观的见解，说明资本主义的生产方法和资本主义的社会制度所以成立所以发达所以崩溃，都是经济发展之自然结果，是能够在客观上说明必然的因果，不是在主观上主张当然的理想。"① 他在痛陈资本主义经济制度各种弊端的同时，承认以社会主义经济制度取代资本主义经济制度是自然而然的事情，与其承受资本主义经济带来的弊端，不如直接走社会主义经济道路。而且陈独秀认为，随着中国民族经济的发展，无产阶级的力量也在发展壮大，因而能够具备走社会主义经济道路的基础。正如他所指出，"这个随着资本集中产业扩张而集中而扩张的无产阶级，必有团结起来，夺取国家政权，用政权没收一切生产工具为国有，毁灭资本主义生产方法之一日"②。

第二，对中国国情的深刻分析和把握。陈独秀充分认识到了中国"半殖民地""半封建半资本主义制度"的国家性质，认为在封建主义的压制和帝国主义的操纵的双重压力之下，中国要发展民族经济、发展实业是极其艰难的。因此，他认为，要发展中国经济必须首先摆脱帝国主义对中国经济的控制，同时还要推翻军阀的反动统治，彻底改变中国半殖民地、半封建的社会性质。他说："我们要想把中国现在不好的社会改造过来。一定不可忽视了客观的境界。不然，必至弄到主张社会革命简直和张勋复辟是同样的价值。

---

① 陈独秀:《马克思学说》，《陈独秀著作选编（1919—1922）》第 2 卷，上海人民出版社 2009 年版，第 446 页。

② 陈独秀:《马克思学说》，《陈独秀著作选编（1919—1922）》第 2 卷，上海人民出版社 2009 年版，第 444 页。

张勋复辟也说现社会不好，非把他改造不可。这完全是他主观的要求，并不是客观的境界。"[①] 也就是说，中国选择什么样的经济制度，如何发展社会经济，这是由中国的特殊国情决定的；当时，最根本的就是首先从政治上扫除阻碍经济发展的障碍，寻求国家独立。而在扫除障碍之后，究竟是采用资本主义还是社会主义的经济制度？陈独秀在深入分析中国国情的基础上，得出了这样的结论：由于半殖民地半封建的社会性质，中国的民族资本主义工业和民族资产阶级都没有成长起来，他们的力量极其微弱，根本不足以构成将来社会经济的主体力量。而在西方国家，资本主义自身的弊端已经逐渐暴露出来，实践证明，资本主义不是一种为大多数人谋幸福的制度。因此，无论是从中国本身资本主义经济力量来看，还是从资本主义制度本身来看，中国都不能采用资本主义的制度。取而代之的，自然是社会主义的制度。当然，陈独秀对中国国情的认识以及他本人经济思想的转变也经历了一个过程。如在发展社会主义经济问题上，他综合国际和国内现状，确立了建立社会主义经济制度的思想。至于如何建立这样的经济制度，最初由于认识的局限，他在中共一大期间，曾提出应在中国直接建立社会主义的公有制经济。但是随着实践的发展，随着他对马克思主义认识的加深，随着他对国情认识的深化，他逐渐转到正确的社会主义经济思想上来，即在半殖民地半封建的经济基础上发展经济，并不能一步迈入社会主义。因此他认为，中国需要经历一个"行向社会主义的社会"阶段。可见，国情因素是陈独秀转向社会主义经济的主要因素。

第三，苏联社会主义经济建设的经验借鉴。如果说 20 世纪二三十年代的中国仍然没有社会主义经济建设的经验，那么苏联在

---

① 陈独秀：《关于社会主义问题》，《陈独秀著作选编（1923—1925）》第 3 卷，上海人民出版社 2009 年版，第 76 页。

同时期的社会主义经济建设的实践经验，对陈独秀社会主义经济思想的形成和发展提供了实践依据和经验借鉴。在深入分析苏联的新经济政策的基础上，陈独秀认识到，社会主义的真正建成并非一朝一夕、一蹴而就的，必须经历一个极其漫长而复杂的过程。在经济文化落后国家，必须像苏联那样，有一种类似于新经济政策的过渡政策，然后逐步过渡到社会主义经济[①]。由此可见，陈独秀的见解基本上是建立在科学的理论和新鲜的实践经验的基础之上的，而他本人善于分析和解决实际问题的思路，也促成了他向社会主义经济思想的转变。他的这一思想与马克思主义经典作家关于经济文化落后国家建设社会主义现代化的长期性、曲折性的思想，极为相似。这一方面说明陈独秀对马克思主义理论有比较深入的了解，另一方面说明他对中国国情也有比较准确的认知。

三、利用资本主义经济发展社会主义经济

1922 年 9 月，陈独秀在《造国论》中，明确指出了中国发展社会主义的一个具体路径，就是"采用国家社会主义来开发实业"[②]，即利用资本主义来发展社会主义的经济[③]。其中包含的主要思想有：

第一，民主革命成功后，中国社会主义经济需要经历一个过渡

---

① 参见陈独秀：《答张君劢及梁任公》，《陈独秀著作选编（1923—1925）》第 3 卷，上海人民出版社 2009 年版，第 278 页。

② 陈独秀：《造国论》，《陈独秀著作选编（1919—1922）》第 2 卷，上海人民出版社 2009 年版，第 481 页。

③ 关于此问题的研究，可参考柴俊青：《晚年陈独秀发展资本主义思想述论》，载《殷都学刊》2005 年第 1 期；祝彦：《论陈独秀的发展资本主义思想》，载《安徽史学》2001 年第 4 期。

时期。陈独秀首先肯定了中国政治民主革命的前提是社会主义。也就是说，发展社会主义经济的前提是社会主义政权的建立，政权的保证是经济的社会性质的保证。在政治民主革命成功之后，自然应该建立与政治相适应的社会主义性质的经济制度，发展社会主义性质的经济。然而，陈独秀认识到，由于社会主义经济是在半殖民地半封建的经济基础上建立起来的，原有的社会经济成分中不可避免地存在着多种性质不同的经济，因而，要直接建立马克思所设想的社会主义经济制度还必须经历一个过渡时期。在这个过渡时期，"我国的经济制度，自然是家庭的手工业与农业、小生产制、私人资本主义的大生产制、国家资本主义等，四种并行。"① 在这四种经济成分中，陈独秀主张采用国家资本主义作为全社会的主要生产制度，并由此向社会主义社会过渡，同时允许其他经济成分的存在。这就形成了以国家资本主义为主体，其他三种经济成分并存的经济体系。过渡时期的主要经济目标就是要通过国家资本主义的建设，为向社会主义过渡创造物质条件。

第二，"国家社会主义"是发展中国过渡时期经济状况的基本途径。陈独秀在《造国论》一文中指出，中国要发展实业，要发展经济，要实现工业现代化，这是国际国内经济发展的客观要求。但是究竟"用什么方法来创造经济"？他的答案是："采用国家社会主义，由中央或地方（省及市）政府创造大的工业、商业、农业，一直到私产自然消灭而后已。"可见，采用国家社会主义的最终目的就是要消灭私有经济，这是陈独秀关于发展过渡时期经济的基本想法。而什么是国家社会主义？其范围到底限定如何？陈独秀指出："所谓国家社会主义，决非建立在现状之上，亦非由国家包办一切

---

① 陈独秀：《答沈滨祈、朱近赤（国民革命之归趋）》，《陈独秀著作选编（1926—1931）》第 4 卷，上海人民出版社 2009 年版，第 269 页。

大小工商业，马上就要禁绝一切私人企业。所谓国家经营的大工商业，亦不必全集在中央，省管及市管方法（都算是公有），亦可斟酌情形定之。"可见，所谓国家社会主义，说得通俗一点就是由国家掌控社会主义公有制经济的主体，省、市政府管辖下的社会主义经济都是公有性质，这些是社会主义经济的主体。而对于其他经济成分的处理方式要根据实际情形来定。他明确指出："我们敢说，采用国家社会主义来开发实业，是国民革命成功后不能免的境界。"①

第三，由"国家资本主义"再到"国家社会主义"，是发展社会主义经济的有效途径。把资本主义与社会主义作参照对比，始终是陈独秀思考现实问题的基本出发点。正是在比较资本主义与社会主义优长的基础上，陈独秀认为，要实现国家社会主义，首先要实行国家资本主义。他指出，照中国社会的现状来看，要开发实业，只有私人资本主义或国家社会主义两条道路。而私人资本主义的道路已经为历史事实证明是行不通的。他指出："用私人资本主义开发实业，在理论上我们不能赞成。因为他在欧、美、日本所造成的罪恶已是不能掩饰的了"，因此，要采用国家资本主义以避免私人资本主义的弊端。他进一步分析了中国社会的阶级状况。他指出，"在事实上，以中国资产阶级幼稚的现状，断然不能在短期间发展到能够应付中国急于开发实业的需要，而且在国际帝国主义的侵略及国内军阀的扰乱未解除以前，中国的资产阶级很难得着发展的机会，到了国民革命能够解除国外的侵略和国内的扰乱以后，无产阶级所尽的力量所造成的地位，未必不大过资产阶级，以现在无产阶级的革命倾向大过资产阶级便可以推知，那时资产阶级决难坚持独

---

① 以上未注之引文见陈独秀：《造国论》，《陈独秀著作选编（1919—1922）》，第2卷，上海人民出版社2009年版，第481页。

厚于自己阶级的经济制度"①。这就清楚地表明了他关于利用资本主义发展社会主义的思想。正是基于这样的思想认识，在民主革命时期，陈独秀曾经提出过"二次革命论"的主张，即认为民主革命胜利后，应该建立资产阶级政权，实行资本主义，等资本主义有了充分发展之后，再进行社会主义革命，建设社会主义。他关于"二次革命论"的思想集中于 1923 年陈独秀先后发表的《资产阶级的革命与革命的资产阶级》、《中国国民革命与社会各阶级》两篇文章之中，在当时以至后来引起了极大关注②。

第二节　陈独秀对中国经济现代化的总体构想

一、把经济发展置于重要位置

经济是政治的基础，决定着社会其他方面的发展。陈独秀运用唯物史观的基本观点观察社会经济问题。他认为，唯物史观的要义在于告诉我们："历史上一切制度底变化是随着经济制度底变化而变化的。"③ 他认为，改造社会有两大工具，一种是政治，一种就

---

① 陈独秀：《造国论》，《陈独秀著作选编（1919—1922）》第 2 卷，上海人民出版社 2009 年版，第 481 页。

② 在学术界，有人据此认为陈独秀晚年放弃了社会主义，而改信资本主义。本书赞同另一部分学者的意见，陈独秀关于发展资本主义的目的，仍然是为了最终建立社会主义。

③ 陈独秀：《答蔡和森》，《陈独秀著作选编（1919—1922）》第 2 卷，上海人民出版社 2009 年版，第 411 页。

是经济。在这两大工具中，"经济的改造自然占人类改造之主要地位"[1]。可见，同样作为改造社会的方法，经济具有比政治更为根本的社会意义。他指出，"我以为关于社会经济的设施，应当占政治的大部分；而且社会经济的问题不解决，政治上的大问题没有一件能解决的，社会经济简直是政治的基础"[2]。

在陈独秀看来，中国长期落后的主要表现是经济落后。中国自明朝后期以来就开始衰落，直到近代，中国仍然没有摆脱落后的境地。而同期世界的后起资本主义国家已经快速发展起来，之前东方文明对于西方文明的优势逐渐转变为劣势，而且这种对比的劣势长期得不到改善。究竟是什么原因阻碍了中国社会的发展进步，其落后的根本原因是什么？对此，陈独秀指出："为什么中国历史上会产生和培养这些败坏民族精神上血液的学说？剥肤以求，便不得不归根于社会经济的原因了。"[3] 他认为，从社会发展来看，中国经历了两千年的前资本主义时期，因而导致了经济的落后。前资本主义时期没有资本主义的工业，因而也没有产业工人。农业和商业是社会经济的主要构成部分，落后的农业造成了守旧、散漫、无知的农民，落后的商业养成了奸诈和无耻的商人，这两种人结合起来"便形成了双料落后的士大夫群，无知而又无耻"。"中国二千年来长期停滞在前资本主义的社会，虽然多次治乱循环，多次更换王朝，而统治权终于建立在落后的农业和商业上面，在朝在野扮演重要脚色的，也终于是一班代表农民和商人的无知而又无耻的士大夫群……

---

① 陈独秀：《〈共产党〉月刊短言》，《陈独秀著作选编（1919—1922）》第 2 卷，上海人民出版社 2009 年版，第 298 页。

② 陈独秀：《实行民治的基础》，《陈独秀著作选编（1919—1922）》第 2 卷，上海人民出版社 2009 年版，第 119 页。

③ 陈独秀：《民族野心》，《陈独秀著作选编（1932—1942）》第 5 卷，上海人民出版社 2009 年版，第 255 页。

这正是前资本主义社会落后的农业与商业之反映"①。由此可见，农业和商业的落后导致了经济的落后，而经济的落后决定了整个社会的落后。

陈独秀认识到，发展经济对于推进现代社会的发展进步具有决定性作用。这一认识是准确的，相当深刻的，是对唯物史观的灵活运用。他的具体认识有：其一，"一种经济制度要崩坏时，其他制度也必然要跟着崩坏，是不能用人力来保守的"，历史上一切制度的变化都是随着经济制度的变化而变化的，而不是人们的主观愿望所能支配的。其二，"我们对于改造社会底主张，不可蔑视现社会的经济事实"，所作的革命或改革，其一切思路都要以客观经济状况为前提。其三，"改造社会应当首先从改造经济制度入手"②。政治和经济作为改造社会的两种工具，经济改造应该居于首位，因为它对于社会的变革具有决定性意义。他甚至对现代经济本身作了深入的分析，这在当时来讲，都是超乎常人的。在《我之爱国主义》一文中，他认为现代经济主要由三大要素构成："曰土地，曰人力，曰资本。"至于三者的关系，则是："夫资本之初源，仍出于土地与人力。土地而不施以人力，仍不得视为财产，如石田童山是也。故人力应视为最重大之生产要素。"可见，他认为，人力在经济力中至关重要。他进而举例说："一社会之人力至者，其社会之经济力必强；一个人之人力至者，其个人之生计，必不至匮乏；此可断言者也。"③可见，他已经能够认识到劳动力在现代经济中的重要作

---

① 陈独秀：《民族野心》，《陈独秀著作选编（1932—1942）》第5卷，上海人民出版社2009年版，第256页。

② 陈独秀：《答蔡和森（马克思学说与中国无产阶级）》，《陈独秀著作选编（1919—1922）》第2卷，上海人民出版社2009年版，第411页。

③ 以上未注之引文参见陈独秀：《我之爱国主义》，《陈独秀著作选编（1897—1918）》第1卷，上海人民出版社2009年版，第232页。

用，而他所说的土地和资本都是生产资料，他已经看到了生产资料和劳动者是生产力的主要内容。

二、中国经济发展的目标是实现大多数人民的幸福

陈独秀认为，中国发展经济的目的是谋求大多数人民的幸福。他对封建主义、资本主义以及社会主义三种社会经济制度的根本目的作了比较，他认为："封建主义时代只最少数人得着幸福，资本主义时代也不过次少数人得着幸福，多数人仍然被压在少数人势力底下，得不着自由与幸福的……主张实际的多数幸福，只有社会主义的政治。"① 后来他在《造国论》中进一步指出：将来国民革命的胜利也只是政治上的成功，并不是经济上的成功。政治革命成功之后，还必须进行经济革命和经济建设，"因为民国必须建设在最大多数人民的幸福上面，人民的幸福又以经济的生活为最切要，经济的生活不进步，所谓人民的幸福，仍只是一句空话。"② 可见，在陈独秀看来，经济革命要比政治革命重要得多的原因在于，经济革命能够解决大多数人的幸福问题。为此，社会主义必须首先发展经济，促进经济生活的进步，早日为大多数人谋得幸福。

在经济文化比较落后的中国建设社会主义是十分艰难的，除了国内外诸多的不利因素外，还有人们观念认识上存在的问题。在当时许多人的观念中，常常把社会主义简单地等同于劫富济贫，实行"共产"。陈独秀对这种认识进行了有力的批驳，他认为：社会主义

---

① 陈独秀：《国庆纪念底价值》，《陈独秀著作选编（1919—1922）》第 2 卷，上海人民出版社 2009 年版，第 277—278 页。

② 陈独秀：《造国论》，《陈独秀著作选编（1919—1922）》第 2 卷，上海人民出版社 2009 年版，第 481 页。

并不专门从事分配方法的改变，"其实专讲分配方法去平均贫富，是均富主义，不是社会主义。社会主义是对于生产方法和分配方法同时并重的。"①

那么社会主义究竟通过何种方式实现多数人的幸福呢？陈独秀认为，"社会主义是对于生产方法和分配方法同时并重的"，平均主义不是社会主义。当时批评社会主义的人，甚至一些相信社会主义的人认为，社会主义是在分配方法上通过劫富济贫、实行"共产"等办法来实现所谓多数人幸福的。对此，陈独秀反驳道："不但马克思主义共产主义根本上决不是什么劫富济贫的均富主义，并且共产国际及中国共产党都不曾幻想中国马上就能够实行共产主义的生产和分配制度。"② 这就说明，社会主义的本义并非人们想象的均富主义，不是平均分配，而且就社会主义建立的经济前提来讲，也不具备平均分配的物质条件。从人类社会发展的一般规律来看，所有制形式的变化和分配方式的变化仅仅是外在的表现形式，而实际上这种表现形式的变化都受生产力发展水平的支配。他明确指出，生产力的发展水平决定了社会主义必须从生产方法和分配方法两方面解决问题，如果专用分配方法去平均贫富，是均富主义，而不是社会主义。为了强调这一点，陈独秀批驳了资本主义在"生产方法"和"分配方法"上的缺陷。他认为资本主义在生产方法上存在两大缺点：一是生产的社会化和生产资料私人占有制；二是生产的无政府状态。这两点分析，很显然受马克思有关思想的影响。而在分配方式上，正由于实行生产资料的私人占有制，其分配方法只能导致

---

① 陈独秀：《关于社会主义问题》，《陈独秀著作选编（1923—1925）》第 3 卷，上海人民出版社 2009 年版，第 77 页。

② 陈独秀：《英国大罢工与东方民族运动》，《陈独秀著作选编（1926—1931）》第 4 卷，上海人民出版社 2009 年版，第 53—54 页。

贫富两极分化，社会财富日益集中到少数人手里，而贫困的人却越来越多，贫困越来越深。陈独秀认为，分配方式是由生产资料所有制性质决定的，所有制性质不同，分配方法也不同；而且分配以生产为前提，只有通过生产丰富的物质财富，才能为分配提供保障，因而即使在政治上进入社会主义之后，如果没有生产所创造的丰富的物质财富，就谈不上分配；即使物质财富极大丰富了，所采用的也不是平均主义的分配方法。由此可见，陈独秀的这些见解是符合马克思主义原理的，他的有些观点已经为后来中国社会主义发展的客观事实证明是科学的。

三、经济发展不能超越发展阶段

陈独秀善于从人类社会演进的角度来分析看待具体社会制度的更替。他认为，人类社会普遍遵循着由低级到高级的发展规律，但是这个由低级到高级的过程又是极其复杂的，各国发展的轨迹并非千篇一律。他将自己的认识上升到规律的高度，明确指出："人类进化有两种形式：一种是循序的进化，一种是跳跃的进化。"[1] 他认为，循序的进化是依一般进化的阶段，循序渐进；跳跃的进化是跳过中间阶段，突然进化到更高的阶段。其中，循序进化的演进方式取决于一个社会内部经济和政治条件的成熟，这种方式是一般社会发展进化的正常方式；而跳跃进化的方式则是一种非常规的方式，必须依赖于外部条件的影响（刺激与援助）及内部政治的成熟。在世界历史上，多数国家遵循了一般规律，但是也确有少数国家选择了跳跃进化的方式。不同国家，究竟采用何种方式，取决于各国具

----

① 陈独秀：《资本主义在中国》，《陈独秀著作选编（1932—1942）》第5卷，上海人民出版社2009年版，第270页。

体的国情，而不能主观随意的选择。

经济落后国家可以通过政治跳跃的方式进入新的更高的社会发展阶段。从这一认识出发，陈独秀认为，可以通过循序渐进和跳跃进化两种方式走上社会主义道路。而对中国这样的经济落后国家来讲，要等到内部经济政治条件的成熟再建立社会主义制度是不现实的，中国具备跳跃进化的可能。这种可能性存在于以下几个条件中：一是经济落后国家，无产阶级有可能比资本主义先进国家的无产阶级早些得到政权，也就是说，它能在资产阶级的民主革命斗争的基础上得到政权。换句话说，经济落后国家的无产阶级可以先联合资产阶级共同完成反封建的资产阶级民主革命任务，然后直接夺取政权，建立无产阶级专政。二是资本主义欠发达国家，是全资本主义世界最薄弱之一环，也就是列宁所说的资本主义薄弱环节，因而更容易爆发无产阶级的革命。因此，无产阶级完全可以通过发动政治革命的方式建立自己的政权，进入社会主义阶段。三是经济落后的国家完全可能具备跳跃进化的政治条件。经济落后国家，资产阶级的软弱和不成熟，必然导致无产阶级力量的发展壮大，这支力量逐渐登上历史舞台，开始组建属于自己的政党，进而会为夺取政权而奋斗。此外，国际上帝国主义的侵略和压迫必然导致民族意识的觉醒，促使国内各阶级在一定条件下的联合，这就造成了跳跃发展的政治可能。

陈独秀强调，经济落后的国家虽然可以采取政治上跳跃进化的方式进入社会主义，但是经济发展本身并不能超越客观的经济发展阶段。因为人类社会的经济发展是一个客观的事实，不依赖于人们的主观愿望而改变。经济是基础，一个社会的政治制度可以完全改变，政治发展的阶段可以跳跃，但是经济的发展阶段则很难跳跃。新社会的经济不可能撇开先前社会的经济基础而另起炉灶，新旧经济之间具有顺延或承接的关系。如果违背这一客观规律，只能阻碍社会的进步。因此，经济落后国家建立的社会主义要发展经济，就不得不在继承原来经济基础的事实上，先发展资本主义的经济，然后朝着社会主义的经济过渡。

陈独秀把这一利用资本主义发展社会主义经济的阶段，称之为"行向社会主义的社会"阶段，即采用国家资本主义以过渡到非资本主义的国家工业。在陈独秀看来，中国要发展经济，必须以中国的特殊国情为出发点，由于原来的落后的、复杂的经济基础，因而在经济上不可能一步到位地实现社会主义，而要经历一个过渡阶段，这个阶段就是"行向社会主义社会"的阶段。

第三节 关于中国发展经济的具体制度设计

一、社会主义必须把发展生产力放在重要位置

要推动中国的发展进步，必须把发展生产力放在重要的位置。由于受当时人们认识水平的限制，陈独秀把生产力通常描述成"经济力"。他说，"今日西洋各国国力之发展，无不视经济力为标准"[1]。因而，他主张，必须重视社会的经济改造，而经济改造的根本标准就是生产力。由此可见，他看到了经济生活中更为根本的生产力标准。这一思想在当时是比较超前的。

陈独秀认为，中国要改变落后的经济，改变落后的农业和商

---

[1] 陈独秀：《我之爱国主义》，《陈独秀著作选编（1919—1922）》第 2 卷，上海人民出版社 2009 年版，第 232 页。

业，就必须发展工业。工业的发展对于促进经济的发展具有决定性作用。他强调说，中国必须发展工业，因为只有工业的发展，才能清除旧社会的落后性，才能开辟新社会的道路。他又从世界历史的角度，阐释了发展工业对于民族国家的重要作用。"十九世纪之末，西欧资本主义发展到最高阶段——帝国主义，各资本主义的先进国家，挟着工业与科学，企图掠夺征服全世界，做他们的殖民地；在这一时期，全世界的各民族，能够自动的发展工业与科学以适应环境的便兴旺起来，否则不免日渐衰败下去，这是近代史的一般规律。"[1] 可见，工业的发展对于国计民生起着至关重要的作用。只有大力发展生产力，促进民族工业发展，才能求得"光荣的生存，而不是贫苦的屈辱的生存"。正是在这样的基础上，他在抗战时期，提出了"为民族工业而战"的思想[2]。

为什么要重视社会生产力的发展呢？陈独秀在这方面较为准确地理解了马克思、恩格斯和列宁的思想。他认为，社会主义的根本任务是发展社会的生产力。他说："以国家计划的生产代替私人自由竞争，使社会的生产力有更进一步的发展，这便是社会主义制度的根本意义。"[3] 社会主义比资本主义更优越的根本体现就是创造比资本主义更高的生产力。"今日之社会，植产兴业之社会也；分工合力之社会也；尊重个人生产力，以谋公共安宁幸福之社会也。一人失其生产力，则社会失其一部分之安宁幸福。生产之力，弱于消

---

① 陈独秀：《抗日战争之意义》，《陈独秀著作选编（1932—1942）》第5卷，上海人民出版社2009年版，第176页。

② 参见陈独秀：《我们为什么而战》，《陈独秀著作选编（1932—1942）》第5卷，上海人民出版社2009年版，第266页。

③ 陈独秀：《我们不要害怕资本主义》，《陈独秀著作选编（1932—1942）》第5卷，上海人民出版社2009年版，第279页。

费，于社会，于个人，皆属衰亡之兆。"① 社会主义要为多数人谋得安宁和幸福，就必须大力发展社会生产力；同时，社会主义只有大力发展生产力，才能在与资本主义的对抗和竞争中立于不败之地。他的这一思想与马克思主义关于发展生产力的思想和后来改革开放时期邓小平关于发展生产力的思想是大致吻合的，而他在当时民主革命尚未成功的时候能够提出这样的思想，是非常难能可贵的。

二、确立与生产力发展相适应的所有制形式和分配方式

现代化的进程是从落后走向先进的过程。而由落后到先进，需要经历一个相当复杂的过程，这种状况在经济落后国家走向现代化的进程中最为明显。因此，经济落后国家即使能够在政治革命上取得成功，在经济上却不具备实行单一经济制度的条件。陈独秀在思考中国经济发展过程中的所有制结构时，当时世界上占主导地位的只有资本主义和社会主义两种社会生产方式。他认为，中国发展经济，自然"除资本主义及社会主义以外，别无他途"。中国要发展社会生产力自然应该采用先进的生产关系，扬长避短，这样才能避免西方资本主义国家在发展经济上的弊端。

陈独秀认为，要建立社会主义的生产关系，就是要坚持以"资本集中"和"财产公有"的根本内容。他在接受马克思主义的唯物史观之后认识到，在生产关系中，生产资料所有制的性质决定着生产关系的性质。社会主义与资本主义以及以往剥削制度在经济上的根本区别，就在于生产资料所有制是公有还是私有。"社会主义制度，简单地说，就是：（一）资本集中；（二）财产共有。"他曾说，

---

① 陈独秀：《今日之教育方针》，《陈独秀著作选编（1897—1918）》第 1 卷，上海人民出版社 2009 年版，第 174 页。

社会主义"只在资本主义立脚点的资本集中财产私有八个字里头把他们换掉过一个字，就变成社会主义的制度了。什么字呢？就是把他们的私字换为公字"。由于社会主义和资本主义所有制不同，因而"生产方法和分配方法便完全改变了"[1]。

但是，陈独秀进一步指出，实行财产公有的社会主义生产关系，并不是要立即彻底废除私有制，主要原因：一是私有制的最终消灭将是一个长期的过程。"从革命发生起一直到私有财产实际归公，必然要经过长久的岁月；从私有财产在制度上消灭，一直到私有财产在人心上消灭，又必然要经过长久的岁月"[2]。二是私有制经济的废止，不是人们主观愿望决定的，它自身的灭亡是一个客观的经济过程。三是经济落后国家建设社会主义，在经济事实上一开始并不具备建立纯而又纯的公有制经济的条件，私有经济在一定范围内的存在，将有助于公有制经济的发展。他指出，"无产阶级开始建设的时候，即使在产业充分发达的国家，也不能没有一种过渡的经济政策，才能渡到废绝私产，实行社会主义的分配"[3]。"非到共产社会实现，私有财产是不能完全废绝的"[4]。

陈独秀认为，国民革命成功后，中国经济主要有四种经济成分存在，而且除公有经济之外的其他经济在"行向的社会主义阶段"都有其存在的合理性。因此，他认为，在"行向社会主义社会"的

---

①　陈独秀：《关于社会主义问题》，《陈独秀著作选编（1923—1925）》第3卷，上海人民出版社2009年版，第79页。

②　陈独秀：《答郑宗贤（国家、政治、法律）》，《陈独秀著作选编（1919—1922）》第2卷，上海人民出版社2009年版，第295页。

③　陈独秀：《答张君劢及梁任公》，《陈独秀著作选编（1923—1925）》第3卷，上海人民出版社2009年版，第278页。

④　陈独秀：《答张君劢及梁任公》，《陈独秀著作选编（1923—1925）》第3卷，上海人民出版社2009年版，第277页。

阶段，应采取多种经济成分并存的制度，在分配方式上也应该与此相适应。他分析了中国的社会情形，指出一方面"中国的经济情形：更不用说了——完完全全操在外国资产阶级国家的手里"①，如关税、工商业、金融业、交通运输业、矿业等均是如此；另一方面，落后的农业和旧式商业仍在内地和广大农村占有极大的比重。国民革命成功后，我国的经济制度自然是家庭的手工业与农业、小生产制、私人资本主义的大生产制、国家资本主义等四种并行。因此，在国民革命成功之后，要走社会主义道路，发展社会主义经济，还必须顾及中国多种经济成分并存的客观事实，而不能一步到位地建立纯粹的社会主义经济制度。也就是说，经济落后国家要发展社会主义，不能只采用单一的经济制度，而应该考虑到其他经济成分的发展。解决的办法应该是以某种所有制为主，允许其他经济成分并存。

针对有些人对在社会主义阶段还允许资本主义私有经济存在的质疑，陈独秀指出："如果有人一提到国家工业便以为这是国家资本主义，已经又属于资本主义的范畴，那便是轻浮之见。"②陈独秀将资本主义社会形态、资本主义生产制度、资本主义经济成分三者区别开来，并把资本主义作为客观的经济发展的过程来看待，认为对资本主义既不能笼而统之地盲目推崇，也不可全盘否定，而应该采取客观分析和扬弃的态度。陈独秀还将资本主义经济区分为私人资本主义和国家资本主义两种类型，并指出了两者的性质不同。在此基础上，他提出，只有在工农及其他被压迫剥削阶级革命的国家

---

① 陈独秀：《关于社会主义问题》，《陈独秀著作选编（1923—1925）》第3卷，上海人民出版社2009年版，第86页。

② 陈独秀：《我们不要害怕资本主义》，《陈独秀著作选编（1932—1942）》第5卷，上海人民出版社2009年版，第281—282页。

而采用国家资本主义，才能够由此过渡到非资本主义的社会主义的经济建设的主张。这较之当时"一听资本主义便畏之如蛇蝎，厌之如粪蛆"的唯名主义者，要实际得多。

陈独秀认为，不管采用何种经济制度，并不是说只采用哪一种而禁绝其余一切，而是说采用某一种为全社会中主要的生产制度。他承认，只要保持主要的经济制度的地位，就保证了社会制度的性质。他明确指出，判断一种经济制度的性质关键要看居于主要地位的经济制度的性质。在社会主义社会，社会主义公有制经济在整个经济中居于主导地位，因而社会主义制度的性质就不会改变。除此之外，在这种"行向社会主义"的阶段，尤其要注重各种经济之间的平衡发展，这样有利于社会主义公有制经济地位的发展和巩固。

总体来讲，他关于以公有制经济为主体，同时允许多种所有制经济并存的思想完全符合后来的实践，虽然这不能与邓小平在改革开放时期对社会主义经济制度的安排同日而语。但这在当时不能不说是一种先见之明。当然，至于如何正确、妥善地处理公有制经济与其他经济尤其是私有经济的关系，其各自政策和所占比重如何，囿于当时的历史条件，陈独秀不可能给出具体答案。

三、社会主义必须实行对外开放

陈独秀分析和观察社会问题的眼界是十分开阔的，他从不将对某一社会问题的认识局限于某个狭小的范围内，而是善于结合国际国内不断变换的实际来推进自己的认识。现代化潮流导致世界由分散走向联合，世界各国、各民族以现代化为纽带日益组成了一个你中有我、我中有你的大家庭，任何一个国家或民族都不可能脱离世界而独立存在。在 20 世纪现代化大潮已经覆盖世界大多数国家和民族的时代，各国之间要求加强交流的愿望也越来越强烈。陈独秀敏锐地把握住了时代脉搏，体察到了世界现代化发展的客观趋势。

首先，他认为，资本主义现代化使得世界越来越成为一个整体，任何国家想要独立发展，或者自绝于世界之外，几乎是不可能的。第一次世界大战后以及俄国十月社会主义革命之后，陈独秀敏锐地觉察到了世界形势的新变化。他指出，前世纪（19世纪）之末本世纪（20世纪）之初，世界资本制度正发达到最高形式——统一世界之财政资本主义，即帝国主义。因此，全世界的经济成了整个的，全世界的政治也随之成了整个的，也就是说，资本主义的发展使世界经济与政治形成了一个难以分割的整体。在这种新的国际政治经济格局下，如果能积极融入世界发展潮流，加强与各国尤其是先进国家的交流对话与合作，就会在竞争中处于有利地位；相反，如果闭关锁国，就会被世界发展大势所抛弃，最终沦落到亡国的命运。正如他所说的："立国于今之世，其兴废存亡，视其国之内政者半，影响于国外者恒亦半焉……投一国于世界潮流之中，笃旧者固速其危亡，善变者反因以竞进……居今日而言锁国闭关之策，匪独力所不能，亦且势所不利，万邦并立，动辄相关，无论其国如何富强，亦不能漠视外情，自为风气。"[1]他更明确地指出，在资本帝国主义现世界，任何弱小的民族，若企图关起门来，靠自己一个民族的力量，排除一切帝国主义之侵入，以实现孤立的民族政策，是没有前途的。可见，陈独秀观察问题的国际视野是非常可贵的，显示了一个政治革命家的宽广胸怀。

其次，从国内发展现状来讲，半殖民地半封建社会的国家受到了国际形势变化的强烈影响，无论从哪方面都不可能孤立于世，经

---

① 陈独秀：《敬告青年》，《陈独秀著作选编（1897—1918）》第1卷，上海人民出版社2009年版，第79页。

济上尤其如此。他认为，中国要发展，就必须实行对外开放的经济政策，加强与世界各国的经济技术交流。他指出，当今世界，资本主义的发展促使世界经济打成一片，我们要改造中国：一要了解世界的经济政治现状是怎样；二要了解中国的经济政治现状与世界各国的关系是怎样。但是他也强调，在对外经济交流中，应该注意几个重要原则：一是坚持国家的统一和国家主权独立。他从中国沦为帝国主义的半殖民地的现实处境出发，认为在对外交流中必须注意不要失掉自我，关键时候要强力抵制帝国主义的经济侵略和欺诈，保持经济上的独立性。也就是说要以自我为主，以交流为辅。这一思想一定程度上接近于我国后来在邓小平领导下实行的改革开放的原则。二是反对全盘西化。陈独秀首先承认西方资本主义所创造的先进的生产力，也曾一度主张全盘西化，但是他更看到了西方资本主义经济在发展过程中表现出来的种种弊端，因而强烈反对走西方的老路，反对全盘西化。他认为社会主义经济应该是开放型的经济形态，只有做到兼收并蓄，才能在未来的竞争中打败资本主义。

　　总起来看，陈独秀的经济现代化思想是对半殖民地半封建社会的中国在取得国民革命成功后中国经济现代化发展道路作出的大胆设想。这一思想是在陈独秀仔细研究马克思主义经济理论，深入把握时代的脉搏，认真分析国际国内形势，并在客观实践中不断摸索逐渐形成和发展的。其经济现代化思想的主要方面，对现代化具有指导作用，有些主张甚至在今天仍具有现实意义。当然，由于他自身所处阶级地位和认识的局限，这一思想中有缺陷甚至有自相矛盾的地方。我们在认识陈独秀经济现代化思想的时候，既要看到其进步的一面，同时也不能忽略它自身存在的缺陷。与此同时，我们也要运用矛盾分析法，把握他思想中的最主要方面。这样，我们对他的评价才不会偏离历史的轨道。

▌第四章 ▌ 政治民主化思想

民主，在西方被称为政治现代化的重要内容。在中国，民主是中国共产党人孜孜追求的目标，也是现代化建设的一项重要内容。1840 年以来，伴随着中国封建社会的衰落、封建专制主义的衰败，中国人对于政治民主化的追求越来越迫切。然而，一种主张、一种思想是否有价值，就在于它是否能够对现代化的客观进程起到引导和促进作用。而这种引导和促进作用在现代化发展的转折关头，尤为重要。陈独秀一生都在为民主呐喊，并为实现中国的政治民主化而奋斗。在其现代化思想中，政治民主化的思想内容十分丰富，也颇有现实意义。

第一节　陈独秀政治民主思想的形成和发展

一、陈独秀民主思想的形成

陈独秀对中国的政治民主化极为关注。陈独秀早期民主思想形成于辛亥革命前。那时由于国内环境和报国无门的困扰，他多次东渡日本，接受了资产阶级政治学说和各种新观念的影响，从一个追随康梁的改良主义者迅速转变为一个资产阶级民主革命者。陈独秀资产阶级民主主义思想的形成大致经历了以下三个阶段：

第一阶段，以救亡为主题思考中国前途命运，资产阶级民主思想初露端倪。

在创办《安徽俗话报》期间，他表达了早期的资产阶级民主主义思想。1904 年春，陈独秀约好友房秩五、吴守一等共同创办了《安徽俗话报》。该报旨在用通俗的语言向普通百姓介绍一些政治、社会常识，同时宣传革命主张和爱国思想。陈独秀既是该报的主办者，也是主要撰稿人。《安徽俗话报》共发行了 23 期，该报文字生动活泼，语言通俗易懂，内容涉猎广泛。陈独秀在第一期到第十九期上发表了系列论文。

陈独秀在这一时期的民主思想突出表现在以下三个方面：一是反对帝国主义，畅谈其爱国思想；二是反对束缚中国社会发展的封建专制制度；三是反对封建恶俗。

关于帝国主义，他在《瓜分中国》一文中，向广大普通民众揭露了帝国主义瓜分中国的罪恶企图，呼吁民众赶紧醒悟过来，"赶紧振作起来，有钱的出钱，无钱的出力，或是办团练，或是练兵，或是开学堂学些武备、枪炮、机器、开矿各样有用的学问"，"做强国的百姓"[①]。他告诉人们，只要大家齐心协力办事，就能富国强兵，就不怕外国人欺负。在《亡国篇》中，陈独秀陈述了亡国的危险。针对当时闭目塞听的中国民众，尤其是已经习惯了中国社会改朝换代变化的中国普通民众，他解释了"亡国"这一概念的内涵。他指出，亡国不同于改朝换代，亡国的标志是一个国家的土地、利权、主权这三个要素都被外国人所夺取。分析当时中国的情形，他

———————

① 陈独秀：《瓜分中国》，《陈独秀著作选编（1897—1918）》第 1 卷，上海人民出版社 2009 年版，第 22 页。

明确指出，中国正面临着走向亡国的危险。接着他又分析了国之所以亡的原因：其一，"只知道有家，不知道有国"①；其二，"只知道听天命，不知道尽人力"②。他所分析的这两个原因显然是针对国民的。可见，陈独秀当时已经有了初步的唤醒国民性的思想认识。陈独秀的反帝爱国思想是他救国的起点。这一时期围绕救亡这一时代主题延伸开来的对中国社会一系列问题的思考，为他后来领导五四运动和领导中国革命奠定了基础。

对于束缚中国社会发展进步的封建专制制度，陈独秀进行了深刻的揭露和批判。陈独秀把反对帝国主义与反对清王朝为代表的中国封建制度紧密联系在一起。正是在表达反帝爱国思想的同时，他初步表露了自己早期民主思想的核心，即提倡民权，反对君主专制。他认为，"国原来是一国人所公有的国，并不是皇帝一人所私有的国"③。他指出，世界上有些国家之所以会亡国，就是因为这些国家的"国家大事，都靠着皇帝一人胡为"④。他认为，国家主权是"全国国民所共有"的，"上自君主，下至走卒，有一个侵犯这主权的，都算是大逆不道。"⑤

对于中国封建恶俗，他也进行了批判。在《亡国篇》中，他批判了"万事自有天作主"、"穷通祸福，都是天定"、"万般由命不由

---

① 陈独秀：《亡国篇》，《陈独秀著作选编（1897—1918）》第1卷，上海人民出版社2009年版，第64页。

② 陈独秀：《亡国篇》，《陈独秀著作选编（1897—1918）》第1卷，上海人民出版社2009年版，第66页。

③ 陈独秀：《亡国篇》，《陈独秀著作选编（1897—1918）》第1卷，上海人民出版社2009年版，第54页。

④ 陈独秀：《说国家》，《陈独秀著作选编（1897—1918）》第1卷，上海人民出版社2009年版，第44页。

⑤ 陈独秀：《说国家》，《陈独秀著作选编（1897—1918）》第1卷，上海人民出版社2009年版，第45页。

人"之类的"天命观"，认为这些"听天命"的做法严重妨碍了中国人"振作自强"的精神，因而导致我国的土地、利权、主权一一被外国列强侵占去，招致亡国的境地。

总之，在创办《安徽俗话报》的基础上，陈独秀无论从思想认识还是从宣传的角度，都为日后以《新青年》为阵地的资产阶级民主思想的形成和宣传打下了基础。

第二阶段，辛亥革命和二次革命失败之后，以救亡与启蒙为主题探求民族出路，资产阶级民主思想进一步发展。

1911年武昌起义爆发后，陈独秀两度出任安徽省都督府秘书长。在这期间，他积极实践自己的政治民主主张，热心政权建设，实行了一系列富国利民的革新措施，受到多数民众的欢迎和爱戴。1913年9月，反对袁世凯的"二次革命"失败后，陈独秀被迫逃亡上海，并于1914年7月，第五次东渡日本，其间，除了在日本雅典娜法语学校学习法文之外，就是帮助章士钊编辑《甲寅》杂志。1914年11月，陈独秀在《甲寅》上发表颇有影响的《爱国心与自觉心》一文，标志着他的政治民主思想在经历了革命实践洗礼后发展到一个新的阶段。

《爱国心与自觉心》一文，虽然着重阐释了爱国主义的问题，但文中却提出了一系列政治上的独到见解。首先是"爱国心"。在第一阶段对爱国主义思想认识的基础上，他在这篇文章中，通过比较中国和西方国家观的异同，对"爱国心"作出了精辟的解释："爱国心，情之属也。"即爱国是一种情感因素。如何才能爱国？爱怎样的"国"？陈独秀解释道："爱国者何？爱其为保障吾人权利谋益吾人幸福之团体也。"对于"国家"，他明确指出，"国家者，保障人民之权利，谋益人民之幸福者也。不此之务，其国也存之无所荣，亡之无所惜。"也就是说，在他看来，国家是为了人民的利益而存在的，如果国家不能保障人民的政治民主权利，那么人民就没有必要爱国，而这样的国家也没有存在的必要。其次，人们不光要有"爱国心"，还要有"自觉心"。何谓"自觉心"？他指出，"自觉心，智之属也。"相对于爱国心这一情感因素，控制人们心智的还有另外一种因素，就是理智。一个人究竟应不应该爱国？应该在多大程度上爱国？这就是所谓"自觉心"，自觉"国家之目的与情势"，按照今天的理解，也就是作为一个国家的公民，只有认识和了解国家的基本国情，才会有爱国的自觉心，才是理智的爱国。陈独秀认为，要想挽救当前的国家，必须使广大国民具备爱国心和自觉心，"国人无爱国心者，其国恒亡。国人无自觉心者，其国亦殆。二者俱无，国必不国。"[1] 这些正是他在认真观察和正确认识中国国情的基础上，从政治的高度对救亡国家的深邃思考。值得一提的是，此时他一再呼吁，救国必须首先唤起全体国民的爱国意识，使他们自觉振作和行动起来，办有益于民族的事。从这里我们可以看出，一方面，他找到了救亡所要依靠的主体力量，即广大民众或国民；另一方面，他认识到了唤醒国民性的重要性。这两方面的思想，为他后来发动和领导大规模的群众运动奠定了思想基础。

第三阶段，明确打出"民主"与"科学"的旗号，正式形成并逐步完善资产阶级民主思想。

1915 年，陈独秀以《新青年》为阵地，发动并领导了新文化运动，正是在这次运动中，他正式形成了较为完整的资产阶级民主思想。在新文化运动中，他鲜明地举起了民主和科学的大旗，先后发表百余篇文章，较为完整地表达了他的资产阶级民主思想。

这一时期，他的民主思想立场鲜明，内涵涉及多方面，涵盖多

---

[1] 陈独秀：《爱国心与自觉心》，《陈独秀著作选编（1897—1918）》第 1 卷，上海人民出版社 2009 年版，第 146—150 页。

个层次，其中心内容是自由平等的人权思想。他推崇法国资产阶级革命时期的人权说。他认为，人权说是近代政治文明的基本特征之一，是"最足以变古之道，而使人心社会划然一新"的三事之一[①]。针对封建宗法等级制度，他认为人权的主要内容在于平等和自由。就"平等"来讲，它是民主政治的基本前提，是法制国家和法治社会的基本精神。他指出："西洋所谓法治国者，其最大精神，乃为法律面前，人人平等，绝无尊卑贵贱之殊。"[②]而我国的普通民众的人权则深受"三纲之说"的祸害而"无独立自主之人格"，"君为臣纲，则民于君为附属品"、"父为子纲，则子于父为附属品"、"夫为妻纲，则妻于夫为附属品"，"率天下之男女，为臣，为子，为妻，而不见有一独立自主之人者"[③]。就"自由"来讲，他大声疾呼，人的自由权利是神圣不可侵犯的，"个人之自由权利，载诸宪章，国法不得而剥夺之"，而像我国这样的宗法社会则是"以家族为本位，而个人无权利，一家之人，听命家长"[④]，毫无自由可言。因此，他强烈呼吁做"自主的而非奴隶的"人，呼吁民众尤其是青年人行动起来，自我解放，"脱离夫奴隶之羁绊，以完其自由之人格之谓"，具体来讲，就是"我有手足，自谋温饱；我有口舌，自陈好恶；我有心思，自崇所信；绝不认他人之越俎，亦不应主我而奴他人：盖自认为独立自主之人格以上，一切操行，一切权利，一切信仰，唯

---

① 陈独秀：《法兰西人与近世文明》，《陈独秀著作选编（1897—1918）》第 1 卷，上海人民出版社 2009 年版，第 164 页。

② 陈独秀：《宪法与孔教》，《陈独秀著作选编（1897—1918）》第 1 卷，上海人民出版社 2009 年版，第 250 页。

③ 陈独秀：《一九一六年》，《陈独秀著作选编（1897—1918）》第 1 卷，上海人民出版社 2009 年版，第 199 页。

④ 陈独秀：《东西民族根本思想之差异》，《陈独秀著作选编(1897—1918)》第 1 卷，上海人民出版社 2009 年版，第 194 页。

有听命各自固有之智能，断无盲从隶属他人之理"①。虽然陈独秀极力推崇西方资产阶级的人权说，宣扬人们要以自我为中心，内含极端个人主义的倾向，但是，在当时封建制度禁锢人们权利和自由的状况之下，以这种人权说来反对旧的制度，不失为一剂良药。

陈独秀资产阶级民主思想的形成，主要有两方面原因：首先是中国当时的国情。陈独秀生活的年代，可以说正是中国的封建社会从逐步衰落向寻求新出路的转型过程。他本人的经历也恰好反映了这一时代的主要特点。由"选学妖孽"到追随康、梁的改良派，再到追寻孙中山为首的资产阶级革命派，戊戌政变、辛亥革命、"二次革命"等不同派别为救中国而发生的各种重大事变和运动，都在他头脑中打下了深深的烙印。陈独秀是一个有着强烈爱国心和报国心的热血青年，为民族和国家前途命运而奔走呼号，是他实现人生价值的崇高目标。在经历了一次次不同救国方案的失败后，中国社会不仅没有改变贫穷落后、受人欺负的悲惨境遇，反而在封建势力的顽固坚持下越走越黑暗。这样的现实怎能不激励每一个像陈独秀这样的有志青年去积极寻求新的救国道路？其次是东渡日本的求学经历，西方资产阶级政治民主思想深深吸引着他。中国历次救亡失败的事实已经证明，要救亡图存，要改变中华民族的悲惨命运，必须有新思想新观念。然而，在延续几千年的中国传统封建社会，决不会自己产生新的希望。而1840年的鸦片战争已经让当时的中国人了解到，在世界的另一端，西方资产阶级早已创造了一种能创造巨大社会物质财富的新文明。像其他多数留洋学生一样，陈独秀在日本学习并了解到了这种新的文明。而中西文明的鲜明对比下凸显出的中国封建文化的腐朽落后，更让陈独秀坚决选择了以西方资产

① 陈独秀：《敬告青年》，《陈独秀著作选编（1897—1918）》第1卷，上海人民出版社2009年版，第159页。

阶级的办法来拯救中国。其中，西方资产阶级的政治民主思想尤为吸引他。对比中国的专制与西方的民主，陈独秀最终选择了民主，这在当时来说，是一种必然的选择。

二、陈独秀民主思想的进一步发展

1920 年春夏之交，共产国际代表维金斯基经李大钊介绍，到上海与陈独秀见面，商谈在中国建立共产党的问题。5 月，陈独秀创立马克思主义研究会，开始组建中国共产党。陈独秀的政治民主思想从此进入一个新的阶段，直到 1927 年 7 月被共产国际停职，他在政治民主观上基本坚持了无产阶级民主的立场。这一时期，他开始运用马克思主义关于阶级分析的方法来思考政治民主问题，因而这一时期的民主思想具有鲜明的无产阶级立场。

第一，民主是有阶级性的，始终是一定阶级的民主。他运用马克思主义关于阶级分析的方法，认为没有所谓全民的民主，民主具有阶级属性。他根据马克思主义的观点，认为民主是一种国家形式，"只要有不同的阶级存在，就不能说'纯粹民主'，而只能说阶级的民主。"[1] 陈独秀认为，无论是西方各国的国会、国民大会还是苏联的苏维埃，都是各个利益不同的阶级或党派势力的集中，而不代表全体国民的意愿。他说，"若是妄想民主政治才合乎全民意，才真是平等自由，那便大错而特错。资本和劳动两阶级未消灭以前，他两阶级底情感利害全然不同，从哪里去找全民意？"[2] 正是在认识到资产阶级民主是少数人的民主之后，他毅然抛弃了这种曾经

---

① 《列宁全集》第 35 卷，人民出版社 1985 年版，第 243 页。

② 陈独秀：《随感录·民主党与共产党》，《陈独秀著作选编(1919—1922)》第 2 卷，上海人民出版社 2009 年版，第 312—313 页。

为之崇尚的价值观，开始寻求属于无产阶级和广大劳苦大众的真正的多数人的民主。

第二，社会主义民主是优越于资本主义民主的新的政治制度。他从进化论的角度，指出了社会主义代替资本主义的必然性。他说："社会主义要起来代替共和政治，也和当年共和政治起来代替封建制度一样"，"都是不可逃的运命"①。资本主义造成了诸多罪恶和社会动荡，而只有社会主义由于"在生产方面废除了资本私有和生产过剩，在分配方面废除了剩余价值"，因而能够"救济现代经济的危机及社会不安的状况"②。然而，他又似乎把社会主义民主制度的建立看得比较容易。他明确指出："由封建而社会主义虽是一定的轨道，然这轨道却不能够说必须要经过若干岁月才可以改变方向。……俄罗斯共和推倒了封建半年便被社会主义代替了，封建和社会主义之间不必经过长久的岁月，这是一个很明显的例。"③也就是说，社会主义不仅优越于资本主义制度，而且社会主义取代资本主义也不会经过太长的时间，这也暗示了他为马上领导的中国的社会主义革命而奋斗的决心。他批判欧洲社会民主党的议会政治的主张，明确赞同马克思主义的阶级斗争的观点。他揭露了资产阶级议会制的实质是通过竞争选举的手段加入资产阶级的政府、国会，利用资产阶级的政治和法律来实行社会主义政策的主张，实际上是与资产阶级同流合污，在根本上只能是有益于资产阶级的统治，而与广大民众毫无相干，他将这种主张说成是"与虎谋皮为虎所噬还要

① 陈独秀：《国庆纪念底价值》，《陈独秀著作选编（1919—1922)》第2卷，上海人民出版社2009年版，第278页。

② 陈独秀：《社会主义批评》，《陈独秀著作选编（1919—1922)》第2卷，上海人民出版社2009年版，第339页。

③ 陈独秀：《国庆纪念底价值》，《陈独秀著作选编（1919—1922)》第2卷，上海人民出版社2009年版，第279页。

替虎噬人"的方法，这个比喻极为形象和妥帖地戳穿了主张议会政治的那些人。

第三，他主张通过革命手段建立无产阶级专政，无产阶级专政是建立无产阶级民主的根本前提。这一时期，他对民主的思考重点放在广大劳动阶级争得民主的重点上。他认为，民主不是资产阶级的专有物，劳动阶级要想争得民主，获得自己应有的特权，就只有通过阶级斗争，进而推翻一切反动的、压迫阶级的统治，建立代表本阶级利益的无产阶级专政。他说："若不经过阶级战争，若不经过劳动阶级占领权力阶级地位底时代，德谟克拉西必然永远是资产阶底专有物，也就是资产阶级永远把持政权抵制劳动阶级底利器。"① 他还从反对无政府主义和修正主义的角度出发，论证了用"强力"即暴力来争取民主权利的必要性。而一旦建立了劳动阶级自己的政权，就可以"自己站在国家地位，利用政治、法律等机关，把那压迫的资产阶级完全征服，然后才可望将财产私有、工银劳动等制度废去，将过去不平等的经济状况除去"②，从而制定自己的民主制度、行使自己的民主权利。这一时期，他比较注重强调民主的阶级性。在与无政府主义者郑宗贤辩论时，他指出："先生既然相信无政府主义，请你要将资本阶级和非资本阶级底人民分别一下，不要说些笼统话为不劳动的资本阶级利用！"③ 可见，这一时期，他已经能够运用马克思主义的阶级分析法作为为社会主义民主辩护的武器，这一点对一个即将成为中国革命领导人来讲，是极为

---

① 陈独秀：《谈政治》，《陈独秀著作选编（1919—1922）》第2卷，上海人民出版社2009年版，第256页。

② 陈独秀：《谈政治》，《陈独秀著作选编（1919—1922）》第2卷，上海人民出版社2009年版，第252页。

③ 陈独秀：《答郑宗贤（国家、政治、法律）》，《陈独秀著作选编（1919—1922）》第2卷，上海人民出版社2009年版，第294—295页。

重要的。

但是，在这一时期，由于根深蒂固的资产阶级民主思想的影响，在他的思想中还有一些自相矛盾的地方。1922 年 8 月，他提出了中国革命分两步走的见解。"这样的经济及政治状况，遂使中国的阶级争斗不得不分为两段路程：第一段是大的和小的资产阶级对于封建军阀之民主主义的争斗，第二段是新起的无产阶级对于资产阶级之社会主义的争斗。"①"所以我主张解决现在的中国政治问题，只有集中全国民主主义的分子组织强大的政党，对内倾覆封建的军阀，建设民主政治的全国统一政府，对外反抗国际帝国主义，使中国成为真正的独立的国家，这才是目前扶危定乱的唯一方法。"②不久，他又对建立民治主义的政府产生了怀疑。他说，"中国资产阶级的力量与无产阶级同一幼稚，这是不可否认的事实。今后的进步，必然是两阶级平行进步，而世界的趋势能否容民主的政制占领长时代而不生急进的变化，乃是一个问题"③，等等，诸如这类不确定和摇摆的思想因素在这一时期的政治思想中都有所体现，这也是人们说他根本上不是一个坚定的马克思主义者的原因。

三、陈独秀晚年对民主认识的变化

国内学术界一般把 1929 年陈独秀被开除党籍到 1942 年去世这段时间，称为其政治生涯的最后阶段。实际上陈独秀的晚年应该是

---

① 陈独秀：《对于现在中国政治问题的我见》，《陈独秀著作选编（1919—1922）》第 2 卷，上海人民出版社 2009 年版，第 468 页。

② 陈独秀：《对于现在中国政治问题的我见》，《陈独秀著作选编（1919—1922）》第 2 卷，上海人民出版社 2009 年版，第 470 页。

③ 陈独秀：《答张东荪（联省自治与国家社会主义）》，《陈独秀著作选编（1919—1922)》第 2 卷，上海人民出版社 2009 年版，第 479 页。

从 1937 年 8 月出狱直至 1942 年病逝这段时间[①]。在这一时期，基于对国际国内重大现实问题的思考，尤其是对大革命失败和苏联共产党党内的残酷争斗的思考，陈独秀重新思考了政治民主尤其是中国的民主政治发展问题。其中有深入的见解，也有极端的言论。1940 年，他在给自己的俄国托派朋友王文元、濮清泉的三封信中，针对斯大林统治下苏联的现状，全面阐述了自己的民主思想。总体来讲，这一阶段他的民主思想明显放弃了无产阶级民主的立场，而转向了他曾经严厉批评过的全民民主。

首先是对于民主本质认识的变化。陈独秀认为，民主是社会进步的重要标志，是超时代和超阶级的，是人类的普遍准则。这一时期，他认为"五四"时期倡导的民主和科学在现在来讲，不但没有过时，相反应该更加重视。他将民主与科学抬高到了社会进步和人类普遍价值的高度。他认为，民主是与国家和政治紧密联系的，"是从古代希腊罗马以至今天、明天、后天，每个时代被压迫的大众反抗少数特权阶层的旗帜，并非仅仅是某一特殊时代历史现象，并非仅仅是过了时的一定时代中资产阶级统治形式，如果说民主主义已经过了时，一去不复回了，同时便可以说政治及国家也已过了时即已经死亡了。"[②]他明确指出："民主与科学是人类历史长期的要求，决非权宜之计，临渴凿井的对策。如果用公式表达，就是原始社会里，共产主义和民主主义是两大支柱。奴隶社会和封建社会推倒和埋葬了这两大支柱。资本主义社会，发掘了民主，发展了科学，人类大跨步前进。社会主义、共产主义社会，民主与科学无限

---

① 参见阿明布和：《晚年陈独秀政治思想之我见》，载《内蒙古师大学报》（汉文哲学社会科学版）1988 年第 1 期。

② 陈独秀：《给西流的信》，《陈独秀著作选编（1932—1942）》第 5 卷，上海人民出版社 2009 年版，第 353 页。

发展，走向人类大同。"他认为，"我认为民主制度是人类政治的极则，无论资产阶级革命或无产阶级革命，都不能鄙视它，厌弃它，把它当作可有可无，或说它是过时的东西，在东方落后国家，长期受封建制度束缚，没有民主的气息和习惯，更应把它当作战斗的目标而奋斗。"① 陈独秀突出强调民主在革命斗争中的重要性，他说："它不仅是某一时期的策略，而是中国革命的骨干，中国无产阶级夺取政权的革命之全部策略的基石。"他强调说，"对民主主义斗争估价过低，会成为无产阶级之致命伤"。② 他认为，民主本身并不具有阶级性。无疑，他取消了马克思主义的阶级分析的立场，已经改变了关于民主的无产阶级立场。

其次，关于无产阶级民主和无产阶级专政关系的变化。在领导革命的时期，陈独秀认为民主与专政是相辅相成的，只要实现了无产阶级专政，无产阶级民主就会自然实现。但是俄国革命胜利后几十年的社会主义经验说明，无产阶级民主不但没有自动实现，反而遭到了一定程度的践踏。他在与托派青年争论时说，"你们总是把专政这个名词奉为神灵，而把民主视为妖魔，岂不怪哉。现在苏联实行无产阶级专政，专政到反动派，我举双手赞成，但专政到人民，甚至专政到党内，难道是马克思、列宁始料所及吗？此无它，贱视民主之故也。"③ 他十分尖锐地批评了苏联无产阶级政权只强调专政，而忽视民主的做法。但与此同时，他自己也走向了只强调

---

① 以上未注之引文参见濮清泉：《我所知道的陈独秀》，《文史数据选辑》，第 71 辑，中华书局 1980 年版，第 61—64 页。有关陈独秀相关的民主思想，参见王福湘：《陈独秀对苏俄经验的接受、反思与超越》，载《二十一世纪》2005 年第 87 期。

② 陈独秀：《几个争论的问题》，《陈独秀著作选编（1932—1942）》第 5 卷，上海人民出版社 2009 年版，第 110—111 页。

③ 以上未注之引文参见濮清泉：《我所知道的陈独秀》，《文史数据选辑》第 71 辑，中华书局 1980 年版，第 61—64 页。

民主而否定甚至是彻底否定无产阶级专政的另一个极端。1941 年 11 月 28 日，他在发表的《我的根本意见》一文中，几乎全盘否定了无产阶级专政，他说："所谓无产阶级独裁，根本没有这样东西，即党的独裁，结果也只能是领袖独裁。任何独裁都和残暴蒙蔽、欺骗、贪污、腐化的官僚政治是不能分离的。"[1]

第三，关于社会主义民主和资产阶级民主。陈独秀认为，社会主义民主和资产阶级民主并无本质的不同，只是二者民主实行的范围不同而已。正如他在《给西流的信》中所说，"无产阶级民主和资产阶级民主大致相同，只是实施的范围有广狭而已"。而且，从社会演进的角度来讲，资产阶级的民主为社会主义民主开辟了广阔的道路。他尖锐地批评那种认为无产阶级专政就是只有独裁而没有民主的说法，指出俄国苏维埃的错误在于将民主制度等同于资产阶级统治而一并推翻，他指出，"以独裁代替民主，民主的基本内容被推翻，所谓的'无产阶级民主、大众民主'只是一些无实际内容的空洞名词，一种抵制资产阶级民主的门面语而已"。他认为，一个真正的工人国家绝对应该比任何资产阶级国家更加民主。他还充分肯定近代资产阶级民主制在历史上的积极作用。他将资产阶级的民主制与科学、社会主义并列成为近代人类社会的三大天才发明。他还认为，在社会主义运动未发生以前，完成资产阶级民主主义任务是人类进步的唯一指标。他断言，"苏维埃制度如果缺乏民主内容，仍旧是一种形式民主的代议制"，而缺乏民主内容的俄国苏维埃甚至"比资产阶级的形式民主议会还不如"[2]。关于社会主义民主

---

[1]　陈独秀：《我的根本意见》，《陈独秀著作选编（1932—1942）》第 5 卷，上海人民出版社 2009 年版，第 359 页。

[2]　以上未注之引文参见陈独秀：《给西流的信》，《陈独秀著作选编（1932—1942）》第 5 卷，上海人民出版社 2009 年版，第 353—354 页。

的具体内容，他明确指出，社会主义民主"不是一个空洞的名词，其具体内容也和资产阶级民主同样要求一切公民都有集会、结社、言论、出版、罢工之自由"①。可见，陈独秀晚年的民主思想明显取消了阶级本性的差别，意味着他在政治立场上的根本转变。

第四，关于大众政权和大众民主。陈独秀晚年一改往日的无产阶级民主的立场，主张全民民主。"代表大多数人民利益，就是最好的阶级立场。成天大叫无产阶级万岁的人，未见得有利于大多数人民，也未见得有利于无产阶级。"②在这里，他已经逐渐取消了以前的阶级分析的立场，他讲的大多数人已经明显不是只指劳动阶级。"非大众政权固然不能保证实现大众民主，如果不实现大众民主，则所谓大众政权或无级（作者按：无产阶级）独裁，必然流为史大林（作者按：指'斯大林'）式的极少数人的格柏乌政制"③，也就是个人独裁。

第五，关于党内民主与个人独裁。当时托派将斯大林时代种种反人道的行为，归咎于斯大林个人心术不正。针对这种肤浅之见，也基于他对民主的长期关注和思考，陈独秀一针见血地指出：斯大林时期的错误并不仅仅是个人的错误，而是制度因素使然。他认为，如果只是闭着眼睛一味反对斯大林一个人，那么结果会有无数个斯大林再冒出来。根本的原因不是先有斯大林，而是先有独裁制。也就是说，是制度给斯大林的个人独裁造成了可乘之机。他的这一见解对中国共产党的党内民主建设至今仍有借鉴和启发意义。

----

① 陈独秀：《我的根本意见》，《陈独秀著作选编（1932—1942）》第5卷，上海人民出版社2009年版，第359页。

② 濮清泉：《我所知道的陈独秀》，《文史数据选辑》第71辑，中华书局1980年版，第61—64页。

③ 陈独秀：《给西流的信》，《陈独秀著作选编（1932—1942）》第5卷，上海人民出版社2009年版，第353页。

陈独秀晚年对于"民主"认识的变化，是由多种因素造成的：其一，是国际共产主义运动尤其是苏联社会主义实践的经验教训，使他开始重新关注和思考民主问题；其二，国内特殊政治环境的影响；其三，他在晚年孤立的境遇以及个人性格上的因素使他走向了无产阶级民主的对立面①。

第二节　陈独秀政治民主化思想的主要内容

一、关于发展民主之必要性

民主是社会主义的本质特征。按照马克思主义经典作家的政治预言，社会主义革命将打碎资产阶级国家机器，实行巴黎公社式"人民管理制"的无产阶级民主。马克思理想中的公社民主制，其主旨在于公共权力的社会化，它是一种无国家、无官僚、无强制的自治型民主。然而马克思的这一政治预言，并没有在 20 世纪社会主义运动中实现。十月革命并未实现马克思、恩格斯、列宁的激进民主理想。斯大林领导的苏联也没有实现马克思的无国家、无官

---

① 陈独秀晚年对民主的认识发生了较大变化，到底发生了哪些变化？为什么会发生这些变化，是近年来学术界研究的一个热点。仅进入 21 世纪以来就有不少研究成果。参见汪菁华：《近年来陈独秀晚年民主思想研究述评》，载《安徽史学》2009 年第 11 期；吴芳：《陈独秀晚年民主思想研究综述》，载《科教文汇（上旬刊）》2009 年第 6 期；严迎春：《陈独秀晚年对民主普适性的探讨》，载《炎黄春秋》2009 年第 11 期；蒋贤斌：《试析晚年陈独秀的民主思想》，载《江西师范大学学报》2002 年第 5 期；朱皓：《陈独秀晚年对民主的再思考》，载《安庆师范学院学报（社会科学版）》2000 年第 2 期；王晓飞：《陈独秀晚年民主思想研究的状况》，载《北京党史》2007 年第 1 期。

僚、无警察的巴黎公社式社会主义民主理想。

陈独秀一生都在追求民主，不管是在"五四"时期，还是晚年，他对民主的关注、思考和宣传始终没有中断。当然，他一生波折，复杂多变，其民主思想也随着形势的变化而有不同的表现。但是，他始终关注民主和推进民主的精神值得人们赞扬。在五四运动时期，陈独秀认为，民主是救治中国政治和社会领域一切黑暗的必备武器。"西洋人因为拥护德、赛两先生，闹了多少事，流了多少血，德、赛两先生才渐渐从黑暗中把他们救出，引到光明世界。我们先在认定只有这两位先生，可以救治中国政治上道德上学术上思想上一切的黑暗。"① 他尊称民主为"德先生"，而"赛先生"则指的是科学。他认为民主与科学"若车之两辕"，是推进人类现代化的最有力的武器。

在领导创建中国共产党时期，他运用马克思主义关于阶级分析的方法来思考政治民主问题。他指出了民主的阶级本质，分析了社会主义民主相对于资本主义民主的优越性，论述了通过革命手段、通过暴力革命建立无产阶级专政并实现无产阶级民主的必要性和重要意义。

陈独秀晚年虽然对社会主义民主的认识发生了较大的变化，但并没有放弃对民主理想的追求。他晚年民主观的深刻之处，在于他对斯大林极权主义体制进行了深刻反思，并对自由主义民主与社会主义民主进行了价值重估。他觉察到了苏联斯大林时期极权主义体制的严重弊端，对斯大林主义和苏联高度集权的政治体制的批判，深刻揭示了斯大林体制导致权力垄断的反民主的极权主义本质。他晚年的社会主义民主观，将注意力转向行政权力的节制，而重新肯

---

① 陈独秀：《"新青年"罪案之答辩书》，《陈独秀著作选编（1919—1922）》第 2 卷，上海人民出版社 2009 年版，第 11 页。

定了限制政府权力和保障公民自由的宪政民主的普适性价值，并将这种"形式民主"作为社会主义大众民主的基础。这是他在总结苏联社会主义民主发展历史经验的基础上，对社会主义民主问题的新思考。

二、对资本主义民主的批判和借鉴

"五四"之后，陈独秀接受了马克思主义，在批判资本主义民主的过程中，确立了无产阶级民主思想，完成了由资产阶级民主立场到无产阶级民主立场的转变。由一种信仰转变为另一种信仰，必然有一个由肯定到否定、再从否定到肯定的反复过程。陈独秀从一个资产阶级民主思想的顶礼膜拜者转变为一个无产阶级的民主主义者，他的无产阶级民主思想是在批判资产阶级民主的过程中确立的。他从几个方面批判和揭露了资产阶级民主的本质。

关于资产阶级民主的本质。陈独秀批判所谓的"全民民主"，指出资本主义民主只能是资产阶级的民主。在接受马克思主义民主理论以后，他认识到，资产阶级民主是代表资产阶级利益的，具有虚伪性，根本不可能是"全民"的民主。这种民主在从前是打倒封建制度的武器，在现在却变成了欺骗世人把持政权的工具。1920年年底，陈独秀肯定地说，"民主主义只能够代表资产阶级意，一方面不能代表封建党底意，一方面更不能代表劳动阶级底意，他们往往拿全民意来反对社会主义，说社会主义是非民主的，所以不行，这些都是欺骗世人把持政权的诡计。"[①] 在资本主义国家，"全国底教育、舆论、选举，都操在少数的资本家手里，表面上是共和

---

① 陈独秀：《随感录·民主党与共产党》，《陈独秀著作选编(1919—1922)》第 2 卷，上海人民出版社 2009 年版，第 313 页。

政治，实际上是金力政治，所以共和底自由幸福多数人是没有分的。"① 他呼吁人们不要受这种蒙蔽和欺骗，并进而指出，在未消灭资本阶级和劳动阶级以前，他们之间的感情利害决然不同，这实质上指明了，资产阶级和劳动阶级（无产阶级）两大阶级有着根本阶级利益和阶级性质的不同，他们之间的天生对抗关系决定了资本主义民主只能是资产阶级的民主。

关于资产阶级的议会制。陈独秀运用马克思主义的阶级分析法指出，"什么民主政治，什么代议政治，都是些资本家为自己阶级设立的，与劳动阶级无关。什么劳动者选议员到国会里去提出劳动保护底法案，这种话本是为资本家当走狗的议会派替资本家做说客来欺骗劳动者的。"② 正是在认识到资本主义制度的诸多弊端之后，他认为，欧洲、美国、日本等资本主义现代化道路已然是一种旧路，更是一条错路，中国要走向现代化，要避免西方资本主义的这些弊病，就绝不能走欧美、日本的旧路、错路，而应该选择适合中国国情的民主道路。

三、对社会主义民主的认识和理解

对社会主义民主的思考是陈独秀政治民主思想的重要内容。他对社会主义民主的认识和理解并不是一贯的，而是在前后两个时期有着根本立场的不同。具体来讲，他在接受了马克思主义的观点后，赞成和寻求无产阶级民主。在晚年时却从赞成社会主义民主转

---

① 陈独秀：《国庆纪念底价值》，《陈独秀著作选编（1919—1922）》第 2 卷，上海人民出版社 2009 年版，第 278 页。
② 陈独秀：《共产党月刊短言》，《陈独秀著作选编（1919—1922）》第 2 卷，上海人民出版社 2009 年版，第 298 页。

变为怀疑和彻底否定社会主义民主。这种认识上的急剧和根本的转变，一直是他备受关注的原因之一。

在民主思想发展的第二阶段，由于运用马克思主义的阶级分析法观察和分析问题，因而他对社会主义民主的认识和理解是正确的。他在对资产阶级民主批判的基础上，得出结论："主张实际的多数幸福，只有社会主义的政治。"① 在 1933 年撰写的《上诉状》中，陈独秀对民主作了符合马克思主义的解释："吾人第一须知民主之定义，即为由大多数人民管理即统治国家，无所谓全民主治之说……最新之工农苏维埃政制，乃民主制之最后最高阶段，亦仅只达到以多数人民统治国家已耳。过此以往，必待剥削制度消灭，因之阶级消灭，统治者与被统治者之界限消灭，夫然后乃有真正全民平等之一境。"② 在领导革命实践中，他也在积极宣传和实践着自己的民主思想，为多数人能够得到幸福而英勇奋斗。

在晚年，由于国际国内政治环境的变化和他个人的处境，他对于社会主义民主的认识发生了变化。之前，他认为只有社会主义的政治，才是实际主张多数人的幸福。但是在晚年，他在总结苏联社会主义政治建设经验教训的基础上，认为社会主义民主只不过是比资产阶级民主实施范围广一些而已，在民主的实质上并无区别，而且他认为，社会主义民主应该借鉴资产阶级民主的具体实施内容，如言论、集会、结社、出版、罢工等。在他看来，现有社会主义国家的无产阶级由于实行了专政，就抛弃了民主，因而造成了独裁和残暴、欺骗、贪污、腐化的官僚政治。他进而主张建立民主制，即

---

① 陈独秀：《国庆纪念底价值》，《陈独秀著作选编（1919—1922）》第 2 卷，上海人民出版社 2009 年版，第 278 页。

② 陈独秀：《上诉状》，《陈独秀著作选编（1932—1942）》第 5 卷，上海人民出版社 2009 年版，第 68 页。

用制度的固有形式将民主的内容确定下来，以形成对于专政权力的监督，从而防止社会主义的蜕变。这种思想在当时来讲，是难能可贵的，是对列宁关于民主集中制思想的继承。

四、对中国民主化进程的设想

民主思想必须通过具体的途径和方案来实现。至于中国如何才能实现民主？陈独秀在不同时期都有自己不同的思考。

在第一阶段，他设计了实现资产阶级民主的方案：第一，通过国民运动，进而实行国民政治，是实现政治民主化的根本途径。针对当时的政治状况，他主张国民去从事国民运动，而不囿于党派运动。"自负为一九一六年之男女青年，其各自勉为强有力之国民，使吾国党派运动进而为国民运动。"[1] 他列举世界各国革命的例子，指出，法国革命、美国独立战争、日本的明治维新，都不是某一党一派所能成就的，而要反对封建的专制政治也不是某个党派所能成就的，民主的实现应该是全体国民的整体运动。他认为，中国之所以没有实现民主，就是因为缺乏国民运动，正如他所讲，"吾国年来政象，惟有党派运动，而无国民运动也"[2]。若不发动国民的整体运动，那么通过党派争斗所建立的民主，只能是狗咬狗的争斗，而绝不可能体现民主的内容和本质。他主张在国民运动得以实现的基础上，实行自由自治的国民政治。他明确指出了这种国民政治的具体方案，"所谓国民政治，

---

[1] 陈独秀：《一九一六年》，《陈独秀著作选编（1897—1918）》第 1 卷，上海人民出版社 2009 年版，第 200 页。

[2] 陈独秀：《一九一六年》，《陈独秀著作选编（1897—1918）》第 1 卷，上海人民出版社 2009 年版，第 199 页。

果能实现与否，纯然以多数国民能否对于政治，自觉其居于主人的主动的地位为唯一根本之条件。自居于主人的主动的地位，则应自进而建设政府，自立法度而自服从之，自定权利而自尊重之。"① 也就是说，国民运动是实现国民政治的根本途径，而国民政治的实质就是国民自治。相比于之前资产阶级革命派为实现中国政治民主化而仅仅依靠少数的资产阶级的力量来讲，引起民众全体对民主化的关注和追求，在实践中形成比党派运动力量大得多的国民运动，这种重视发动民众力量的思想已经超越了资产阶级民主思想的范围，显然是一种进步。第二，地方自治和同业联合是培养人民自治意识和实现人民自治的两种基本形式。陈独秀主张的国民自治，就是"人民直接的实际的自治与联合"。不同于之前资产阶级革命派所主张的，只讲议会、国会等大的组织，他比较关注较小的基层组织或者说基层民主，他说："在这最小范围的组织"里，每个人"都可以到会直接议决事务"，在这个组织里，每个人都有直接参与的权利。所谓地方自治，就是从最基层的"一村一镇着手"的自治和"按着街道马路或是警察的分区"做起的自治。所谓同业联合，就是以"一个地方的一种职业做范围"实行的自治②。这种注重发挥小范围的社会组织力量的思想，相比以前资产阶级代言人提倡的"联省自治"要实际得多，这是陈独秀重培养国民民主参政意识和调动广大民众为政治民主化出力的具体体现。第三，实行法治，是实现民主的基本保障。他认为，要实现民主，就必须有法律作为保障。他指出，"盖宪法者，

---

①　陈独秀：《吾人最后之觉悟》，《陈独秀著作选编（1897—1918）》第 1 卷，上海人民出版社 2009 年版，第 203 页。

②　以上未注之引文参见陈独秀：《实行民治的基础》，《陈独秀著作选编（1919—1922）》第 2 卷，上海人民出版社 2009 年版，第 121—123 页。

全国人民权利之保证书也。"① 当时，他主张以西方的宪法为样本，用法律来保障人民的自由平等的民主权利。"所谓民权，所谓自由，莫不以国法上人民之权利为其的解，为之保障。此所以欧洲学者或成称宪法为国民权利之证券也。"② 可见，陈独秀已经意识到法律对于一个国家民主建设的重要性，这在当时是很有远见的。

在第二阶段，陈独秀认为，通过暴力革命（直接行动），从建立无产阶级专政。是实现无产阶级民主的必须途径。在这一阶段，他改变了上一阶段极力主张依靠国民革命的主张，强调必须组建无产阶级的政党。他认为，不同于资产阶级的政党，无产阶级政党是能够代表多数人利益的政党。因此，要实现多数人都能享有的权利和幸福，必须首先组建代表自己利益的政党组织。然后，在无产阶级政党的统一指导下，通过暴力革命，夺取政权，为实现多数人作国家主人的现实奠定坚实基础。然而，他在大革命后期却又得出中国革命必须分两步走的"二次革命论"。他主张中国革命的"第一步"应该是进行资产阶级民主主义革命，在这一步中，中国共产党和工农群众要接受国民党的领导，首先完成对内统一、对外独立的民主主义革命。然后才进入第二步，即无产阶级对于资产阶级的斗争。这种放弃无产阶级对革命领导权的主张是他的政治思想右倾的突出表现，不符合中国革命的客观要求的，是根本错误的，在实践中给共产党和社会主义革命事业造成了损失。第二，建立无产阶级专政的国家。在建立无产阶级专政的人民民主政权后，就必须履行对于广大工农阶级的政治承诺，必须实行政治民主化。他的这一认

---

① 陈独秀：《宪法与孔教》，《陈独秀著作选编（1897—1918）》第 1 卷，上海人民出版社 2009 年版，第 249 页。

② 陈独秀：《再质问〈东方杂志〉记者》，《陈独秀著作选编（1919—1922）》第 2 卷，上海人民出版社 2009 年版，第 40 页。

识，正是从他看到了资产阶级专政下的所谓人民民主是一张空头支票的事实而得出的。但是，他对于无产阶级专政下的政治民主的具体实施和实现，并没有作更深入的思考。主要原因是，在他的思想认识中，在实现了无产阶级专政之后，人民民主就会自动实现。总体来讲，这一时期，他的政治思想明显是以马克思主义为指导的，因而能够找到较为正确的实现政治民主化的途径和方案。

在第三阶段，陈独秀的政治思想发生了重大转折，主张大众民主。主要是基于对苏联二十多年建设的经验，基于斯大林时期所犯的错误，他对自己的政治民主思想进行了修正，最终退回到了民主主义的老路上。具体来讲，他主张的大众民主，具体实现途径就是加强民主的制度建设，认为这是实现大众民主的根本保障。在对苏联政治发展的经验教训进行多年深思熟虑的基础上，他改变了之前的认识，认为无产阶级专政下的人民民主并不可能自动实现。相反，他认为，苏联正是因为在建立无产阶级专政的同时，抛弃了民主制，最终导致专政的泛滥和发达。斯大林时期的错误并不能仅仅归结为个人的心术不正，根本原因就是只强调专政，而忽视民主尤其是对于民主的制度建设。他认为，在无产阶级专政建立之后，民主制度的缺乏，是造成个人独裁、官僚政权和出现残暴、贪污、虚伪、欺骗、腐化、堕落等现象的根本原因。因此，无产阶级在建立专政政权后，应该重视民主的制度建设。需要指出的是，这一时期，他一改之前对民主的阶级性判断，认为资产阶级民主和无产阶级民主只是实行民主的范围和形式上的不同，而并没有实质性区别。因此，他得出结论：无产阶级应该实行的是大众民主。他明确指出，"以大众民主代替资产阶级民主是进步的，以德俄代替英美的民主是退步的"，[①] 只有实行大众民主，才

---

① 水如编：《陈独秀书信集》，新华出版社 1987 年版，第 502—505 页。

能防止无产阶级的蜕化。他的这种思想认识已经明显由社会主义立场回归到了民主主义的立场上去，是一种思想退步。

第三节　陈独秀政治民主化思想评析与批判

一、陈独秀政治民主化思想对于反对封建专制，推进五四新文化运动的影响

第一，打破了封建枷锁，促进了人们的思想解放。众所周知，辛亥革命的功绩就是推翻了清王朝的封建统治，其历史进步作用是巨大的。但是辛亥革命并没有使束缚人们和社会的精神枷锁得到破除。袁世凯在窃取革命果实之后，大搞所谓"尊孔复辟"的活动，其根本用意在于借助孔教的权威，重新确立封建权威，维护封建军阀的专制统治。

中国要前进，就必须首先打破这种束缚社会发展的封建枷锁，促进社会的思想解放。陈独秀顺应了这种社会发展的客观要求，勇敢地举起民主与科学的大旗，以民主反对专制，以科学反对愚昧，发动和领导了一场轰轰烈烈的思想解放运动。这在中国近现代历史上还是第一次。

陈独秀运用西方的民主、人权理论批判儒教为核心的纲常伦理，可谓找到了打破封建枷锁的关键武器。他认为，旧中国以儒教为核心的中国封建制度是反民主的。他列举了中国封建宗法制度束缚人权、压抑人性的根本罪恶：其一，"损坏个人独立自尊之人格"；其二，"窒碍个人意思之自由"；其三，"剥夺个人法律上平等之权利"；其四，"养成依赖性戕贼个人之生产

力"①。西方资产阶级民主却完全相反。他认为实行西方资产阶级民主的国家,是"牺牲个人一部分之权利,以保全体国民之权利",而传统封建专制的国家则是"牺牲全体公民之权利,以奉一人"②,因此,在他看来,只有关心多数人利益的国家才是"真国家"。于是他明确主张用资产阶级民主制代替封建君主专制制度,理由是:民主共和的国家组织、社会制度、伦理观念和君主专制的国家是根本不同的,前者讲求平等精神,后者则主张尊卑阶级;资产阶级民主重法治,因而可以做到"法律之前,人人平等,绝无尊卑贵贱之殊"③;资产阶级的民主能够保障"法律上之平等人权,伦理上之独立人格,学术上之破除迷信,思想自由"④。

如果说之前反对封建专制制度的政治上的革命和改革都遭到失败的话,那么在思想文化领域的这次轰轰烈烈的运动,由于抓住了反对封建制度的致命武器,使得这场运动赢得了成功,促进了整个社会的思想解放。正是在这个意义上,中国的新文化运动赢得了"中国的文艺复兴"的美誉。而陈独秀在这场运动中所起的作用和作出的贡献是无法抹杀的。

第二,唤醒了国民群体的自觉意识,为五四新文化运动的开展培养了力量。

改造国民性,一直是陈独秀早期政治民主思想的主要内容。他

① 陈独秀:《东西民族之根本差异》,《陈独秀著作选编(1897—1918)》第 1 卷,上海人民出版社 2009 年版,第 194 页。

② 陈独秀:《今日之教育方针》,《陈独秀著作选编(1897—1918)》第 1 卷,上海人民出版社 2009 年版,第 173 页。

③ 陈独秀:《宪法与孔教》,《陈独秀著作选编(1897—1918)》第 1 卷,上海人民出版 2009 年版,第 250 页。

④ 陈独秀:《袁世凯复活》,《陈独秀著作选编(1897—1918)》第 1 卷,上海人民出版社 2009 年版,第 271 页。

认为，如果没有群体的觉醒，没有群体的力量，仅仅依靠某个阶级的力量是难以改变中国的命运的。五四新文化运动是一场全国性的运动，在当时产生了轰轰烈烈的影响，其中一个原因就是因为响应运动的群体人数大大增加。而当时因为陈独秀同鲁迅、李大钊等人，以《新青年》和北京大学为中心阵地，团结了一批有觉悟的先进知识分子，高举民主与科学的大旗，坚决反对统治中国两千年之久的以孔子思想为代表的封建思想文化体系和专制制度，赢得了一大批人尤其是青年学生的追随者。这批青年人，在民主与科学的旗帜下，在"总司令"陈独秀的对于孔教的"不塞不流，不止不行"的决心的激励下，纷纷觉醒，或成立组织、成立社团，或创办报纸、杂志，一时间形成反对封建专制的强大力量。毛泽东就参加了这场轰轰烈烈的运动。他曾总结道："五四"时期的运动"是生动活泼的、前进的、革命的"[①]。这样的概括客观地反映了当时参加这场运动的强大力量。

二、陈独秀政治民主化思想对推进中国现代化的影响

第一，反对传统，倡导现代先进文明，开启了中国现代化的大门。

现代与传统的矛盾始终是任何国家和社会走向现代化的基本问题。陈独秀发动五四新文化运动，用资产阶级政治民主思想反对传统封建主义的制度和思想，毫无疑问，在当时的中国社会就是以先进反对落后的斗争，就是在为中国的现代化开道。在这之前，中国各派阶级力量都为了能找到中国现代化的出路而努力，但是终归都

---

① 毛泽东：《反对党八股》，《毛泽东选集》第 3 卷，人民出版社 1991 年版，第 831 页。

未能打通通往现代化的大门。中国比西方资本主义国家落后了将近两百年。辛亥革命虽然是一场资产阶级民主主义革命，其根本用意也在于用西方先进的现代化理念来改造中国传统社会，但是，当时中国的资本主义经济还不发达，民族资产阶级的力量还很微弱，还不能够担负起彻底改造中国传统社会的重任。只有在第一次世界大战帝国主义无暇顾及的空隙中，民族资本主义才赢来了自己的春天。而伴随着民族资产阶级的成长，中国的工人阶级队伍也逐渐发展壮大。经济决定政治，任何国家的现代化都遵循这一客观规律。只有在社会生产力和经济发展的基础上，在产生相应的代表先进生产力的社会阶级的基础上，才能够为进行新的现代化的实践奠定基础。毛泽东恰当地描述了这一时期的阶级和社会力量的变化。他指出，"由于那个时期新的社会力量的生长和发展，使中国反帝反封建的资产阶级民主革命出现一个壮大了的阵营，这就是中国的工人阶级、学生群众和新兴的民族资产阶级所组成的阵营。"[①]也就是说，随着资本主义在中国的发展，社会阶级关系和阶级力量对比的变化，社会急需要一场新的现代化的革新运动。

陈独秀把握住了中国现代化发展的客观要求。他在思想文化领域发起和领导了一场彻底的反帝反封建的新文化运动，冲决一切阻碍现代化发展的藩篱，破除一切束缚人们思想和言行的封建桎梏，荡涤一切封建旧俗，一时成为"思想界最耀眼的明星"。

陈独秀找到和掌握了进攻封建专制制度的有力武器，即用资产阶级的政治民主制度反对以孔教为代表的封建专制制度。民主与专制本身就是天生的对立物，用资产阶级的民主反对封建主义的专制，可以说，在当时的中国，在马克思主义还没有在中国产生影响

---

①　毛泽东：《五四运动》，《毛泽东选集》第2卷，人民出版社1991年版，第558页。

的背景下，无疑是最先进的武器。以孔教为核心的封建专制制度在当时的中国已经存在了两千多年，在中国的统治根深蒂固。虽然自明朝以来，这种封建制度已经逐渐走向衰落，同时也遭受到多次外来战争的冲击，但是，正如马克思所说的，任何腐朽阶级都不会自动退出历史舞台。中国的封建统治阶级竭力维护自身的统治，不惜与欺压中国的帝国主义沆瀣一气。在这种政治状况下，如果没有能够和这种封建专制制度进行针锋相对斗争的有力武器，一切努力的结果只有失败。1840 年鸦片战争以来的历史已经证明了这一点。

第二，找到了中国现代化的前进方向。

自近代以来，中国人就在苦苦探索中国现代化的前进方向。但是，中体西用，太平天国运动，辛亥革命，中国现代化的方向究竟在哪里？这在当时，中国社会陷入了彷徨境地。

思想是行动的先导。一次次的尝试，一次次的失败，证明了中国之所以没有找到现代化的正确方向，关键在于没有找到指导现代化的科学理论。五四运动以前的中国，无论在政治上、经济上和社会生活上都是一个混乱的历史时期。这种混乱导致了思想文化领域的异常混乱。各种思想、学说、流派竞相在中国舞台崭露头角，摇旗呐喊，在思想纷争的时代，选择并最终接受某种思想作为社会前进的政治方向，是一件极难的事情。实际上，在 20 世纪二三十年代的中国，恰逢"中国究竟向何处去"的抉择。各派政治学说在混沌初开的中国社会，似乎都能找到其生存的土壤，形成了一个百家争鸣的局面。这个时候，一个即将承担起领导中国革命重任的有为青年，他的政治思想在某种程度上就具有决定性意义。

1920 年陈独秀转变为马克思主义者后，他的政治民主思想明显以马克思主义为指导。这一时期，陈独秀的政治民主思想的核心就是主张阶级斗争，通过暴力革命的方式夺取政权，建立无产阶级专政。而作为一个即将承担领导中国革命重任的领导者，其政治思想的方向一定程度上就决定了中国现代化的方向。

第三，创建了中国共产党，找到了中国现代化的领导力量。

在中国共产党成立之前，尽管当时的中国社会各种利益集团和党派林立，他们都从各自集团的根本利益出发，宣扬自己的救国和建国方案，但是，直到20世纪20年代初，终究没有一个党派能够真正担当起领导中国革命的重任。中国革命的客观趋势决定了必须要有一支新生的力量来领导中国革命。

陈独秀在接受马克思主义之后意识到，要开展阶级斗争，要进行暴力革命，建立无产阶级专政，走社会主义道路，首先必须建立无产阶级的政党。这是陈独秀在建党时期的重要政治思想。他认为，政党是政治的母亲，"改造政治"首先应该是"改造政党"；只有以无产阶级的政党代替有产阶级的政党，中国政治的改造才有希望。正如他在同无政府主义者的论战中所指出的："实行无产阶级革命与专政，无产阶级非有强大的组织力和战斗力不可，要造成这样强大的组织力和战斗力，都非有一个强大的共产党做无产阶级底先锋队与指挥者不可。"[1]正是基于这样一种建党思想，他与李大钊一起发起组建了共产主义小组，进而推动建立了中国共产党。1921年7月，中国共产党的诞生，给中国革命带来了新的曙光。从此，中国现代化有了新的领导力量。这在中国现代史上是一件功勋卓著的事件。

关于陈独秀在建党时的情况，毛泽东在1945年4月21日中共七大预备会议上所作的题为《中国共产党第七次全国代表大会的工作方针》的报告中是这样说的："关于陈独秀这个人，我们今天可以讲一讲，他是有过功劳的。他是五四运动时期的总司令，整个运

---

① 陈独秀：《答黄凌霜（无产阶级专政）》，《陈独秀著作选编（1919—1922）》第2卷，上海人民出版社2009年版，第466页。

动实际上是他领导的。他与周围的一群人，如李大钊同志等，是起了大作用的。我们那个时候学习作白话文，听他说什么文章要加标点符号，这是一大发明，又听他说世界上有马克思主义。我们是他们那一代人的学生。五四运动替中国共产党准备了干部。那个时候有《新青年》杂志，是陈独秀主编的。被这个杂志和五四运动警醒起来的人，后头有一部分进了共产党，这些人受陈独秀和他周围一群人的影响很大，可以说是由他们集合起来，这才成立了党。""他创造了党，有功劳"①。可见，毛泽东对于陈独秀创建党的功劳是高度肯定的，也是符合历史事实的。一些人以陈独秀后期所犯的错误而否定他在建党时期的功劳，是不可取的，是违背历史初衷的。对此，我们应该保持客观冷静的头脑。

三、陈独秀政治民主化思想对中国共产党民主理论形成和发展的意义

陈独秀提出了要重视无产阶级民主的制度建设的思想。根据苏联二十年建设的经验，在深思熟虑六七年之后，陈独秀提出了要加强无产阶级专政下的民主制度建设问题。他认为，之所以在苏联发生肃反扩大化，践踏民主这样的事情，根本原因是缺乏民主制度。他明确指出："苏联二十年的经验，尤其是后十年的苦经验，应该使我们反省。我们若不从制度上寻出缺点，得到教训，只是闭起眼睛反对史大林，将永远没有觉悟，一个史大林倒了，会有无数史大林在俄国及别国产生出来。"② 对于斯大林现象，他不过分追究斯大

---

① 毛泽东：《中国共产党第七次全国代表大会的工作方针》，《毛泽东文集》第3卷，人民出版社1996年版，第294页。

② 陈独秀：《给西流的信》，《陈独秀著作选编（1932—1942）》第5卷，上海人民出版社2009年版，第354页。

林个人的责任和品质，而是揭露到了现象背后的更深层次的原因。他明确主张，无产阶级政党在建立政权后，应该在专政的同时，加强对人民民主制度，尤其是党内民主制度的建设。这一思想认识无论在当时的国际共运中，还是在中国社会主义革命中，都是超前的，认识也是相当深刻的。当然，限于当时的历史环境以及他个人的处境，他不可能给出如何进行制度建设的答案。关于这个问题，是在邓小平时期解决的。1980 年，邓小平在《党和国家领导制度的改革》中指出，制度问题同领导人的意志相比，更具有根本性、稳定性、长期性和全局性。他指出，如果制度问题不解决，思想作风问题就解决不了。这是导致官僚主义和党内腐败的根源。正是在总结中国革命和建设经验的基础上，邓小平提出了党内民主制度化的问题，并把这个问题和经济体制改革、政治体制改革作为一个整体任务提到全党面前。从此，不断加强和改进党的制度建设，成为党加强自身建设的重要内容。由此可见，陈独秀的民主思想对于中国共产党在革命、建设和改革中逐步形成和发展起来的社会主义民主思想产生了重要影响。他的政治民主化思想是对马克思主义民主理论的丰富和发展。

四、陈独秀政治民主化思想的局限性

陈独秀的一生思考政治民主问题，并对实现自己的思想进行了理论和实践两方面的探索。但是，他的思想极其复杂，经历的三个发展阶段，都各有特点，立场转换频繁。也许是他性格上的特点，导致他经常会从一个极端走向另一个极端。就此，曾有人认为他是"终身的反对派"，这样的评价不无道理。

第一，陈独秀早期资产阶级民主主义思想，虽然对封建专制制度有积极作用，但是并不能够从根本上救国。陈独秀所宣扬的资产阶级民主制度，宣扬个人独立平等自由，他主张在中国建立资产阶级共和国，实行资产阶级的民主共和制度，法律上实行资产阶级的法律制度，在法律面前，人人平等。就他所宣扬的资产阶级民主思想来讲，它在 20 世纪上半期的资本主义国家已经是一种过时的理论，而那个时候社会主义思潮已经兴起。因此，这种违背历史潮流的思想并不能够救国。他思想中的国家政权的组织方式，最理想的就是建立资产阶级的民主共和制。他说："吾国欲图世界的生存，必弃数千年相传之官僚的专制的个人政治，而易以自由的自治的国民政治也。"① 而这里的"国民政治"指的就是资产阶级的共和立宪制。他所宣扬的资产阶级的人权观，主张个人的独立平等自由，主张绝对个人主义的倾向。其中多数国民指的是资产阶级。陈独秀所主张的"自由"、"平等"、"博爱"，是资产阶级上升时期的革命口号，在当时的世界上来讲，已经逐渐显示出这种极端个人主义的虚伪和欺骗性，陈独秀也曾意识到这一点。而他却只知其一，不知其二，既没有看到资产阶级的腐朽和没落的一面，也没有认识到社会主义思想的先进之处。这当然是由他的小资产阶级的身份决定的。

第二，在宣传无产阶级民主思想的时期，他也并没有完全掌握马克思主义民主思想的精髓，一定程度上表现出动摇性。在 1920 年夏，他明显走向马克思主义的立场之后，明确用马克思主义来分析中国的问题，这期间，他为中国革命在方向上的指引是正确的、重要的。但是，他的这种马克思主义思想大部分仅仅是理论上的，而在实践中却表现出两重性，即在理论上赞同马克思主义的主张，但是在具体实践中却表现出怀疑和动摇。比如他在理论上高喊马

---

① 陈独秀：《吾人最后之觉悟》，《陈独秀著作选编（1897—1918）》第 1 卷，上海人民出版社 2009 年版，第 203 页。

克思主义的革命原则的时候，同时又从另一面进行了否定。他说：
"可怜我们中国幼稚的产业和幼稚的教育逼迫着我不得不鼓起勇气
说句实话：'卑之无甚高论'。"① 这种思想苗头也反映了他在当时的
一种矛盾心态：马克思主义是先进的，但是却暂时不适合中国的现
实。这也许是他在实践上表现出来的动摇，甚至是在大革命后期提
出"二次革命论"的思想根源。再比如，他在理论宣传上主张团结
广大工农群众的力量开展革命活动，而在一些具体实践中，却表现
出对工农阶级的轻视。他曾说："此时中国劳动运动的意思，一不
是跟着外国底新思潮凑热闹，二不是高谈什么主义"，也"不必谈
什么改革政治和经济"②，"说句极没出息的话，中国工人但能结起
团体来要求得到外国工人已经得着的各样好处，那便算是大大快意
的事了，再说得可怜一点，眼前只求得着'星期日休息'、'每天只
做八点钟工'、'每月工钱加上三元五元'这三样好处"③。可见，他
在领导工人运动的革命实践中，却是以改良劳动群众的待遇为现实
奋斗目标的，这就暴露出他出身小资产阶级的局限性。我们知道，
运用马克思主义解决中国问题，就是要将马克思主义的基本原理同
中国的具体实践进行有效结合，陈独秀曾试图这样做，但他思想上
的动摇性、不彻底性，决定了他不能够很好地完成这一历史重任，
因而他虽然已经成为一个马克思主义者，但是他不是一个好的马克
思主义者。

　　第三，晚年陈独秀民主思想虽然有闪光的地方，但是终究偏离

---

　　①　陈独秀：《随感录·卑之无甚高论》，《陈独秀著作选编（1919—1922）》第2卷，
上海人民出版社2009年版，第388页。

　　②　陈独秀：《此时中国劳动运动底意思》，《陈独秀著作选编（1919—1922）》第2卷，
上海人民出版社2009年版，第266页。

　　③　陈独秀：《中国劳动者可怜的要求》，《陈独秀著作选编（1919—1922）》第2卷，
上海人民出版社2009年版，第287—288页。

了社会发展的正确航道。首先，他重新肯定资产阶级民主的部分内容，认为社会主义民主有借鉴资产阶级民主的必要，这种思想是有启发意义的。他在接受马克思主义之后，曾经对资产阶级民主进行无情和较为彻底的批判，认为资产阶级民主具有伪善性和欺骗性。但是，陈独秀在晚年，逐渐改变了这种看法。在给托派分子的信中，他指出，你们认为资产阶级的民主政治是"伪善"、是"欺骗"，实际上你们没有弄懂资产阶级民主的真实内容，那就是"法院以外机关无捕人权，无参政权不纳税，非议会通过政府无征税权，政府之反对党有组织言论出版自由，工人有罢工权、农民有耕种土地权，思想宗教自由等等，这都是大众所需要，也是十三世纪以来大众以鲜血斗争七百余年，才得到今天的所谓'资产阶级的民主政治'"①。他认为，大众民主才是人们应该追求的目标。资产阶级开创了近代民主制，它所造成的民主的内容是真实的，正是人们追求的目标。言辞之外，甚至流露出对资产阶级民主的赞美和向往的感情。当然，陈独秀晚年的民主思想是在思考苏联二十年建设的惨痛教训的基础上得来的，而且他向来有非此即彼的思维习惯，因此，也不难理解他在两相比较之下，又回归资产阶级民主的思想。其次，他认为资产阶级民主和无产阶级民主仅仅只是形式上和施行范围的不同而已，并没有本质上的区别。他说："如果说无级民主与资级民主不同，那便是完全不了解民主之基本内容……无级和资级是一样的。"②这种根本取消和抹杀民主的阶级性的思想，是根本违背马克思主义的，在实践中也是极其有害的。

---

① 陈独秀：《给连根的信》，《陈独秀著作选编（1932—1942）》第5卷，上海人民出版社2009年版，第350页。

② 陈独秀：《给西流的信》，《陈独秀著作选编（1932—1942）》第5卷，上海人民出版社2009年版，第354页。

　　导致陈独秀政治民主思想存在局限性的原因极为复杂，但主要有以下几个方面：其一，西方资产阶级的民主思想在陈独秀的政治思想中根深蒂固；其二，他本人阶级地位的局限决定了其政治思想的局限；其三，他个人性格上的弱点决定了他认识上的不彻底性。

　　然而，陈独秀政治民主思想的进步性则是主要的，其判断标准应该是是否对当时社会的现代化建设有进步作用。正如列宁指出："判断历史的功绩，不是根据历史活动家没有提供现代所要求的东西，而是根据他们比他们的前辈提供了新的东西。"① 以这样的标准，那么从总体上来讲，陈独秀的政治民主思想无疑具有历史进步意义。

---

　　① 《列宁全集》第 2 卷，人民出版社 1984 年版，第 154 页。

▌第五章 ▌ 文化现代化思想

　　一个国家的现代化，除了政治、经济的现代化外，文化现代化也是一个不可或缺的重要方面。在现代化过程中，中国文化向何处去？这个问题显得异常突出，因为中国现代化最直接的问题是经济现代化，最深层的问题则是文化现代化。中国文化在近代以后，表现出对社会变革和现代化越来越大的阻力。因此，如何实现中国传统文化的创造性转换，是中国推进现代化的重要一环。如何实现中国文化现代化，是陈独秀现代化思想中最重要、最核心、最有亮点的一部分。陈独秀文化现代化思想的形成和发展，大致可以分为三个时期：一是五四运动之前，主要是辛亥革命前后一段时期。这一时期，陈独秀对中国封建传统文化进行了彻底批判，并表现出对西方现代文化的赞赏，萌发了用西方文化改造中国文化的思想；二是五四运动时期，可以追溯到第一次世界大战后期到五四运动结束，这一时期，陈独秀既批判了中国传统文化，又批判了西方文化，开始接受并运用马克思主义思考中国的文化现代化问题；三是陈独秀晚年对中国文化现代化进行了更深入的思考，也改变了早期一些看法。

第一节　陈独秀对传统文化的批判

一、批判作为国家意识形态的孔教

陈独秀在接触西方文明之后，就萌发了"反孔"、反封建文化的情结。辛亥革命后，袁世凯篡夺了革命民主政权，为了维护旧有的封建统治，大搞"尊孔复辟"活动，企图以孔教维护和巩固封建统治地位。1916 年 9 月，康有为上总统总理书，极力主张定孔教为国教，并主张将孔教编入宪法。这一倒行逆施立即引起了以陈独秀为首的一批先进知识分子的批驳和反抗。他们对孔教的批判主要集中在以下几个方面：

一是孔教与帝制。陈独秀认为，"孔教与帝制，有不可离散之因缘。"[1] 他揭露了康有为等尊孔的根本目的。他说："中国帝制思想，经袁氏之试验，或不至死灰复燃矣。而康先生复于别尊卑，重阶级，事天尊君，历代民贼所利用之孔教，锐意提倡，一若惟恐中国人之'帝制根本思想'或至变弃也者。"[2] 他认为，复辟帝制的根本目的在于维护"别尊卑，重阶级，主张人治，反对民权之学说，实为制造专制帝王之根本恶因"[3]。他结合中国历史，从理论上论证

---

[1]　陈独秀：《驳康有为致总统总理书》，《陈独秀著作选编（1897—1918）》第 1 卷，上海人民出版社 2009 年版，第 239 页。

[2]　陈独秀：《驳康有为致总统总理书》，《陈独秀著作选编（1897—1918）》第 1 卷，上海人民出版社 2009 年版，第 237 页。

[3]　陈独秀：《袁世凯复活》，《陈独秀著作选编（1897—1918）》第 1 卷，上海人民出版社 2009 年版，第 271 页。

了尊孔与复辟的关系。他认为，孔教作为历代封建统治者实行阶级统治的御用工具，它所维护的就是封建帝制。因此，孔教与封建帝制是相生相伴的，尊孔必定导致帝制的复辟。而在国人的头脑中，由于这种以孔教为基础的帝制的长期桎梏，多数人已是麻木不仁。正如陈独秀指出的，"脑子里实在装满了帝制时代的旧思想……所以口一张，手一伸，不知不觉都带君主专制臭味"①。因此，他特别强调，要从思想上洗刷干净中国人头脑中反对共和的旧思想。他指出，"如今要巩固共和，非先将脑子里所有反对共和的旧思想，——洗刷干净不可。因为民主共和的国家组织社会制度观念和君主专制的国家组织社会制度伦理观念全然相反，一个是重在平等精神，一个是重在尊卑阶级，万万不能调和的。"②这里，陈独秀揭示了帝制和共和二者的根本区别，即帝制重尊卑阶级，而共和则重平等精神。因此，国民要想求得平等，就必须起来抛弃帝制，为建立民主共和政制而奋斗。针对康有为等人将辛亥革命后的社会的混乱"悉归罪于共和"的论调，陈独秀明确反驳道："若共和之乱，乃过渡时代一时之现象，且为专制余波所酿成，决非真共和之罪恶。"因此，他指出，"其所谓乱，专制之乱，而非共和之乱也。"③这就深刻揭示了社会动乱的深刻历史根源。可见，在陈独秀的思想逻辑中，孔教与帝制有着千丝万缕的联系，要消灭帝制，首先必须反对孔教，进而建立平等自由的民主共和制度。

二是孔教与宪法。康有为等人力主将孔教尊为国教。陈独秀在

① 陈独秀：《旧思想与国体问题》，《陈独秀著作选编（1897—1918）》第1卷，上海人民出版社2009年版，第333页。
② 陈独秀：《旧思想与国体问题》，《陈独秀著作选编（1897—1918）》第1卷，上海人民出版社2009年版，第334页。
③ 陈独秀，《再答常乃真(古文与孔教)》，《陈独秀著作选编(1897—1918)》第1卷，上海人民出版社2009年版，第293页。

《宪法与孔教》、《再论孔教问题》等文中从三个角度进行了回击。第一，他针对康有为等人尊孔教为国教，其前提是因为孔教属于宗教这一观点，提出了质疑。他认为，孔教绝非宗教。他指出："孔子不语神圣，不知生死，则孔教自非宗教。"[①]"所谓性与天道，乃哲学非宗教"，陈独秀从非宗教的角度出发，有力地攻击康有为等人"强欲定孔教为国教者，讵非妄人？"其言论是"惑民诬孔""凿孔裁须"。第二，即使认为孔教是宗教，将孔教列入宪法也有违宗教信仰自由的精神。他指出："然通行吾国各宗教，若佛教教律之精严，教理之高深，岂不可贵？又若基督教尊奉一神，宗教意识之明瞭，信徒制行之清洁，往往远胜于推尊孔教之士大夫。今蔑视他宗，独尊一孔，岂非侵害宗教信仰自由乎？"[②]而且，如果将孔教定为国教，那么将破坏各宗教之间的平等原则。"孔教而可以定为国教，加入宪法，倘发生效力，将何以处佛、道、耶、回诸教徒平等权利？"[③]针对反对者提出的孔教是国粹。陈独秀列举了其他各家学说的精华来论证，"阴阳家明历象，法家非人治，名家辨名实，墨家有兼爱节葬非命诸说，制器敢战之风，农家之并耕食力：此皆国粹之优于儒家孔子者也。"可见，说孔教是国粹并没有充足的根据，这样，立孔教为国教就失去了学理依据。陈独秀认为，如果顽固定孔教为国教，"则学术思想之专制，其淫塞人智，为祸之烈"，"今乃专横跋扈，竟欲以四万万人各教信徒共有之国家，独尊祀孔氏，竟欲以四万万人各教信徒共有之宪法，独规定孔子之道为修身大

[①]　陈独秀：《答俞颂华（宗教与孔子）》，《陈独秀著作选编（1897—1918）》第 1 卷，上海人民出版社 2009 年版，第 308 页。

[②]　陈独秀：《宪法与孔教》，《陈独秀著作选编（1897—1918）》第 1 卷，上海人民出版社 2009 年版，第 248 页。

[③]　陈独秀：《再论孔教问题》，《陈独秀著作选编（1897—1918）》第 1 卷，上海人民出版社 2009 年版，第 279 页。

本。呜呼！以国家之力强迫信教，欧洲宗教战争，殷鉴不远。"第三，他指出，将孔教定为国教即是将孔教定位国民修身立命之本，这是根本违背现代国民精神的。陈独秀指出，"故今所讨论者，非孔教是否宗教问题，且非孔教可否定入宪法问题，乃孔教是否适宜于民国教育精神之根本问题也。此根本问题，贯彻于吾国之伦理政治社会制度日常生活者，至深且广，不得不急图解决者也"①。总之，在陈独秀看来，孔教是"失灵之偶像"、"过去之花石"，而宪法是代表现代民主精神的，因此，二者是不能并存的。他说："吾见宪法民国草案百余条，其不与孔子之道相抵触者，盖几希矣，其将何以并存之?"②

三是孔教不适应现代生活。陈独秀在《孔子之道与现代生活》等文中指出，从社会进化的角度来讲，封建制是现代民主制度的大敌。而"孔子生长封建时代，所提倡之道德，封建时代之道德也；所垂示之礼教，即生活状态，封建时代之礼教，封建时代之生活状态也；所主张之政治，封建时代之政治也"。因此，孔教显然已经是一种落后的礼教。再从时代之国民精神风貌来讲，现代国民精神的核心是独立自由的个人主义，现代国家是为维护个人合法利益而存在的；而在封建制度下，多数国民则是被专制的对象，毫无自由可言，更无所谓个人利益。他指出，"封建时代之道德、礼教、生活、政治，所心营目注，其范围不越少数君主贵族之权利与名誉，于多数国民之幸福无与焉。"③显然，孔教是与现代个人独立精神根

---

① 以上未注之引文参见陈独秀：《宪法与孔教》，《陈独秀著作选编（1897—1918）》第1卷，上海人民出版社2009年版，第249页。

② 陈独秀：《宪法与孔教》，《陈独秀著作选编（1897—1918）》第1卷，上海人民出版社2009年版，第252页。

③ 以上未注之引文参见陈独秀：《孔子之道与现代生活》，《陈独秀著作选编（1897—1918）》第1卷，上海人民出版社2009年版，第268页。

本相悖的。他还从经济的角度入手，分析了孔教与现代生活的格格不入。他说："现代生活，以经济为之命脉，而个人独立主义，乃为经济学生产之大则，其影响遂及于伦理学。故现代伦理学上之个人人格独立，与经济学上之个人财产独立，互相证明，其说遂至不可动摇；而社会风纪，物质文明，因此大进。中土儒者，以纲常立教。为人子为人妻者，既失个人独立之人格，复无个人独立之财产。父兄蓄其子弟，子弟养其父兄。《坊记》曰：'父母在，不敢有其身，不敢私其财'。此甚非个人之道也。"① 既然现代社会已经进入提倡个人自由，提倡个人权利的时代，那么就必须从根本上扫除阻碍现代个人主义精神的孔教。他呼吁国民起来与落后的孔教作彻底的斗争。他说："吾人爱国心倘不为爱孔心所排而去，正应以其为历史上有力之学说，正应以其为吾人精神上无形统一人心之具，而发愤废弃之也。"②

总之，他认为，孔教是封建制度的罪魁祸首，"儒教孔道不大破坏，中国一切政治、道德、伦理、社会、风俗、学术、思想，均无有救治之法"③。只有起来与孔教做彻底、坚决地斗争，中国社会才能找到变革的出路。

二、批判封建旧伦理旧道德，提倡新伦理新道德

陈独秀批判了封建旧伦理并揭露了封建旧伦理的实质和危害。

---

① 陈独秀：《孔子之道与现代生活》，《陈独秀著作选编（1897—1918）》第1卷，上海人民出版社2009年版，第266页。

② 陈独秀：《答俞颂华》，《陈独秀著作选编（1897—1918）》第1卷，上海人民出版社2009年版，第309页。

③ 陈独秀：《答孔昭铭》，《陈独秀著作选编（1897—1918）》第1卷，上海人民出版社2009年版，第284页。

在他看来，中国封建伦理道德思想的本质就是讲求别尊卑、讲贵贱、重阶级。而近代西洋文明则是讲求自由、平等、独立的个人主义精神，二者之间存在着本质上的区别。而儒家伦理讲求的纲常礼教危害最大。他说："伦理思想，影响于政治，各国皆然，吾华尤甚。儒者三纲之说，为吾伦理政治之大原，共贯同条，莫可偏废。三纲之本义，阶级制度是也。所谓名教，所谓礼教，皆以拥护此别尊卑明贵贱制度者也。"① 他认为，这种封建伦理显然起着巩固和维护封建专制等级制度的重要作用，而正是伦理和政治的双重作用，使得封建专制制度具有牢不可破的根基。三纲五常的封建伦理反映到人们的思想上，就形成了种种祸害。比如，所谓的"忠孝"观念，是封建伦理道德的本义。"忠孝者，宗法社会封建时代之道德，半开化东洋民族一贯之精神也。"② 他指出了以忠孝为本义的封建宗法制度的四宗罪："一曰损坏个人独立自尊之人格；一曰窒碍个人意思之自由；一曰剥夺个人法律上平等之权利（如尊长卑幼同罪异罚之类；）一曰养成依赖性，戕贼个人之生产力。"③ 这样一来，被称为传统美德的忠孝观念，就成为剥夺和压制个人自由、尊严、权利的罪魁祸首。

陈独秀认为，伦理的觉悟，为"吾人最后之觉悟"。他回顾以往社会变革之事实，认为以往变革之所以失败，就是因为没有找到阻碍中国社会进步的根本原因。他说："自西洋文明输入吾国，最初吾人觉悟者为学术，相形见绌，举国所知矣；其次为政治，年来

---

① 陈独秀：《吾人之最后觉悟》，《陈独秀著作选编（1897—1918)》第1卷，上海人民出版社2009年版，第204页。

② 陈独秀：《东西民族根本思想之差异》，《陈独秀著作选编(1897—1918)》第1卷，上海人民出版社2009年版，第194页。

③ 陈独秀：《东西民族根本思想之差异》，《陈独秀著作选编(1897—1918)》第1卷，上海人民出版社2009年版，第194页。

政象所证明已有不克守缺抱残之势。"①他明确指出，学术、政治上的觉悟并"非彻底觉悟"，他大声指出："吾敢断言曰：伦理的觉悟，为吾人最后觉悟之最后觉悟。"②他号召国人，起来打破封建伦理的束缚，以为中国开辟新的变革之路。

针对有人主张在政治上实行民主制，而在伦理上继续实行儒家的纲常名教的论调，陈独秀给予了坚决反驳，他指出，新旧之间绝没有调和的余地，"存其一必废其一"。他说："吾人果欲于政治上采用共和立宪制，复欲于伦理上包保守纲常阶级，以收新旧调和之效，自家冲撞，此绝对不可能之事。"③其理由是，共和立宪制的精神要旨"以独立平等自由为原则"，这本身就是对封建伦理的纲常阶级制的否定，二者是水火不容的。况且，如果在政治上否认专制，而在家族社会伦理上仍奉行封建纲常名教，就必将破坏"法律上权利平等经济上独立生产之原则"，因此，要"立新"就必须坚决"除旧"。

陈独秀批判了封建旧道德，主张建立自由、民主、平等的新道德。他在反封建斗争中形成了自己的道德观。首先，他认为封建旧道德不适应现代社会。从道德本身来讲，它并非一成不变，而是"应随社会为变迁，随时代为新旧"，这是社会进化的一般原理。他指出了人们在道德认识上的两大误区：一是以为"天不变道亦不变"。他说："吾人往往以为道德不能变易，吾人今日所遵之道德，即自有生民以来所共认之道德，此大误也"。"夫道德变迁之迹，实有显著不可掩之事实。"这就告诉人们，道德的变迁是社会发展进

---

① 陈独秀：《吾人最后之觉悟》，《陈独秀著作选编（1897—1918）》第 1 卷，上海人民出版社 2009 年版，第 204 页。

② 陈独秀：《东西民族根本思想之差异》，《陈独秀著作选编（1897—1918）》第 1 卷，上海人民出版社 2009 年版，第 194 页。

③ 陈独秀：《吾人最后之觉悟》，《陈独秀著作选编（1897—1918）》第 1 卷，上海人民出版社 2009 年版，第 204 页。

化的必然要求。为了解释这一道理，他举例道："如野蛮部落之民族，往往以能杀人为荣。有子成立，必教以杀人之术。杀人愈多，则受人崇敬愈甚。"而这种道德，在现在看来，"似觉怪诞"①。这就很好地说明了道德并非不可变更的事情，相反，道德应该随着社会和时代的要求而变化。这也就为抛弃旧道德提供了客观历史依据。二是以为近代科学的发达，道德将不复存在。陈独秀对道德深有研究。他认为，道德是和宗教、法律一样，有其必然存在的依据。道德，首先是维系人们社会关系的纽带，只要有人存在，道德就存在；道德是统治者"维持群治之具"，封建道德对人们思想和行为的束缚就是最好的证明。科学是作为技术上的工具，而道德则是思想和行为意识的工具，科学的发达，并不能导致道德的消失。针对持此种认识的人，他反问道："科学纵极发达，能使人人皆离群而索居乎？"② 第二，他认为封建旧道德是十足的"奴隶道德"③，主张抛弃旧道德，代之以自由、民主、平等的新道德。在他看来，在封建奴隶道德体系的束缚下，整个社会道德堕落，世风日下，"君虐臣，父虐子，姑虐媳，夫虐妻，主虐奴，长虐幼"，而对于"社会上种种之不道德，种种罪恶，施之者以为当然之权利，受之者皆服从于奴隶道德下而莫之能违，弱者多衔怨以殁世，强者则激而倒行逆施矣"④。可见，多数国民麻木不仁已经到了无可救药的地步，他

---

① 陈独秀：《道德之概念及其学说之派别》，《陈独秀著作选编（1897—1918）》第1卷，上海人民出版社2009年版，第336页。

② 陈独秀：《道德之概念及其学说之派别》，《陈独秀著作选编（1897—1918）》第1卷，上海人民出版社2009年版，第336页。

③ 陈独秀：《道德之概念及其学说之派别》，《陈独秀著作选编（1897—1918）》第1卷，上海人民出版社2009年版，第337页。

④ 陈独秀：《答傅桂馨》，《陈独秀著作选编（1897—1918）》第1卷，上海人民出版社2009年版，第305页。

向人们说明了封建的儒家道德是国民整体道德堕落的根源。[1] 而关于旧道德的本质，陈独秀指出："宗法社会之奴隶道德，病在分别尊卑。"[2] 因此，他号召应坚决抛弃这种束缚人性的旧道德，实行像西方资本主义那样自由、民主、平等的新道德。

三、批判老庄哲学和佛教思想，提倡谋多数人幸福的人生观

陈独秀观察到了在封建专制制度下，老、庄以来的虚无思想及放任主义造成了国民性的腐败和堕落，导致了中国社会的腐败落后。他认为，国民性堕落的主要表现就是存在着"懒惰、放纵、不自由的思想"，而造成这种腐败堕落的国民性的原因，就是老、庄以来之虚无思想及放任主义。他在反对中国的无政府主义时，明确指出："近年来青年中颇流行的无政府主义，并不完全是西洋的安那其，我始终认定是固有的老、庄主义复活，是中国式的无政府主义。"[3] 关于中国式的无政府主义，陈独秀解释道："老尚雌退，儒崇礼让，佛说空无。义侠伟人，称以大盗；贞直之士，谓为粗横。充塞吾民精神界者，无一强梁敢进之思。"因而，国民中少有冒险的思想。正是国民性的堕落，导致中国对内对外抵抗力的衰弱。陈独秀对于国民性的腐败堕落痛心疾首，他将拯救国民性提升到拯救民族存亡的高度来看待。他看到了中国社会的现状，一方面是"吾国社会恶潮流势力之伟大"，一方面却是"个人抵抗此恶潮流势力之

---

[1]　参见陈独秀：《吾人最后之觉悟》，《陈独秀著作选编（1897—1918）》第 1 卷，上海人民出版社 2009 年版，第 204 页。

[2]　陈独秀：《答傅桂馨》，《陈独秀著作选编（1897—1918）》第 1 卷，上海人民出版社 2009 年版，第 305 页。

[3]　陈独秀：《随感录·中国式的无政府主义》，《陈独秀著作选编（1919—1922）》第 2 卷，上海人民出版社 2009 年版，第 376 页。

薄弱"，"相习成风，廉耻道丧，正义消亡"，他大声呐喊："呜呼，悲哉！亡国灭种之病根，端在斯矣！"①

在陈独秀看来，"中国底思想界，可以说是世界虚无主义底集中地"②。他讲，在印度，只有佛教的观念，没有中国老子的无为思想和俄国的虚无主义；在欧洲，虽然有俄国的虚无主义和德国的形而上学哲学，而佛教的观念和老子学说却没有太大影响。而在中国竟然这四种虚无的思想都聚全了，而且在青年当中，虚无主义有日渐发达的趋势。更令他心痛的是，国民中的一批所谓的"贤人君子"，也受到老、庄放任和虚无主义的毒害，奉行无为的人生观。他指出："其始也未尝无推倒一时之慨，澄清天下之心，然一遇艰难，辄自沮丧；上者愤世自杀；次者厌世逃禅；又其次者，疾俗隐遁；又其次者，酒博自沈。"他指出，这四种人，"皆吾民之硕德名流，而如此消极，如此脆弱，如此退葸，如此颓唐，驯致之小人道长，君子道消，天地易位，而亡国贱奴根性薄弱，其乃铁案如山矣！"③可见，老、庄思想对国民思想的奴役已经到了无可复加的地步。虚无主义造成了顺世和厌世的两种人生观，前者堕落，后者发狂、自杀，这样的思想简直是国民尤其是青年的大敌。他指出，"我们中国学术文化不发达，就坏在老子以来虚无的个人主义及自然主义。现在我们万万不能再提议这些来贻害青年了。"因为，虚无主义和放任主义不仅不能带给社会进步，反而会导致社会的倒退。"虚无的个人主义及任自然主义，

---

① 陈独秀：《抵抗力》，《陈独秀著作选编（1897—1918）》第 1 卷，上海人民出版社 2009 年版，第 181 页。

② 陈独秀：《随感录·虚无主义》，《陈独秀著作选编（1919—1922）》第 2 卷，上海人民出版社 2009 年版，第 260 页。

③ 陈独秀：《抵抗力》，《陈独秀著作选编（1897—1918）》第 1 卷，上海人民出版社 2009 年版，第 180 页。

非把社会回转到原人时代不可实现。我们现在的至急需要，是在建立一个比较最适于救济现社会弊病的主义来努力改造社会；虚无主义及任自然主义，都是叫我们空想、颓唐、紊乱、堕落、反古"。①

　　为了根本改造国民性，陈独秀主张用西方的积极进取的人生观取代虚无、放任的老、庄思想。在陈独秀看来，"人之生也，应战胜恶社会，而不可为恶社会所征服；应超出恶社会，进冒险苦斗之兵，而不可逃遁恶社会，作退避安闲之想。"② 也就是说，人生应该是积极进取的、勇敢战斗的，而不是偷且苟安的。他将人生"真义"归纳为包括人的存在、个人与社会、幸福与痛苦等几个方面，意在唤起国民尤其是青年对于正当人生的思考：人生在世，究竟为了什么？究竟应该怎样去做？他的回答是："个人生存的时候，当努力造成幸福，享受幸福；并且留在社会上，后来的个人也能够享受。递相享受，以至无穷。"③ 这里面包含了两层含义：一是人生应当追求幸福；二是追求的应该是多数人的幸福，而不是仅仅贪图个人的金钱与财富，要为社会上大多数人的幸福谋利益，应该像外国人追求的那样，敢于追求真理，"宁为国民而死，不为奴隶而生"④，这样的人生才是进步的人生而非奴隶的人生。对于青年，他寄予了新的希望。此外他还就青年人应该具有的关于幸福的五种观念进行了

---

① 陈独秀：《随感录·虚无的个人主义及任自然主义》，《陈独秀著作选编（1919—1922）》第 2 卷，上海人民出版社 2009 年版，第 316 页。

② 陈独秀：《敬告青年》，《陈独秀著作选编（1897—1918）》第 1 卷，上海人民出版社 2009 年版，第 160—161 页。

③ 陈独秀：《人生真义》，《陈独秀著作选编（1897—1918）》第 1 卷，上海人民出版社 2009 年版，第 387 页。

④ 陈独秀：《安徽爱国会演说》，《陈独秀著作选编（1897—1918）》第 1 卷，上海人民出版社 2009 年版，第 10 页。

论述①。他竭力唤醒广大青年以社会重任为己任，致力于改造旧社会，建设新社会，为大多数人的幸福而奋斗，甚至包括付出自己的生命。他明确指出："不但革命事业非以生命来换不可，在这种邪恶的社会里，要想处处事事拿出良心来说实话办实事，也都非有以生命来换的精神不可。"②他说："世界文明发源地有二：一是科学研究室，一是监狱。我们青年要立志出了研究室就入监狱，出了监狱就入研究室，这才是人生最高尚优美的生活。"③按照他的勇气，应该是"一息尚存，决无逃遁苟安之余地"。④这样的人生才是有价值的人生，这样的生命才是"真生命"⑤。

四、批判相信鬼神的宗教迷信，提倡科学无鬼论

在批判封建礼教、旧道德、旧的人生观的同时，陈独秀还深入到与国人思想密切相关的宗教领域。针对鬼神观念盛行的社会风气，他忧心忡忡。他说："吾国鬼神之说素盛，支配全国人心者，当以此种无意识之宗教观念最为有力。"⑥他认识到，形形色色的宗教迷信严重束缚着人们的头脑，是新文化运动的障碍。因此，必须

---

① 参见陈独秀：《新青年》，《陈独秀著作选编（1897—1918）》第 1 卷，上海人民出版社 2009 年版，第 209—210 页。

② 陈独秀：《答张菘年（中国改造）》，《陈独秀著作选编（1919—1920）》第 2 卷，上海人民出版社 2009 年版，第 391 页。

③ 陈独秀：《研究室与监狱》，《陈独秀著作选编（1919—1920）》第 2 卷，上海人民出版社 2009 年版，第 112 页。

④ 陈独秀：《抵抗力》，《陈独秀著作选编（1897—1918）》第 1 卷，上海人民出版社 2009 年版，第 181 页。

⑤ 陈独秀：《欢迎湖南人的精神》，《陈独秀著作选编（1919—1920）》第 2 卷，上海人民出版社 2009 年版，第 168 页。

⑥ 陈独秀：《有鬼质疑论》，《陈独秀著作选编（1897—1918）》第 1 卷，上海人民出版社 2009 年版，第 411 页。

破除禁锢人们头脑的宗教迷信，建立科学的信仰。

他明确指出，人世间本无鬼神，鬼神观念是纯粹人们主观臆想出来的。陈独秀批判了几种被人们"神化"的偶像：一是无生命的泥雕木塑。对于这种迷信现象，他在《偶像破坏论》一文中，进行了深入的分析和批判。他指出，"不过是迷信的人自己骗自己，非偶像自身真有什么能力"。"这种偶像倘不破坏，人间永远只有自己骗自己的迷信，没有真实合理的信仰，岂不可怜!"二是封建君主。在封建社会，下层群众普遍以为君主就是天的儿子，是神派来的救世主，因而极度迷信和尊崇统治他们的封建君主。针对这种现象，陈独秀揭露了君主的实质。他指出，君主"本身并没有什么神圣出奇的作用；全靠众人迷信他，尊崇他，才能够号令全国，称作元首，一旦亡了国，此时清朝皇帝溥仪，俄罗斯皇帝尼古拉斯二世，比寻常人还要可怜"。正是这些被人们神化了的偶像骑在人民头上作威作福，干尽伤天害理的坏事。因此，他愤慨地指出："这等不但骗人而且害人的偶像，已被我们看穿，还不应该破坏么?"三是国家。他认为，如果按照政治学的解释，国家在人们心中的概念则是越来越糊涂。实际上，"国家也是一种偶像。"他说："一个国家，乃是一种或数种人民集合起来，占据一块土地，假定的名称；若除去人民，单剩一块土地，便不见国家在那里，便不知国家是什么。"可见，国家不过是人民的集合体，在本质上没有什么真实能力，现在国家却靠着骗人的把戏，实行着一部分人的阶级统治。他揭露了封建国家的实质，不过是"贵族财主的权利，对外侵害弱国小国的权利罢了"。世界上正因为有了国家，才导致日益激烈的国际竞争乃至世界战争。在此基础上，他提出了"世界大同"的主张。四是其他类似纪念类的事物。比如"勋位荣典"、"节孝牌坊"，他指出，对于这些具有纪念意义的事物，只有出自"自身主观的自动的行为"，才是有价值的，反之，如果"出于客观的被动地虚荣心，便和崇拜偶像一样了"，而虚荣心甚至比伪道德，危害更大。因此，"这种虚伪的偶像倘不破坏，却是真功业真道德的大障碍"。

他明确提出"偶像破坏论"，破除封建迷信，"建立真实合理的信仰"偶像为什么必须破坏？它究竟有什么危害？陈独秀有一段精辟论述，他说："'一声不做，二目无光，三餐不吃，四肢无力，五官不全，六亲无靠，七窍不通，八面威风，九（音同久）坐不动，十（音同实）是无用'：这几句话形容偶像的话，何等有趣！"在他看来，人们心目中的偶像其实是毫不真实、毫无用处的东西，"倘若本来是件无用的东西，只因人人尊重他，崇拜他，才算得有用，这班骗人的偶像倘不破坏，岂不教人永远上当么？"在破坏骗人害人的偶像的同时，他主张建立新的信仰，这种信仰的标准就是"真实"、"合理"，只有建立真实合理的新信仰，才能与"宇宙间实在的真理"[①] 相符合。也就是说，人们的新信仰应该建立在与社会现实相一致的基础上，这样才有利于推进社会的发展进步。

为了彻底击败鬼神论，倡导科学无鬼论，1918 年开始，陈独秀以《新青年》为阵地，发起了关于有鬼无鬼的论战。这场论战持续一年之久，对人们认清封建迷信的本质起到了积极作用。他专门写了《有鬼论质疑》，其中提出紧密相关的八个疑问，指出了有鬼论的自相矛盾之处，而且处处针锋相对，给有鬼论以极大挑战。陈独秀进而主张人们建立科学的观念。他特意比较了中国和西方国家类似的现象，得出的结论是，所有鬼神、迷信，都是在社会生产力极不发达的条件下产生的，越是发达的国家，越相信科学，而越是落后的国家，越是推崇迷信。而对于所有鬼神现象，科学都能一一

---

① 陈独秀：《偶像破坏论》，《陈独秀著作选编（1897—1918）》第 1 卷，上海人民出版社 2009 年版，第 422—423 页。

作出客观合理的解释。因此，他主张必须早日破除迷信有鬼的观念，建立与现代社会发展相适应的科学观念。

五、批判旧教育，提倡德、智、体全面发展的新教育

陈独秀提出"吾人最后之觉悟"，并没有空谈，而是认识到教育变革的重要性。在他看来，新文化运动是一场全方位的变革运动，要实现新文化运动启蒙的宗旨，教育的作用尤其重要。因此，在新文化运动时期，他批判旧式教育，竭力倡导西方的德智体全面发展的新教育。

他认为，封建社会的旧教育根本上是为封建统治阶级服务的，必须彻底革新教育制度和教育观念。1915 年他在《青年杂志》上发表《今日之教育方针》，系统地阐述了自己的教育思想。陈独秀的教育眼光十分宽广，也十分独特。他将教育分为狭义和广义两个层面。狭义上的教育"乃学校师弟之所授"，而广义上的教育则包括了"伟人大哲之所遗传，书籍报章之所论列，家庭之所教导，交游娱乐之所观感"。接着他对封建专制体制下的教育现状表现出了极大的担忧。"以执政之摧残学校，遂谓无教育之可言，执政倘焚书坑儒，将更谓识字之迂腐乎？以如斯志薄弱之人主持教育，虽学校遍乎域中，岁费增至亿万，兴国作民之事，必无望也！"而青年学子"绝无进取向上之心"，他高声呼吁："呜呼！是谁之罪欤？""罪在执政"、"罪在教育家"。①

当时，康有为等人极力将孔教推到国教的地位上，他们在教育上喊出"国民教育以孔子之道为修身之本"的主张，仍然偏袒旧式

---

① 陈独秀：《今日之教育方针》，《陈独秀著作选编（1897—1918）》第 1 卷，上海人民出版社 2009 年版，第 170 页。

教育。针对这种主张，陈独秀针锋相对地指出，孔教作为"历代帝王专制的护身符"，其学说及主张早已不适应现代生活，现在的时代是民主共和的时代，应该提倡与新时代相适应的"共和国民之教育"，要发挥"人权平等之精神"[①]，学习向欧美国家那样"法律上之平等人权，伦理上之独立人格，学术上破除迷信，思想自由"[②]，而彻底废除泛滥在教育中的封建礼教、三纲五常之说。总之，他认为只有实行"现实主义，惟民主义，职业主义，兽性主义（锻炼身体，增强意志）"这四大主义才能改变中国教育的现状。

六、批判旧文学，提倡实用的新文学

1917年，胡适在《新青年》上发表了《文学改良刍议》，反对旧文学，提倡白话文。随后，陈独秀撰写了《文学革命论》一文，对文学革命表示极大支持。他认为，文学界也应该进行革命。他认为，此前的政治革命都在去除黑暗，但是这些邪恶的势力依然存在。其原因还在于在文学艺术等方面人们的守旧观念。他深入分析了中国历史上文学发展的得失，从春秋战国时期的《国风》、《楚辞》到两汉的赋文，到魏晋的五言，唐代的律诗，最后到明清的小说及八家七子文派，虽然著作很多，但多为"仿古欺人"者，对于社会的进步及文明的进化没有丝毫关系。因此，"莫不黑幕层张，垢污深积"，革新政治，势必革新文学。他高举文学革命的三面大旗：推倒雕琢的阿谀的贵族文学，建设平易的抒情的国民文学；推倒陈

---

① 陈独秀：《宪法与孔教》，《陈独秀著作选编（1897—1918）》第1卷，上海人民出版社2009年版，第250页。

② 陈独秀：《袁世凯复活》，《陈独秀著作选编（1897—1918）》第1卷，上海人民出版社2009年版，第271页。

腐的铺张的古典文学，建设新鲜的立诚的写实文学；推倒迂晦的艰涩的山林文学，建设明了的通俗的社会文学。这三面旗帜，可谓旗帜鲜明。具体来讲，陈独秀分别指出了这三种文学的劣处：贵族文学"藻饰依他，失独立自尊之气象"；古典文学"铺张堆砌，失抒情写实之旨"；山林文学"深晦艰涩，自以为名山著称，于其群之大多数无所裨益"。总的来讲，旧文学"其形体则陈陈相因，有肉无骨，有形无神，乃装饰品而非实用品；其内容则目光不越帝王权贵，神仙鬼怪，及其个人之穷通利达"①。正是这样的文学风气导致了国民性的阿谀、虚伪、堕落。因此，要想找到中国的新出路，还必须革新旧文学。

陈独秀主张进行彻底的文学革命，打倒"满纸之乎者也矣焉哉"的老八股，打倒"文以载道"、"代圣贤立言"的封建迂腐文学，实行贴近现实，贴近大众，贴近现实的新文学。他批判无病呻吟为封建政治服务的旧文学。他说："八家七子以来，为文者皆尚主观的无病而呻，能知客观的刻画人情者，盖少，况夫善写者乎？"②他主张，小说应该善写人情，而不应该善写事情。他指出："现在的所谓国语文中，只能用作洋八股——宣传论说，骗钱小说等的工具，不能够用作文学的工具。有力量的文学，必须有很敏锐的直接刺激读者感官的本领。"他认为，旧文学最大的弊病在于脱离实际生活，脱离大众。他非常鄙夷那些自命为革命文学家、大众文学家的人，他说，"他们的作品中找不出一点大众语言，大众生活，只是乱叫几个革命名词，或一些我我卿卿的肉麻语，这是什么文学！又

---

① 陈独秀：《文学革命论》，《陈独秀著作选编（1897—1918）》第 1 卷，上海人民出版社 2009 年版，第 291 页。

② 陈独秀：《答钱学同（文学改良）》，《陈独秀著作选编（1897—1918）》第 1 卷，上海人民出版社 2009 年版，第 304 页。

是什么大众文学！不过是洋八股罢了！"而真正大众的文学，应该
"以日常生活为主要成分"，大众的应用文和文学文都是这样。他
号召从事文学工作的人们，应该具备文学的真本领，"应该拿起笔
来，用中国社会的实际语言，写中国社会的实际生活"，这样的文
学家"才算是文学家，才算是革命文学家，才算是大众文学家"①。
可见，文学并非脱离现实的、高高在上的虚无缥缈的文学，而应该
是贴近大众的，反映社会现实的文学。这样的文学观正是客观现实
的反映。

陈独秀在批判旧文学的过程中，形成了自己的文学革命观。他
认为，从文学本身来讲，其本义应该是"达意状物"。他讲道："文
学之文，特描写美妙动人者耳。其本义原非为载道有物而设，更无
所谓限制作用，及正当的条件也。状物达意之外，倘加以他种作
用，附以别项条件，则文学之为物，其自身独立存在之价值，不已
破坏无馀乎?"②"达意状物"的实质就是要反映客观实际，反映人
们的真实生活，注重写实主义。他说现代文学的发展趋势已经是
"固已弃空想而取实际"，然而在中国的文学却是"以离实凭虚之结
果，堕入剿窃浮词之末路"，他强调要改变这种虚无浮夸的文学风
气，"非趋重写实主义无以救之"。这就要大胆建立新文学，因为新
文学是注重写实的。在他看来，写实主义的文学"自有其精深伟
大处，恐犹非空想派之精神伟大所可比拟"③。他用了一个形象的比
喻，说明以新文学取代旧文学的必然性。"方之虫、鸟，新文学乃

---

① 以上未注之引文参见陈独秀：《"中国拼音文字草案"说明》，唐宝林，《陈独秀
语萃》，华夏出版社1993年版，第160页。

② 陈独秀：《答曾毅（文学革命）》，《陈独秀著作选编（1897—1918）》第1卷，
上海人民出版社2009年版，第328页。

③ 陈独秀：《答程师葛》，《陈独秀著作选编（1897—1918）》第1卷，上海人民出
版社2009年版，第225页。

欲叫于春啼于秋者，旧文学不 [过] 啼叫于严冬之虫鸟耳，安得不取而代之耶?"而且，必须有彻底的勇气。因此，他主张"尊意吾辈重在一意创造新文学，不必破坏旧文学，以免唇舌；鄙意以为不塞不流，不止不行，犹之欲兴学校，必废科举，否则才力聪明之士不肯出此途也"①。这些主张，表明了陈独秀进行文学革命的勇气和决心。

第二节　陈独秀对西方文化的借鉴

一、揭示东西方文化的差异

陈独秀认为，东西方文化因民族和地理的不同，"若南北之不相并，水火之不相容也"②。在 1915 年 12 月，他在《青年杂志》发表题为《东西民族根本思想之差异》一文，明确揭示了东西方文化之间的差异。他将两种文化的差异归纳为三个方面：

第一，从价值追求来讲，西方文化以个人主义为价值追求，而东方文化注重家族利益的实现。两种文化的历史不同，因而导致文化精神差异颇大。西方民族自古至今，就是以个人主义为本位的民族，英、美、法、德都是这样。而东方国家从游牧社会到封建宗法社会，从原始氏族酋长制到封建政治制度，部落或家族为中心的思

---

① 陈独秀：《答易宗》，《陈独秀著作选编（1897—1918）》第 1 卷，上海人民出版社 2009 年版，第 438 页。

② 陈独秀：《东西民族根本思想之差异》，《陈独秀著作选编(1897—1918)》第 1 卷，上海人民出版社 2009 年版，第 193 页。

想一以贯之，像印度、中国的社会都是这样。他认为，在西方社会里，一切政治、法律、道德、伦理等等，其根本宗旨都是为了维护个人的自由和幸福。"思想言论之自由，谋个性之发展也"、"法律之前，个人平等也"，等等，而为了保障个人的一切权利和利益，西方国家将"个人之自由权利，载诸宪章，国法不得而剥夺之"，这就是神圣的"人权"，这种精神就是"纯粹个人主义之大精神也"。他赞同尊重个人权利和自由，于是他引证西方资产阶级各学派对个人权利的有关论述。如，唯心论讲，"人间者，性灵之主体也；自由者，性灵之活动力也。"可见，人是社会的主体，人要改造社会就必须拥有自由，个人与自由不可分割。心理学认为，"人间者，意思之主体；自由者，意思之实现力也"。人是思想的主体，只有自由的人才能实现各种意愿。从法律上来看，"人间者，权利之主体；自由者，权利之实行力也。"就是说，人是权利的主体，只有拥有自由，人才能行使自己的权利。陈独秀强调，"性灵"、"权利""皆非个人以外之物"。然而，人是社会的人，是国家的人，既然个人的权利和自由如此重要，如何处理个人与国家的关系呢？他认为，西方文化的处理方式是值得学习的。"国家利益，社会利益，名与个人主义相冲突，实以巩固个人利益为本因也。"而东方文化则恰恰相反，是典型的宗法社会，"一家之人，听命家长"①，而个人无任何权利。他以为，这正如中国古代经典《诗经》所讲"君之宗之"，又如《礼记》讲"有馀则归之宗，不足则资之宗"。他继而讲了东方文化中所谓"忠孝"观念。他总结道："宗法社会尊家长，重阶级，故教孝；宗法社会之政治，郊庙典礼，国之大经，国家组织，一如家族，尊元首，重阶级，故教忠。"也就是说，正是

---

① 以上引文均参见陈独秀：《东西民族根本思想之差异》，《陈独秀著作选编（1897—1918）》第 1 卷，上海人民出版社 2009 年版，第 194 页。

自下而上强调以家庭为本位的价值理念，故而"忠孝"观念在东方文化中具有突出地位。他认为"忠孝"是东方文化一贯的精神。因为只有忠孝才能巩固家庭乃至社会及国家利益，其实质是牺牲个人利益，以绝对服从家庭、社会和国家利益。这一点显然与尊重个人利益的西方文化有着天壤之别。陈独秀罗列了封建宗法制度的四宗罪：一是"损坏个人独立自尊之人格"；二是"窒碍个人意思之自由"；三是"剥夺个人法律上平等之权利"；四是"戕贼个人之生产力"。相比之下，西方社会因维护人的天然的权利而发达，东方社会却因为宗法制度的这四种罪，导致社会的"种种卑劣不法惨酷衰微之象"，因此，他得出结论："欲转善因，是在以个人本位主义，易家族本位主义。"

第二，从民族性来讲，西方文化崇尚战争，东方文化主张安息。他认为西方民族天性"好战健斗"，"自古宗教之战，政治之战，商业之战，欧罗巴之全部文明史，无一字为鲜血所书"。因为这种好争好战的民族性，西方资本主义自产生以来，便所向披靡，征服了一个又一个弱小民族，"英吉利人以鲜血取得世界之霸权，德意志人以鲜血造成今日之荣誉。"当然，对弱小民族来讲，如果具有"好战健斗"的精神，同样可以挽救民族或国家的危亡。如比利时、塞尔维亚，以小抗大，以鲜血争自由，吾料其人之国终不沦亡。而东方国家崇尚儒教，事事不主张争夺，反认为战争等是不好的事情。正如他所讲，"老氏之教，不尚贤，使民不争，以佳兵为不祥之器"，"故自中土以来，黩武穷兵，国之大戒，佛徒去杀，益堕健斗之风。"这种求安主和的精神状态在东方民族普遍存在，"中国民族安息于地上，犹太民族安息于天国，印度民族安息于涅槃"。他认为，安息是东方民族一贯的精神，而正是这种不思进取的精神，导致在东西方国家的较量中，最终处于被对方所征服。陈独秀毫不留情地批判了东方文化中的这种劣根性。他说:"西洋民族性,恶侮辱,宁斗死;东洋民族性,恶斗死,宁忍辱。民族而具如斯卑劣无耻之根性,尚有何等颜面,高谈礼教文明而不羞愧!"

第三,从价值评判标准来讲,西方文化以法律为评判标准,追求实用主义,而东方文化看中情感因素,追求虚无主义。他认为,西方民族从政治、经济、社会生活,甚至家庭生活,都注重一切以法律为依据,以法律为判断标准。他举婚姻和生育的例子。他说,在西方民族,婚姻和生育问题是截然不同的两件事。"盖其国为法治国家,其家庭亦不得不为法治家庭;既为法治家庭,则亲子昆季夫妇,同为受治于法之一人,权力义务之间,自不得以感情之故,而有所损益。"① 由于"亲不责以权利,遂亦不重视育子之义务"。因此,"避妊之法,风行欧洲。"也就是说,父母不以养育儿女为责任,而以个人自身的利益为重,绝没有家族血统的观念。而这些在东方社会里却截然不同。东方社会讲求家庭为本位,血缘关系是维系家庭关系的纽带,而在一切问题的处理上充满了家族式的情感因素,比如婚姻上的妇从夫,生育问题上的"不孝有三,无后为大","旧律无子,得以出妻"等观念。因此,夫妇问题往往是因为生子问题产生的,这样的后果是导致"蓄妾养子之风"盛行,"亲之养子,子之养亲,为毕生之义务。"人们为这些血缘观念牢牢绑定,毫无个人权利可言。而一旦有违这些规矩,势必以家法处置,而所谓的家法完全是维护封建宗法制的家法,却毫无公平可言。可见,东方民族里血缘、家族观念极为落后。陈独秀认为,这些"为刻薄非人情也"。在西方国家里,子女长大成人,必然跟父母分开过,而经济关系也相互独立,但是在东方社会里必须尽孝,尽赡养义务,这

---

① 以上未注之引文参见陈独秀:《东西民族根本思想之差异》,《陈独秀著作选编(1897—1918)》第 1 卷,上海人民出版社 2009 年版,第 193—195 页。

样，"亲养其子，复育其孙；以五递进，又各纳妇，一门之内，人口近百矣"，而这种几代人同居的习俗造成了很多危害，"男妇群居，内多诟淬；依赖成性，生产日微；貌为家庭和乐，实质黑幕潜张，而生机日促耳。"在经济关系上，"交游称贷，视为当然，其偿也无期，其质也无物，惟以感情为条件而已。"正是这种重情感不重实利的做法，导致了社会经济生活的混乱。总之，在陈独秀看来，东方民族"以君子始，以小人终；受之者习为贪情，自促其生以弱其群耳"。西方民族以法治实利为重，虽然不是没有弊端，但是，更重要的是，这种文化的结果，"社会各人，不相依赖，人自为战，以独立之生计，成独立之人格，各守分际，不相侵渔。"所谓"以小人始，以君子终；社会经济，亦厘然有叙"①。因此，他主张借鉴西方国家的重法制重实利的文化。

二、阐释东西方文化差异的深层次原因

在陈独秀看来，正是东方文化的一些消极因素阻碍了中国现代化的发生和发展。他认为，西方民族是理性的民族，而东方民族是感性的民族。由于他视西方文化为先进的现代文化，视东方文化为落后的古代文化，因此他在讨论东西方文化差异的时候，自然地偏向于分析东方文化何以落后于西方文化。

第一，两种文化的地域性不同。

之所以东方产生的是小农意识的文化，而西方产生的是开放冒险的文化，在陈独秀看来，这是由文化产生的地域性，即"气候土地"条件决定的。他有一段十分精辟的论述。他说："中国为什么

---

① 以上未注之引文参见陈独秀：《东西民族根本思想之差异》，《陈独秀著作选编（1897—1918）》第 1 卷，上海人民出版社 2009 年版，第 195—196 页。

有孔子？孔子的学说思想何以不发生在印度或欧洲，而发生在中国？反之，释伽、耶稣的学说思想何以发生在印度、欧洲，而不发生在中国？这是因为中国的气候土地适于农业，农业发达的结果，家族主义随之而发达；孔子的学说思想，和孔子所祖述的尧、舜思想，都是完全根据家族主义，所谓有夫妇而后有父子，有父子而后君臣，与夫教孝祭祀，无一非家族主义的特征，由此可以看出孔子的学说思想决不是他自己个人发明的，孔子的学说思想所以发生在中国也决非偶然之事，乃是中国的土地气候造成中国的产业状况，中国的产业状况造成中国的社会组织，中国的社会组织造成孔子以前及孔子的伦理观念。这完全是有中国的社会才产生孔子的学说，决不是有孔子的学说才产生中国的社会。"这就明白地说明了，文化先是由自然地理条件决定的，然后产生了与这种自然地理条件相适应的经济条件，然后再由经济决定政治和文化。他进而又以印度为例说明这个道理。"印度地在热带，人民抵抗不起天然压迫，素具悲观性质"，所以产生了释迦牟尼教，这同样说明，"并不是因为有了释迦牟尼佛，印度人的悲观思想才发生的"。而在西方，之所以会产生"不重宗族"、"不尚悲观"的耶稣教，是其"地多临海便于贸易往来富于自由迁徙勇于进取的社会造成的"。他说："我相信耶稣若生在中国，也必然主张夫妇、父子、君臣的伦理道德，孔子若生在印度，也必然是一个悲观厌世的宗教家，释迦牟尼若生在欧洲，也必然是一个主张自由进取的伟人。"这是什么缘故呢？他的结论十分有力："因为他们所在的社会都有支配他们思想的力量。"[1]

此外，陈独秀还认为，文化是有连续性的，这种连续性就存在于不可割断的历史之中。他赞同曹聚仁的话，认为中国的社会，毕竟建

---

① 以上未注之引文参见陈独秀：《新教育是什么》，《陈独秀著作选编（1919—1922）》第2卷，上海人民出版社2009年版，第326—327页。

筑在东亚大陆上，社会中各个体，毕竟要受旧文化的影响，一切思想决不能离开具体历史条件独自存在的。可见，以中国为代表的东方社会的特质孕育了相应的封建文化，而同样地，西方文化也是由西方社会的特质决定的，这种特质就是支配该种文化的力量，可以理解为包括地理和历史两个基本方面。

第二，两种文化的时代性不同。

陈独秀从进化论的角度论述了东西方两种文化的时代性差异。在他看来，东方文化是处于封建时代的文化，而西方文化则是代表世界现代化发展方向的资本主义文化；封建主义与资本主义的矛盾就是落后与先进的矛盾，就是传统与现代的矛盾。陈独秀以西方社会进化演变来观察东西方文化差异。他认为，"人类社会组织之历史的进化，观过去、现在以察将来，其最大的变更，是由游牧酋长时代而封建时代，而资产阶级时代，而无产阶级时代，这些时代之必然的推进，即所谓时代潮流，他若到来，是不可以人力抵抗的"。然而，时间和空间上的不同，造成了现在社会同时有几种社会制度并存的现象，"如非洲、南洋之游牧酋长社会，东方之封建军阀社会，西欧、南北美之资产阶级社会，俄国之无产阶级社会，同存于今世"①，这样，游牧酋长制度就当然地落后于封建制度，而封建制度又当然地落后于资本主义制度，资本主义制度又落后于社会主义制度。这是人类社会演进的一般规律。因此，中国的封建专制制度落后于资本主义制度，这个规律也已经为近代以来资本主义征服中国的历史所证明。因此，从文化所处的历史发展阶段和文化演进的规律来看，中国的封建宗法文化当然落后于资本主义的文化，仍然拿还处于封建社会阶段的文化与已经处于资本主义阶段的文化相

① 陈独秀：《资产阶级的革命与革命的资产阶级》，《陈独秀著作选编（1923—1925）》第 3 卷，上海人民出版社 2009 年版，第 33 页。

比，自然形成了封建主义对于资本主义的时代差异。

陈独秀认为，文化的时代性不同，其实质是两种文化的经济基础不同。经济基础决定作为上层建筑的文化。决定东方文化的是封建的自给自足的小农经济，因而形成了东方守旧、封闭的文化。而决定西方文化的是近代兴起的资本主义经济，这种经济的本性要求资产阶级大力向外扩张，因而西方文化具有永不满足的、好征战的精神。陈独秀指出："中华民族以地大物博易于停顿在家庭农业手工业自足的经济制度之下，及与治生方法进化较速的西欧民族隔绝这两个原因，封建军阀时代遂至久延生命，由秦汉以至今日，社会的政治的现象，都是一方面封建势力已濒于覆灭，一方面又回向封建，这种封建势力垂灭不灭的现象，乃是因为封建宗法社会旧有的家庭农业手工业已充分发展而有更进一步的倾向，但新生的经济势力（即资本主义的大工业）过于微弱，还不能取而代之的缘故。"①可见，由于传统的农业、手工业经济有着较为强大的生存根基，新生的资本主义经济不但不能在这种经济环境下发展起来，更谈不上从根本上取代封建小农经济。而这种经济上的惯性，决定了政治和文化上的惯性，而政治和文化上的惯性，反过来又维护着封建的经济基础，这就在封建社会形成了一种强大的系统，新生力量要想进入这个系统进而根本破坏这个系统，有着很大的难度。这也就形成了用西方文化改造东方传统文化的难度所在。

第三，两种文化的民族性不同。

文化的民族性就是文化的个性的一种。人类的文化有共性或普遍性的地方，也有个性或特殊性的地方，不同的民族在不同的地理和历史环境下，就会形成具有各自特色的文化，而这种文化表现出

---

① 陈独秀：《资产阶级的革命与革命的资产阶级》，《陈独秀著作选编（1923—1925）》第 3 卷，上海人民出版社 2009 年版，第 33 页。

来的这种特有的性质，就是民族性。东方文化和西方文化由于地理和历史演进的不同，形成了各自独具特色的民族性。在陈独秀看来，积极、进取、好斗、追求自由的个人主义精神是西方民族文化的核心。而在东方文化的民族性则是无为、庸俗、不思进取、守旧的。

　　陈独秀认为，东方国家的人民虽然强调家庭为重，却普遍缺乏公共心，因而整个民族缺乏组织力；而西方民族虽然强调个人主义，但是他们有维护国家利益的公共心，因而西方国家在关键时候有组织力，不像中国人这样涣散。他认为，中国近代之所以被西方列强强行打开国门，就因为国民人人不关心国事，不能凝聚起来。总结起来，中国国民性的弱点在于：一是"只知道有家，不知道有国"。中国人"个人一生的希望，不外成家立业，讨老婆，生儿子，发财，做官这几件事"。而"至于国家怎样才能够兴旺，怎样才可以比世界各国还要强盛，怎样才可以为民除害，怎样才可以为国兴利，这些事他们做梦也想不到的"①。因此，正是这种存在于国民骨子里的民族性，不关心国家兴衰存亡，因而落到了被人宰割的地步。"盖中国人性质，只争生死，不争荣辱，但求偷生苟活于世上，灭国为奴甘心受之。"而西方人"只争荣辱，不争生死，宁为国民而死，不为奴隶而生"。这种国民性的恶果就是，"只知贪生畏死，虽如何辱之，彼亦不敢反抗，即瓜分之，中国人决不敢多言。"②可见民族性是招致中国惨遭侵略的重要原因。因此，存在于东西方民族性的不同，就决定了其种种社会现象的不同。二是"只知道听天

---

　　① 以上未注之引文参见陈独秀：《亡国篇》，《陈独秀著作选编（1897—1918）》第1卷，上海人民出版社2009年版，第64页。

　　② 陈独秀：《安徽爱国会演说》，《陈独秀著作选编（1897—1918）》第1卷，上海人民出版社2009年版，第10页。

命，不知道尽人力"。中国人脑子里的"听天由命"、"靠天吃饭"、"万事自有天作主"、"穷通祸福，都是天定"的观念根深蒂固，他们认为"世上无论什么事情，都有个天命作主，人不用费一毫心，用一丝力的"。至于天命与人力的关系，他们认为，天命决定一切，一切都是命中注定，如果没有天命，那么即使费尽人力也是枉然。对于这种民族劣根性，陈独秀慨叹道："我中国人都是听天由命，不肯尽人力振作自强，所以一国的土地、利权、主权，被洋人占夺去了，也不知设法挽回哩。"针对一些人认为西方国家的强盛是因为运气好的说法，陈独秀认为，决没有什么运气好坏之说，人力才是最重要的因素。"天地间无论什么事，能尽人力振作自强的，就是兴旺，不尽人力振作自强的，就要衰败。大而一国，小而一家，都逃不过这个道理。"① 可见，凡是尽人力，积极进取，与天命抗争才是一个民族生存之道。东西方文化的民族性如此不同，因此命运亦迥然不同。

第四，两种文化的价值追求和思维方式不同。

西方文化的价值目标在于最大限度地促进个人的发展，最大限度地实现个人的独立自由，最大限度地保障个人的权益，最大限度地满足个人的需求，国家和社会是为着实现和保障个人的权益而存在的。总之，这种文化的核心是个人主义，它是西方文化的精髓。而东方文化追求家族本位，一切遵从家族、家长的训导，社会的人要服从皇帝的命令，家族的人要服从家庭的规矩。其核心是家庭本位，个人为了家庭而存在，个人的利益绝对服从于家庭利益。正是这种家庭主义的价值目标，使得国民缺乏公共心。"中国人所以缺

---

① 以上未注之引文参见陈独秀：《亡国篇》，《陈独秀著作选编（1897—1918）》第 1 卷，上海人民出版社 2009 年版，第 66 页。

乏公共心，全是因为家族主义太发达的缘故。"[1] 针对有些人说存在于国民性中的个人主义妨碍了公共心，陈独秀反驳道："半聋半瞎的八十衰翁，还要拼着老命做官发财，买田置地，简直是替儿孙做牛马，个人主义决不是这样。那卖国贪赃的民贼，也不尽为自己的享乐，有许多竟是省吃俭用的守财奴。所以我以为戕贼中国人公共心的不是个人主义，中国人底个人权利和社会公益，都做了家庭底牺牲品。"[2] 因此，在陈独秀看来，东西方两种文化在价值追求上存在着明显的差异。东方文化的家庭本位主义的价值追求，窒碍了个人天性和权利的自由发展，是倒退的；西方文化的个人主义的价值追求，给予个人充分自由发展的权利，是符合时代潮流的。

此外，存在于东西方文化价值差异中的还有虚无和实用两种思维方式的对质。西方文化追求实用主义，这种文化环境最终为实证的自然科学的产生和发展提供了条件。东方文化多受虚无主义影响。在中国，老庄哲学自产生以来，经过几千年的发展，其倡导的虚无主义和放任思想已经深深熔铸在民族文化中，内化在人的血液中；后来实行的"独尊儒术"，则是将儒家的仁义、礼制等一套完全固定下来。在民间，则是佛教和道教盛行。在这些因素构成中国封建文化的主要内容中，没有一种是教人注重现实的，积极向上的。正所谓"老尚雌退，儒崇礼让，佛说空无。""充塞吾民精神界者，无一强梁赶进之思。"[3] 正是这种无为、虚无的思想，导致了

---

[1]　陈独秀：《五四运动的精神是什么?》，《陈独秀著作选编（1919—1922）》第 2 卷，上海人民出版社 2009 年版，第 220 页。

[2]　陈独秀：《五四运动的精神是什么?》，《陈独秀著作选编（1919—1922）》第 2 卷，上海人民出版社 2009 年版，第 220 页。

[3]　陈独秀：《抵抗力》，《陈独秀著作选编（1897—1918）》第 1 卷，上海人民出版社 2009 年版，第 181 页。

"国民性中所含有的懒惰、放纵、不法的自由思想"①，并最终导致了民族的抵抗力衰弱。陈独秀明确指出："我们中国学术文化不发达，就坏在老庄以来虚无的个人主义及任自然主义"，"虚无主义及任自然主义，都是叫我们空想、颓唐、紊乱、堕落、反古。"因此，"现在我们万万不可再提议这些来遗害青年了。"② 在这种虚无主义的文化传统下，任何有关科学的精神，实证的精神是坚决被排斥的，从另一方面来讲，这种思想恰恰是社会停滞不前的根本原因。

三、倡导以西洋文化改造中国传统文化

通过对中西文化的理性对比分析，陈独秀认为，中国文化的惰性很大，西洋文化是适应现代社会发展的先进文化。因此，他主张用西方文化的精华改造中国传统文化的惰性，也就是主张以西方文化之精华去除东方文化之糟粕。这里陈独秀表现了强烈的"全盘反传统"倾向。

第一，关于改造的必要性。

陈独秀认为，中国传统文化表现了极大的惰性，不能适应现代生活，不能适应现代文明。因此必须改造这种不适应现代社会发展要求的文化。这种惰性明显存在于相互矛盾的两个方面：

其一，儒家思想统治的惰性。

在五四运动之前，儒家思想作为封建社会的主流意识形态，已经有了两千多年的发展历史。在这两千多年的历史中，儒家思想所

---

① 陈独秀：《中国式的无政府主义》，《陈独秀著作选编（1919—1922）》第 2 卷，上海人民出版社 2009 年版，第 376 页。

② 陈独秀：《虚无的个人主义及任自然主义》，《陈独秀著作选编（1919—1922）》第 2 卷，上海人民出版社 2009 年版，第 316 页。

强调的道德价值观，逐渐发展成为中国传统文化的根本价值取向。儒学在长期的发展中，逐步建立起了一套完备的纲常条目和伦理规范，其内容有一定的合理性，作为一种文化形态也具有存在的合理性，甚至其中的"仁"、"和"、"孝"等思想，现在仍被看作是中国传统文化的基本特征。问题在于，文化与政治的结合，根本改变了文化本身的评判标准。也就是，我们讨论的儒学已经不仅仅作为文化形态而存在，在更大意义上它是作为封建统治阶级维护其统治的工具存在的。因此，封建统治阶级为了维护自身的统治，就会千方百计包装、宣传儒学，这不得不使"仁"、"和"、"孝"这些本身合理的思想为着维护封建地主阶级的利益而存在。于是，孔子在两千年多年的封建社会赢得了至高无上的地位；儒家思想作为主流意识形态的统治力量深深根植于中国封建社会包括政治、经济、文化乃至社会生活的各个方面。

历史是不断向前发展的。如果说儒家思想在封建专制统治的前期表现了应有的适应性的话，在封建社会的晚期则越来越表现为一种根深蒂固的惰性。作为传统文化的儒学已经日益不适应现代社会的发展要求。它经常受到来自各方面的质问和挑战，但是这种挑战还主要限于文化领域内部，一些思想认识上的质疑和争论。对于儒学统治的挑战，更具有冲击意义的，则来自以坚船利炮为代表的西方资本主义文化。为了维护中国文化的"体"，封建地主阶级中的开明人士意识到主动变革的必要性，于是有了洋务运动、百日维新。但是，这些"中体西用"的变革最终均归于失败，儒家思想的封建统治在几次较量中仍占据上风。但是，民族资本主义经济的不断发展已经成为不容否认的事实，代表这一经济利益的资产阶级革命派日益酝酿形成推翻封建专制制度的强大力量，这才有了辛亥革命的成功。然而，任何统治力量是不会轻易退出历史舞台的。儒家思想的统治如同一棵千年古树，它的根基依然存在。袁世凯在窃取资产阶级民主果实后，建立军阀统治，大搞尊孔复辟，就是很好的证明。陈独秀十分痛恨这种违背社会发展规律的倒行逆施。于是，他发动新文化运动，反对尊孔复辟，主张彻底推翻儒家思想的封建专制统治。

其二，被统治的国民性的惰性。

陈独秀认为，中国的国民经过一代又一代的繁衍发展，已经逐渐适应了封建儒家的统治。一个人一生的步骤不外乎成家立业，讨老婆，生孩子。就是那些所谓的读书人，也和自己年轻时一样，除了读书，就是吃饭睡觉。而所谓的"发奋有为，也不过是念念文章，想骗几层功名，光耀门楣罢了"①。而农工商的各界的平民，大都各保家身，"各人自扫门前雪，不管他人瓦上霜"。陈独秀认为，正是由于国民心理的这种惰性，使中华民族不思前进，甚至在遭到帝国主义侵略的情况下，仍然不知道清醒。他认为这是中国几乎亡国之根本原因。陈独秀分析道："若说起中国亡国原因来"，"你道是哪几桩原因呢？也不是皇帝不好，也不是做官的不好，也不是兵不强，也不是财不足，也不是外国欺负中国，也不是土匪作乱，依我看来，凡是一国的兴亡，都是随着国民性质的好歹转移。"②他认为，如果不改变国民性的惰性，中国的未来就没有希望。

陈独秀还从中西文化冲突的角度，分析了国民的惰性。他将中西文化的交流的冲突分为七个历史时期。他认为，"凡经一次冲突，国民即受一次觉悟"，然而总体来讲，"惟吾人惰性过强，旋觉旋迷，甚至愈觉愈迷，昏聩糊涂"。也就是说，封建传统文化遭受到

---

① 陈独秀：《说国家》，《陈独秀著作选编（1897—1918）》第 1 卷，上海人民出版社 2009 年版，第 44 页。

② 陈独秀：《亡国篇》，《陈独秀著作选编（1897—1918）》第 1 卷，上海人民出版社 2009 年版，第 64 页。

西方文化的冲击由来已久，但是中国国民却没有多大的觉醒。他认为除非根本改变国民的这种惰性，否则民主共和就难以实现。陈独秀指出："今之所谓共和，所谓立宪者，乃少数政党之主张，多数国民不见有若何切身利害之感而有所取舍也。盖多数人之觉悟，少数人可为先导，而不可为代庖。共和立宪之大业，少数人可主张，而未可实现。"他接着说，"人类进化恒有轨辙可寻，故予于今兹之战役，固不容怀悲观而取卑劣之消极态度，复不敢怀乐观而谓可踌躇满志也。"因此，他提出必须根本改变国民的惰性，唤起国民政治和伦理上的双重觉悟，而是"伦理的觉悟，为吾人最后觉悟之最后觉悟"①。

总之，封建传统文化有着诸多阻碍社会发展的惰性和劣根性，已经严重影响到了中华民族的生存和中国现代化的步伐。如果不革新旧的传统，那么只有心甘情愿遭受西方资本主义国家的侵略和压迫，那时候，中国真是到了亡国灭种的地步。因此，陈独秀认为，要适应当今世界的生存，就要"建设西洋式新国家，组织西洋式之组织"，而"对于与此新社会新国家新信仰不可相容之孔教，不可不有彻底之觉悟，猛勇之决心；否则不塞不流，不止不行！"胡适也批评了中国传统文化的惰性。他在与主张自中国本位文化者的论战中曾指出，文化本身是保守的，"中国本位"不需要专门去培养保护，国人应该觉悟的是传统文化的惰性太大，"中国旧有种种罪孽的特征，太多了，太深了"，这种惰性恰好可以用西方外来文化对其进行"洗涤冲击"②。可见，传统文化的惰性已经严重阻碍了中

---

① 陈独秀：《吾人最后之觉悟》，《陈独秀著作选编（1897—1918）》第 1 卷，上海人民出版社 2009 年版，第 202—203 页。

② 胡适：《试评所谓"中国本位的文化建设"》，载《独立评论》第 145 号，转引自张岱年、程宜山：《中国文化论争》，中国人民大学出版社 2009 年版，第 300 页。

国社会的变革和发展，如果不对传统文化作根本的改造，那么其他一切方面的革新都会遭到失败。

第二，关于改造的可能性。

文化改造是否可能？这是陈独秀毅然发动新文化运动的前提。因此，在新文化运动之前，陈独秀对于文化改造的可能性已经进行了认真和深入的思考。他指出："我总相信由我们个人的努力，拿光明的方面去改造那黑暗的方面，不见得是绝对不可能的事。"为此，他从理论和现实两个方面进行了说明：其一，"在理论上说起，我们若不能否认相爱、互助，及分别抉择善恶的心灵作用，也是一种人种的本能，便不能断定没有改造希望。况且我们自己既然发现了自己堕落以至灭亡的原因，这就是人类最可宝贵的心灵作用，这就是人类或者不至灭亡的幸运，这就是我们自己有改造自己的可能性的证据"；其二，"在事实上看起来，自从始祖以至现在，我们个人的肉体、精神，和社会的组织，都曾经时时努力时时改造时时进化，未尝间断。就是那最难改造的道德意识，也没有人能说毫无成绩。拿过去现在推测将来，何至叫我们绝望呢？至于生活困难，大部分是因为社会组织及经济制度不良，和人类本性上的黑暗无关，更没有不能改造的道理。"①

具体从中国社会的现实状况出发，陈独秀有着更为深入的分析。首先，以先进文化取代落后文化，符合社会发展进步的客观规律。陈独秀认为，社会形态的演变是不依人们主观意志为转移的，由奴隶社会而封建社会，再由封建社会到资本主义社会，又由资本主义社会到社会主义社会是社会演进的一般规律。而资本主义文化对于封建专制文化显然是代表人类社会发展方向的先进文化，

---

① 以上未注之引文参见陈独秀：《我们应该怎样？》，《陈独秀著作选编（1919—1922）》第 2 卷，上海人民出版社 2009 年版，第 78 页。

因此，以先进取代落后，符合社会发展的客观要求。它分析了甲午战争以来中国社会发展的状况和时代特征。陈独秀指出："中国自甲午、庚子两次战争以来，已由内部产业之发展遇着外部国际资本帝国主义之压迫，驱入封建宗法主义与资本民主主义之转变时代，'富强'、'维新'、'自强'、'变法'的呼声遍满全国，便是这个时代的精神"，纵然守旧派顽固地抱守所谓的"人心道德"、"礼教纲常"、"东方文化"、"精神生活"等封建文化，"可怜终于被机器算盘的声音掩住了"。陈独秀指出，"这种历史进化的必然现象，就是封建宗法主义进化到资本民主主义的现象，或者也很可愤恨，很可鄙厌，然而我们主观的愤恨鄙厌心理，终于敌不过客观的历史进化历程之必然性"[1]。可见，在陈独秀看来，顺应社会历史进化的规律，如果不主动变革，也终将被历史的车轮所抛弃。其次，中国传统封建文化已经停滞，给新文化的注入造成了空间。他引证阿斯特瓦尔特的话说："一种学说，一种生活状态，用之既久，其精力低行至于水平，非举其机械改善而更新之，未有不失其效力也。"[2] 他认为，这种"道与世更"的道理，古今中外都不例外。以儒家思想为核心的封建传统文化历经几千年的发展，早自明清以来就开始走下坡路，惰性日增，发展极少，西方文化的侵入和征服已经证明它失去了继续存在的合理性，而中国要想不被亡国灭种，就必须用一种新的文化取代这种腐朽的、落后的文化。陈独秀认为，自鸦片战争直至五四运动之前，时代已经造成了新的文化力量发展的真空。此间先见之明的知识分子纷纷到异国去寻求新的文化支柱就是很好

---

[1]　以上未注之引文参见陈独秀：《资产阶级的革命和革命的资产阶级》，《陈独秀著作选编（1923—1925）》第 3 卷，上海人民出版社 2009 年版，第 34 页。

[2]　陈独秀：《孔子之道与现代生活》，《陈独秀著作选编（1897—1918）》第 1 卷，上海人民出版社 2009 年版，第 265 页。

的证明。最后，要求改造传统文化的呼声越来越大，力量越来越强。鸦片战争以来，不管是农民阶级、新兴地主阶级、资产阶级维新派，还是资产阶级革命派，虽然主张截然不同，但是他们的一个共同的愿望就是革新中国已然腐朽的封建传统文化。而从技术上的革新，到体制内的变革，再到政治制度上的根本变革，一次比一次的程度要深入，参加的阶级力量也越来越强大。辛亥革命彻底从政治制度上推翻了封建地主阶级的专制统治，但是这种专制制度的文化统治依然没有破除。于是反对袁世凯的呼声一浪高过一浪，对企图继续封建专制统治的腐朽势力以沉重打击。

第三，关于改造的艰难度。

一种旧的文化如果根深蒂固，那么对它的改造具有相当的艰难性。陈独秀认为，对中国封建传统文化改造的艰难度主要体现在以下几个方面：

一是严厉的政治束缚。封建传统文化在政治上实行君主专制的中央集权制，这种政治体制的社会基础是孤立分散经营的自给自足的小农经济，其阶级基础是地主阶级。自秦汉以来两千多年的发展巩固，它的科举制度、职官制度、监察制度等等，都得到了较为完备和充分的发展，这些政治制度为维护封建地主阶级的专制统治，巩固封建地主阶级的意识形态发挥了应有的作用。在两千多年的封建历史上，除了爆发大规模的农民起义或农民战争，或外族入侵之外，几乎没有什么内部力量可以动摇它。而鸦片战争爆发直至八国联军侵华，太平天国运动到辛亥革命都没有在真正意义上动摇封建统治的社会根基。而袁世凯军阀统治下的残酷的政治压迫，使得当时许多有救国愿望的先进力量不得不在暗中活动。陈独秀也正是认识到政治压迫的危害，在当时创办《新青年》时，明确表明自己绝不干涉政治的立场。

二是残酷的经济压制。封建专制主义在大力发展自身赖以存在的自给自足的农业和手工业之外，就是多方摧残工商业的发展，以至在中国封建社会内部，民族工商业和民族资产阶级根本无法发展起来。封建专制主义对工商业的压制最直接的就是施以重税、层层盘剥。如在宋元明清时期，封建统治者普遍设立关卡，过一个关卡就必须交一次税。更有甚者，在明代，长江上的货船，一天要交五六次税。这种关卡林立、重征叠税的政策，严重压制了民族工商业的发展。还有，封建统治者往往同利用手中的行政性特权，对工商业实行垄断性经营。此外，封建统治者还对工商业实行严格的行政性禁堵政策，由明朝的海禁到清代的彻底的闭关锁国政策，这些都严重压制了工商业的发展[①]。而近代以来，帝国主义的侵略对于民族工商业的发展更是雪上加霜，不得不在夹缝中苟且生存。陈独秀对中国社会的经济状况深有研究，作为中小资产阶级的代表，陈独秀深感阶级力量的薄弱，因而他想到动员中国社会大多数人起来共同反对封建专制统治。这无疑是正确的。

三是文化上的专制主义。封建地主阶级特别重视对被统治阶级的思想文化上的统治。在两千多年的封建史上，地主阶级实施的最典型的文化专制主义就是汉代的"罢黜百家，独尊儒术"，从此限制了学术上的自由争鸣，儒家的思想规定了整个封建社会的发展方向。文化上的专制主义的另一个重要表现就是科举制度。隋唐以来开始实行的科举制度，是封建统治阶级维护政治统治，严格筛选本阶级接班人的唯一途径。而以八股文为核心的科举考试，除了为求取功名，升官发财为宗旨外，对于促进社会文化的繁荣发展不具有丝毫意义。陈独秀自小受到考取功名，光宗耀祖的教育，也曾一度

---

① 参见张岱年、程宜山：《中国文化论争》，中国人民大学出版社2009年版，第232—234页。

为了考取功名而奋斗，然而骨子里叛逆的他，终究为这些无用的虚文弄得疲惫不堪、精神颓废，因而远走他乡，寻找更具实用价值的学问。而辛亥革命在推翻封建统治之后，袁世凯仍然实行文化上的专制主义，就不能不激起社会的普遍反抗。这一事实的背后，是文化改造的艰难。此外，就是国民积习改造的艰难性。

第三节 陈独秀对中国文化现代化路径的探索

一、消灭封建专制统治，扫清文化发展的障碍

中国封建专制制度的统治经过几千年的发展已经根深蒂固，它的影响遍及社会各个领域、各个方面。而要消灭文化发展的障碍，需要做好以下几个方面的工作。

第一，消灭经济上的专制主义。

中国封建专制制度的根基是分散孤立的自给自足的自然经济。这种经济制度的推行，严重压制了新兴资本主义工商业的发展。由于农业和手工业的日益发达，到宋元明清时期，由于大量无地和少地农民相继涌入城市，致使工商业在中国的传统社会也有了一定的发展。而随着工商业的发展，自由商人的力量逐渐壮大，资本主义的生产关系逐渐萌芽和生长起来。在外部，由于西方资本主义的发展，他们也要求与东方国家进行航海、通商等经济贸易交流，这表明，中国当时已经具备了发展资本主义工商业的基础，但是，"封建专制主义的淫威却把资本主义工商业发展

的大好时机断送了"①。封建专制主义的经济制度严重压制和摧残工商业，如实施重税盘剥、官商垄断及行政命令式的禁堵政策②，因而，中国的工商业一直没能够发展起来。经济决定文化，只有扫除抑制工商业经济发展的经济专制制度，才能从根本上为新文化的发展扫清道路。

第二，消灭政治上的专制主义。

自给自足的小农经济，根本服务于封建地主阶级的统治。地主阶级为了维护自己的统治，为了维护自己的既得利益，决不会允许其他阶级力量侵害他的权利。因而，封建专制制度中的政治专制主义是极其突出的。在管理上实行的中央集权的封建管理体制，君臣等级分明。而且封建国家机器经过上千年的发展，其势力异常庞大和强大，高度腐败、吏治败坏，整个朝臣自以为自己的统治稳如泰山，天天做着"天朝上国"、"和谐万邦"的迷梦。而哲学与政治的结合，将这种政治上的专制主义很好地巩固了下来。封建地主阶级的御用哲学孔教、儒学就是这样的角色。陈独秀认为，孔教是封建专制的罪魁祸首。虽然，他在新文化运动初期打出文化救国的口号，并一再表示决口不谈政治，但是他竭力反对作为封建专制的意识形态的孔教，就是一个明确的政治主张。实质上，反对孔教，恰恰击中了封建政治专制制度的要害。因此，他的反孔主张便具有政治和文化的双重意义，这也正好说明了政治与文化的不可分割性。因此，要扫清文化发展的道路，除了消灭经济上的专制主义，还要消灭政治上的专制制度。这是他的高明之处。

---

① 张岱年、程宜山：《中国文化论争》，中国人民大学出版社 2009 年版，第 233 页。

② 参见张岱年、程宜山：《中国文化论争》，中国人民大学出版社 2009 年版，第 233—234 页。

第三，消灭文化上的专制主义。

经济和政治上的专制主义，必然造成文化上的专制主义。汉代实行的"罢黜百家，独尊儒术"的政策就是典型的文化专制主义。这种用行政命令的方式决绝其他文化及思想形态的存在和发展是极其粗暴的。虽然在当时来讲，有其实行的历史原因，但是，在学术文化上实行禁绝其他的办法，不利于学术思想和文化的发展繁荣。更可悲的是，自从汉代实行"罢黜百家，独尊儒术"，这种文化上的专制主义就被当作行政命令延续下来，发展到后来的学管制度、科举制度，在明清时代的"文字狱"，等等，也都是文化专制主义的典型表现。文化专制主义的盛行，不仅限制了学术思想的自由，也限制了知识分子的发展进步。不敢越雷池一步，便是封建社会文化专制制度的结果。然而，近代社会已经是开放的社会，自世界上第一个资本主义国家诞生以来，世界已经越来越成为一个整体，任何国家的封闭式发展都是不可能的。这个事实已经为中国近代屡遭外人侵略，而终于发生鸦片战争的事实所证明。因此，陈独秀认为，要推进文化上的现代化，就必须首先破除文化专制主义。

二、开展新文化运动，提倡西方现代化的科学与民主

陈独秀用来打倒封建专制主义的武器是源自西方的"民主"与"科学"。经过认真的探索和思考，他认识到，中国封建传统文化缺乏民主与科学精神，因此不能适应现代生活。在他看来，"民主"与"科学"就是现代时代精神的代名词。1915 年，他率先打出"民主和科学救中国"的大旗，以创办的《新青年》为阵地，发动了一场轰轰烈烈的反对封建专制文化的新文化运动。

陈独秀认为，西方现代文化的精华就在于"民主"与"科学"。

有民主，因而人们自由、平等、独立，进而社会有生气。有科学，则注重人生和社会生活的实际，整个社会蓬勃向上。对于现代民主的理解，他认为其核心在人权上。他曾说："人类社会之进步，虽不幸有一时的曲折，甚至于一时的倒退，然而只要不是过于近视的人，便不能否认历史的大流，终于是沿着人权民主运动的总方向前进的。"① 其一，民主就是要有独立的人格。他认为，人格独立，思想自由，是社会进化的必要条件。为了追求独立的人格，他主张人们起来推翻奴隶道德，解放人身自由。至于人格独立的具体内容，他认为应推崇西方的经济和伦理上的人格独立，其中，经济上的人格独立具有根本意义。其二，民主就是要实现言论自由。他认为，"言论思想自由，是文明进化的第一重要条件。"② 无论哪种思想文化，如果以政治权势来压迫异己，限制言论自由，就违背了民主的原则，是一种罪恶。在封建专制统治下，什么"三从四德"，什么"纲常伦理"，统统限制了人本身应具有的言论自由，家长一言堂现象严重。要实现言论自由，必须以法律作为保障。其三，国家和社会应为满足和保障个人权益而存在。在西方国家，个人在社会上拥有绝对的独立自主权，而且天赋人权，不容侵犯；先有个人的权利，才产生了为维护个人权利而存在的国家和社会，因此在现实生活中，国家利益应该服务于个人利益。而在东方国家个人纯粹是封建家族的附属品，个人在以家族为单位的宗法制度的约束下，没有什么个人权利可言，一切听从家长和族长安排。关于现代科学，他认为，是与人权同等重要的现代精神。

---

① 陈独秀：《孔子与中国》，《陈独秀著作选编（1932—1942）》第 5 卷，上海人民出版社 2009 年版，第 173 页。

② 陈独秀：《旧党的罪恶》，《陈独秀著作选编（1919—1922）》第 2 卷，上海人民出版社 2009 年版，第 51 页。

总之，在他看来，作为现代化精华的民主与科学也具有不可分割的关系，新文化运动的实质就是现代化的民主与科学的运动。

他坚信新文化运动的影响力。"新文化运动要影响到别的运动上面。新文化运动影响到军事上，最好能令战争止住，其次也要叫他做新文化运动底朋友不是敌人。新文化运动影响到产业上，应该令劳动者觉悟他们自己的地位，令资本家要把劳动者当做同类的'人'看待，不要当做机器、牛马、努力看待。新文化运动影响到政治上，是要创造新的政治理想，不要受现实政治底羁绊。"[①]

三、革新中国传统文化

陈独秀认为，文化是随着社会和时代的变迁而发展变化的，封建社会有封建社会的生产力、武力、道德、文化；资本主义社会有它的而且是更高的生产力、武力、道德、文化，而从低级形态的文化过渡到高级形态的文化，必然要经历一个革新的过程。

陈独秀一生对于文化方面的思考，目的在革新传统文化。至于如何革新传统文化？不同的历史时期，他有着不同的认识和主张。总体思路是，用先进革新落后，从文化上的改造到发展民族工业的根本改造。可以说，他的革新传统文化的思想基本上是逐渐步入正轨的，是正确的，体现了先进知识分子对中国文化发展道路的探索。具体来讲，他的这一思想可以明显分为三个阶段：第一阶段是五四新文化运动时期，以民主与科学革新传统文化，属于文化改造；第二阶段是五四新文化运动结束之后到大革命失败前，随着他对西方文化认识的发展，随着他向马克思主义者转变的完成，他主

---

① 陈独秀：《新文化运动是什么?》，《陈独秀著作选编（1919—1922）》第 2 卷，上海人民出版社 2009 年版，第 221 页。

张通过社会主义革命的方式革新中国传统文化，属于社会改造；第三阶段是晚年时期，他提出通过实业救国振兴民族文化，属于经济上的根本改造。第一阶段的文化革新的思想在前面已经专门论述，这里不作重复。而第二阶段，陈独秀的主要精力在于社会主义革命的实践，而在文化革新的具体思路和内容上考虑较少，而第三阶段的思想则较为突出。

晚年陈独秀倡导大力发展资本主义的民族工业，革新中国传统文化。他重新肯定了资本主义对于促进社会发展的进步作用。"资本主义的工业虽然要造成滔天罪恶，同时却创造了较高的生产力，较高的武力，较高的道德与文化，扫荡了整个旧社会各方面的落后性，奠定了将来新的社会主义之物质的基础，是人类进化途中一次大飞跃。"[1] 而相比之下，中国欠缺资本主义工业带来的物质实力，因此，要发展先进的文化，必须大力发展资本主义工业，"非如此不能增加国家物质力量和提高人民的生活与文化，以减杀整个民族文化方面的落后性"[2]。他明确主张：中国文化的出路在于，必须毅然决然地采用资本主义制度来发展工业，只有工业发展，才能消除旧社会的落后性，创造出新文化。可见，晚年的陈独秀已经能够认识到经济对于发展文化的决定作用，从而否定了他以前的"文化决定论"。

此外，陈独秀还进一步主张改造中国的语言、文字，使之更容易为普通民众所接纳，并为此作出了实际的努力。他曾被国民党政府逮捕入狱，这种特殊条件为他潜心研究文化提供了好的机会。在

---

① 陈独秀：《民主野心》，《陈独秀著作选编（1932—1942）》第5卷，上海人民出版社2009年版，第256页。

② 陈独秀：《抗战与建国》，《陈独秀著作选编（1932—1942）》第5卷，上海人民出版社2009年版，第245页。

狱中，他写了许多关于文字学、语言学方面的文章和著作，如在音韵学方面，写出《中国古代有复声母说》等具有独特见解的著作；在文字学方面，著有《实庵自说》等三部堪称"文字学上有价值"的著作，等等，而他多次讲到他做这些工作的主要目的是要让文字、语言贴近普通民众。正如他跟朋友所讲的，研究文字学就是要从发展的观点出发，语言文字要大众化，由繁入简，最后目的是拉丁化即拼音文字化。可以说，陈独秀的这一思想是先进的，其大众化的方向也是符合社会发展实际的，是正确的。

第四节　陈独秀的文化现代化思想评析

一、实现了中国现代化由器物、制度到文化的转变

中国的现代化经历了艰难的探索历程。在外部因素刺激的作用下，内因逐渐发生变动，可以说，这种被动型的现代化模式，面临着诸多的难题。最根本的就是传统向现代的转型，而在这一转型过程中，常常充满了尖锐的矛盾。因而，也充满了选择。由于中国现代化的内在条件不够成熟，这一过程又显现出盲目性。

后发外生型现代化的一个特点就是她在被迫开始现代化进程的同时，又找到了相对的参照物。在世界近代史，一直到现代史上，西方资本主义都是后发现代化国家的参照系。因此，在后发国家追赶现代化，实现传统向现代转型的过程，就是向西方资本主义学习的过程。在近代中国，1840年鸦片战争以来直至找到社会主义道路的历史，是一部典型的向西方学习的历史。

　　向西方学习，学什么与以何种方式改造落后的中国紧紧联系在一起。在西方资本主义文化的强烈刺激下，中国人首先看到了其科学技术、军事技术、民用产品的先进，于是魏源首先倡导中国人"开眼看世界"，首先看到的就是西方先进的军舰、枪炮、轮船，而中国的土枪、土炮早已无处躲藏。于是，在与西方列强交战的过程中，魏源明确提出"师夷长技以制夷"，一时间掀起了学习西方先进科技的热潮，国内当时涌现出大批对西方科学技术介绍的译注。而这种学习首先来自封建制度上层的士大夫阶层，他们学习西方先进科学技术的根本目的还是要维护地主阶级的封建统治和权威。但是，经过一段时间的规模学习，这些士大夫中的一些人逐渐发现仅仅学习西方的技术是不管用的，还必须学习西方的先进的政治制度。于是，资产阶级维新派从自身利益出发，发动了革新传统政治的"戊戌变法"。但是这次轰动清王朝的自上而下的政治变革，由于缺乏变革的基础，力量弱小而归于失败。"戊戌变法"的失败说明，要想实现现代化的变革，不能是对政治制度的边边角角的修补，而应该是根本性的制度变革。19世纪末，以孙中山为首的有识之士组建了革命党，他们以推翻清朝封建专制统治，建立民主共和国为目标，发动了对封建专制制度的前所未有的政治讨伐——辛亥革命。革命的结果，资产阶级民主派实现了革命的目标之一，从制度上推翻了封建专制统治，然而，他们一直高喊的民主共和却远未建立起来。更为惋惜的是，由于策略上的妥协退让，资产阶级革命派未能成功掌握进一步建设民主共和国的统治权，以袁世凯为首的封建军阀乘机篡夺革命果实，使中国在结束封建王朝的专制统治的同时，进入封建军阀统治的时期。从这个现实结果来看，中国传统的现代化出路并没有找到，因而也不能实现由传统向现代化的转型。于是，在新文化运动之前，中国的现代化陷入了一个极端困境。

这可以从两方面来理解：一方面，在近代以来的整个现代化转型过程中，无论器物、制度的学习，都缺乏一种足以支撑这种变革的现代精神力量。换句话说，在一定程度上，现代化的任何变革都需要一种与之相适应的现代观念的转变。一个社会的政治、经济、文化这几个系统都是相互作用的，如果某一方面的牵制作用过于强大，那么其他任何方式的变革注定不能得到成功。中国近代以来由传统到现代转型的举步维艰正说明了这一点。正如有学者指出："在现代化的变迁过程中，中国的社会规范发生了脱序：传统秩序已经分崩离析，新的秩序却远远未能实现整合；民国创立以后的任何一种政治制度，包括军阀政治、民主政治、全能主义政治，都缺乏充足的意识形态资源支持。"① 在这种现代化探索的困境下，陈独秀发起新文化运动。明确喊出"文化救国"的主张，在一定意义上成功实现了中国传统的现代转型。此后，中国人进入为建筑民族出路开始从文化或思想上寻求支援的时期，于是，又有了很长时间的、无数次的思想论争，这种状况在中国以往的历史上是罕见的。自此以后，中国现代化发展取向具有明显的文化特征。在新文化运动之后的问题与主义的论战，20 世纪 30 年代关于社会性质的论战，关于民主与独裁的论战，40 年代关于中间路线的论战……这些思想文化上的论争把中国引向了以文化为发展取向的选择阶段。马克思主义就是在这一时期的争论和选择过程中脱颖而出的。因此，正是从这个意义上看，陈独秀发动和领导五四新文化运动，实现了中国现代化由器物、制度到文化现代化的转变，实现了中国现代化选择的文化转型。

另一方面，在由传统走向现代的过程中，中国儒家思想在文化

---

① 许纪霖、陈达凯：《中国现代化史（1800—1949）》第 1 卷，学林出版社 2006 年版，第 25 页。

领域和意识形态领域的主流和统治地位逐渐遭受到来自文化领域本身的冲击，它自身也在解体过程中。从儒学本身的发展来讲，自诞生以来，经历过两次大的流变，一次是汉代董仲舒提出的阴阳五行宇宙论，它以自然神秘的天道演绎出普遍适用的王道，因而在两汉时期发展为官学的地位。中间经过了魏晋南北朝时期的衰落，到宋明程朱陆王以伦理本体的形而上学重建儒学，因而实现了第二次发展。但是到了清代，儒学又重新陷入山穷水尽的思想困境。[①] 其次，除本身发展的困境，这种居于主流和统治地位的官学，在接触西学以前也当然地受到文化内部的挑战。如民间兴起的源自宋明理学的考据学的挑战，来自先秦诸子以及佛教的挑战，等等。这种来自文化领域内部的对主流意识形态的解构的历史，曾被梁启超称为是一部"以复古为解放的历史"[②]。因此，在自身发展遭遇困境和挑战的双重压力下，儒学已经日趋没落，而遭遇西方文化的强势冲击，更加剧了儒学在中国的生存危机。这种状况正如有学者指出："当本土文化还充满生机时，异域文化只能处于一种被异化的地位，而不能形成积极的挑战；只有当本土文化日暮途穷时，异域文化的冲击才会显示出某种摧枯拉朽的力度。"[③] 因此，从这个意义上来讲，陈独秀提出文化救国，实际上是顺应了近代文化发展的这一客观趋向，即寻找新的文化价值体系取代旧的已经失去存在合理性的文化价值体系，而不管他所倡导的民主与科学是否真的能够救中国，从先进与落后的文化对峙中，陈独秀发起的新文化运动显然已经完成

---

① 参见许纪霖、陈达凯：《中国现代化史（1800—1949）》第 1 卷，学林出版社 2006 年版，第 22 页。

② 余英时：《中国思想传统的现代诠释》，江苏人民出版社 1989 年版，转引自许纪霖、陈达凯：《中国现代化史（1800—1949）》第 1 卷，学林出版社 2006 年版，第 22 页。

③ 许纪霖、陈达凯：《中国现代化史（1800—1949）》第 1 卷，学林出版社 2006 年版，第 23 页。

了这一转变。

二、在文化价值取向上体现出先进性

文化的价值取向，决定社会的价值诉求。陈独秀深刻地把握住了这一客观规律。因而，其在文化上的价值取向表现了明显的时代感，体现了先进性。

第一，重视先进文化对社会进步的指导作用，着眼于适应时代需要，确立文化选择的现代立场。在确定以文化为救国出路的同时，陈独秀更多的是用时代的眼光来审视文化对于中国社会发展的决定性意义。他认为，一个社会的经济、政治、社会生活等各个方面都要适应社会发展的客观实际需要，文化当然不例外。旧的封建儒家文化已经明显不适应现代生活的发展，已经严重束缚推翻旧社会的一切革新，只有用更先进的文化来取代儒家文化的主流和统治地位，才能指导建立真正的民主共和国。在当时，陈独秀认定以民主与科学为核心的西方资产阶级上升时期的文化是适应世界发展和中国社会改造的客观要求的。他尤其推崇法兰西文化，可以说他早期的文化立场就是法兰西的文化主张也不为过。他认为法兰西文化对世界作出了三个伟大贡献，就是人权说、生物进化论和社会主义。而这些充满着民主与科学精神的伟大贡献将人类带入了物质丰富的先进时代。如果以文化回溯的眼光，不管是西方上升时期的文化，还是法兰西文化，它们在促进时代发展的作用上，较之封建文化显然是一种先进文化。这一事实任何人都无可否认。而在新文化运动的后期，由于接触到马克思主义的学说，在经过权衡比较后，他又以实际需要为选择标准，毅然抛弃了西方资产阶级的文化，转而宣传马克思的科学社会主义学说。这就是文化选择的时代标准。

陈独秀以中国社会发展的现实需要出发，选择以西方先进的文化取代过时的封建专制文化，又以社会主义文化取代西方资本主义文化，体现着鲜明的时代立场。

第二，强调文化的世界互通性，主张打破闭关落后的文化封闭政策，以开放的姿态对待世界文化。文化具有流动性。只有以开放的姿态发展民族文化，文化才具有旺盛的生命力。我国唐代文化之所以在今天看来仍具有广泛而深远的影响力，就在于唐代文化的开放性。当时封建统治阶级实行开放政策，与周边民族互通商业往来，互派使节和留学生，不仅促进了唐代文化的发展，而且让唐代文化走出国门，形成了唐代文化的空前盛世。而自明末以来，封建统治阶级实行闭关锁国政策，大大延误了中国文化发展的绝佳时机，要知道，同一时期，西方资产阶级文化已经崛起并利用一切有利条件发展壮大自己，同时对外传播自己的文化。当时的中国封建统治者自以为物产丰富，无所不有，妄自尊大，仍以"天朝上国"自居。终究导致了国力的衰败，落得挨打的悲惨境地。陈独秀认为，文化是"世界的而非锁国的"。他敏锐地洞察到了世界一体化的历史潮流，"居今日而言锁国闭关之策，匪独立所不能，亦且势所不利。万邦并立，动辄相关，无论其国若何富强，亦不能漠视外情，自为风气。"不同文化间的交流合作，是"潮流所及，莫能之违"。闭关锁国是中国社会落后的另一个重要原因。因此，他强调，要想适应世界潮流的发展，国民必须具有"世界之智识"[1]，与世界文化互通有无，融入世界主流。这种文化开放意识，在当时无疑是一种胸怀和远见。

第三，力求从社会变动中把握先进文化的前进方向，树立与时

---

[1]　陈独秀：《敬告青年》，《陈独秀著作选编（1897—1918）》第 1 卷，上海人民出版社 2009 年版，第 161 页。

俱进的文化发展观念。文化是随着时代的发展而发展的。陈独秀从社会进化的角度出发，认为人类文明的进化，就是一个新陈代谢的过程，时时处于变动之中。因此，文化的发展必须坚持与时代同步伐，要善于在社会变动中把握先进文化的前进方向。在他看来，中国人的民族性缺乏一种创造力，而这种创造力正是文化发展所必需的。他强调："新文化运动要注重创造精神。创造就是进化，世界上不断的进化只是不断的创造，离开创造就没有进化了。"可见，创新是社会发展的动力。而这种创新精神在陈独秀看来就是一种对于现状的永不满足的精神。他说："我们不但对于旧文化不满足，对于新文化也要不满足才好；不但对于东方文化不满足，对于西方文化也要不满足才好；不满足才有创造的余地。"① 在他的思想中，创新的方向是由社会发展的实际需要决定的。在新文化运动前期，他选择比封建专制文化先进的西方资产阶级文化作为推进中国社会发展的重要工具，有力地打击了封建传统文化的统治基础；在新文化运动的后期，结合国际和国内时局变化的实际，陈独秀看到了西方资本主义文化的不足之处，毅然选择更能代表现代化潮流的马克思主义为中国社会前进的方向。可以说，在大革命失败之前的大部分时间里，陈独秀对中国社会发展变化的客观需要把握得较为准确。陈独秀是一个现实主义者，一切以社会实际需要为衡量标准，无疑体现了一种与时俱进的文化发展观。这一思想在今天仍具有现实意义。

第四，着眼文化的普及，引导新文化向大众化方向发展。

推动文化向下层群众的发展是陈独秀发动的五四新文化运动的贡献。在五四新文化运动之前，中国下层的广大民众由于身处的社

① 陈独秀：《新文化运动是什么》，《陈独秀著作选编（1919—1922）》第2卷，上海人民出版社2009年版，第221页。

会条件和历史条件的限制，根本没有时间谈论所谓的文化。而"文化"这个词基本上只与那些在生活毫无顾虑的封建贵族或上层知识分子有缘。这样，一方面，文化在很大程度上为封建贵族阶级所把持，仅仅作为他们升官发财、玩弄权术的工具；另一方面，作为社会主体的广大民众毫无文化意识，他们在儒家主流文化的压制下已变得麻木不仁。这种文化发展的极度扭曲的现象，严重地抑制了文化的发展。陈独秀在早年就意识到文化大众化的极端重要性并在后来的人生道路上为此而努力。他在首次赴日本回来之后，创立《安徽俗话报》，就是为了让普通国民了解最基本的文化知识，从而具备最基本的民族觉悟；新文化运动更加鲜明和坚定地举出开启民智的大旗，可以说，"新文化"的出发点是为了唤起大多数国民的政治觉悟和伦理觉悟；"新文化"的归宿还是为了使大多数国民都具有如西方资产阶级一样的现代民主意识和科学精神；在他接受马克思主义的指导思想之后，又不遗余力地向广大民众宣传马克思主义的理论和知识；在晚年，陈独秀又重新回归对以民主与科学为核心内容的"五四"文化精神的倡导和宣传。就文化的思想内容来看，虽然在不同的阶段各有侧重，但是，宣传和普及始终是陈独秀文化思想和行动的一贯内容。因此，如果说，陈独秀一生善变的话，那么他的文化要大众化的思想却从未改变过。他的文化大众化的思想和探索是对中国文化的现代化的有力推进，为毛泽东后来关于新民主主义文化思想的形成作出了贡献。

三、陈独秀文化现代化思想的局限性

第一，不懂得新旧文化的承接关系。

文化具有延续性。新文化代替旧文化的过程是一个由量变到质变的过程。新文化在充分继承旧文化精华的基础上，融合时代精神和民族特点，不断发展，在达到一定程度后，即发生质变。这是文化发展的基本规律。

在陈独秀的文化意识中，主张现代文化与传统文化"绝无调和两存的余地"的论断明显不符合文化的延续性原则，他没有认识到新旧文化之间有着连续性，新文化并非完全否定民族传统文化的文化，而是在继承已有文化精华基础上的，融合了新的时代元素的文化。新旧之间是一种质变，但是质变的基础是存在于文化深层的民族特性。从这一点上来讲，陈独秀因中西文化不可调和，而主张以西方文化改造中国传统文化，就从根本上否定了文化的民族性。因而，他的主张是错误的。

陈独秀之所以提倡这种绝对性的论调，在当时来讲，是有着一定的现实进步意义的。我们可以从以下几方面寻找原因：其一，多次挽救中华民族危亡的方案失败的事实说明，封建传统文化的惰性太大了，它已经内化在中国社会政治、经济、国民生活、国民习性等各个方面，如果不同封建传统文化作根本意义上的完全斗争，就不可能动摇封建统治的基础。陈独秀生活的年代恰恰经历了近代以来各阶级、各派别为冲破封建制度牢笼而奔走呼号的历史。这些斗争失败的惨痛事实说明，封建统治根深蒂固，它都不会轻易退出历史舞台。在历史事实和认真思考的基础上，陈独秀以彻底消灭封建传统文化为救国的出路，勇敢举起反对封建专制文化的大旗，号召人们觉悟起来与封建传统文化作"不塞不流"、"不止不行"的坚决斗争。这一主张和举动在当时看来是合理的，是顺应中国社会发展要求的，因此，他的主张和行动在当时得到了广大青年知识分子的积极响应，有很多有志青年团结在他周围。其二，中国在寻求民族出路的过程中，一直存在着激进与保守的论战或斗争，而在新文化运动之前，激进对保守的斗争基本都归于失败。陈独秀主张新旧文化不可调和，也是针对保守派救国的主张的。保守派主张所谓的"调和论"，即"物质上应当开新，道德上应当复旧"。而陈独秀恰恰认为，中国的一切落后和不良现象的根源就是由于旧道德造成的。他明确指出：新旧两种法子，绝对没有调和的余地。在他看来，调和派的主张无异于"抱薪救火，扬汤止沸"。其三，鸦片战争之后，在强烈的中西文化对比中，中国处处失利是一个十分明显的事实。在与西方文化碰撞的过程中，中国一切传统的东西都遭遇了重挫。一向以文明古国著称，"四大发明"、丝绸之路等等，曾经吸引周边民族和国家向往、朝拜的"天朝上国"随着一声炮响，都化为明日黄花。在这场较量中，中国人认识到西方军事和科技的威力，而许多在西方早已成为旧物的物件，中国人都觉得是十分稀奇的事。中国的传统的手工业在西方产品的大量进入后，竟不堪一击。同样的惨状发生在人们生活的各个细节中，留着长辫子的中国人说着满嘴"之"、"乎"、"者"、"也"，于解决问题毫不相关，腐朽堕落守旧之风充斥其间。正是这种强烈对比的结果，导致了陈独秀在文化意识和文化主张上的偏颇。值得说明的是，这个缺点，似乎是同时代年轻人的一个共性。

第二，虽然其主张文化互通，但不懂得东西方文化的结合。

不同文化间的碰撞交流是世界现代化进程开启以来的一个必然结果。任何文化想要生存和发展，就必须与其他文化进行交流、对话、合作。这是文化现代化的一个客观规律。而在不同文化的交流过程中，如何妥善解决不同文化间的冲突和摩擦，又应该以怎样的形式进行交流，既做到学人所长，又做到不失自我，这是文化交流的难题。

陈独秀在新文化运动后期，认识到自己在文化主张上的偏颇，主张不同文化之间应进行学习交流，这是符合文化发展潮流的。但是他所主张的文化交流，究其实质，是立足于东方文化向西方文化学习，借鉴西方文化的先进成分，进而改造东方文化。这就有可能在文化交流中失去自我。其根本原因就在于他没有认识到每种文化都有其优点，不懂得不同文化之间的结合。其思想根源还是在于他认为东方文化不及西方文化，前者落后于后者，因此，他大力倡导输入西方文化。正是这种立足点，决定了他一味赞扬和宣扬西方文化，而忽略甚至否定了东方文化本身具有的合理性和优点。当然，中国封建文化从时代性方面来讲，确实落后于西方先进文化，因而学习先进，用先进改造落后，似无可非议，而在事实上也似乎得到了证明，在反对顽固守旧派的较量中，陈独秀的文化主张的确更多地赢得了一些追求进步青年的支持。但是，仅仅用落后还是先进的标准来衡量文化，就在评价标准上首先失去了平衡；而简单地用先进取代落后，就等于在文化较量中，自我投降，丧失民族自信心，就会陷入民族悲观主义。事实上，学习新的文化，必须在本民族传统文化的基础上进行，要适应本民族或国家的基本国情和现实需要。只有这样，才能找到不同文化间交流学习的立足点和结合点，发展民族文化，进而在日益激烈的文化竞争中立于不败之地。很显然，陈独秀在此问题上的观点有失偏颇。

第三，过分夸大思想批判的作用。

马克思主义认为，一个社会的政治、文化、社会生活等方面的根本变革都要取决于经济上的变革。经济的变革具有决定性意义。否认经济变革的决定性作用的认识，就会滑向唯心主义的深渊。

陈独秀的文化思想是其现代化思想的重要组成部分。他主张文化救国，意在通过文化上、思想上对封建传统文化的讨伐、批判，进而为建立民主政治开道，为实现经济现代化提供智力支持。虽然在新文化运动后期，由于受马克思主义的唯物史观的影响，他也认识到，思想和道德不能独立发挥作用，其作用的发挥要取决于社会经济条件的改良。正如他所说，道德的进步并非单纯靠高谈道德可以办到，必须依赖于社会经济制度的改良。但从他的总体认识上讲，其思想还是偏向文化和道德的作用，以为通过发动对封建文化的革命或运动，就可以彻底消灭旧的思想文化，实现西方资产阶级的民主政治。这种夸大思想批判对社会发展作用的思想显然是违背唯物史观的，是唯心主义的。陈独秀没有从根本上认识到经济变革的决定性意义，没有认识到经济变革决定其他一切方面的变革。他认为国民道德的败坏是导致国家衰败的根本原因，于是他提出唤醒"吾人最后之觉悟"。不能否认，国民道德水平的低下在很大程度上阻碍了救亡。但是，历史终究不是由人们的主观意志推进的，社会生产力的发展推动社会向前发展，经济制度的变革决定整个社会的变革，这是被历史发展证明了的客观规律。

第六章 科技教育现代化思想

　　纵观世界现代化的进程，在人类从传统社会向现代社会的转变过程中，科学技术和教育起到了十分重要的作用。正是在第一次科技革命的推动下，英国等早发现代化国家完成了从传统向现代的过渡；正是在第二次科技革命的推动下，德、法、意等国抓住科技革命带来的良好机遇，实现了现代化；正是在第三次科技革命的推动下，全球经济进一步增长，产业结构进一步调整，社会不断进步，以"亚洲四小龙"为代表的又一批国家走上了现代化道路。陈独秀对科技和教育极为重视，他的大半生似乎都在为科学与教育呐喊。他看到了现代科技和教育对早发现代化国家的促进作用，对西方科学和教育进行了深入研究，对中国传统教育进行了深刻反思，从而提出了他的科技和教育现代化思想。他视科学技术现代化为现代化的关键，力主以科学破除迷信，发挥科学之功，丰富人们的物质生活。他对中国的教育甚是担忧，力主通过教育提高国民文化素质。

第一节 陈独秀的科学思想

一、陈独秀科学思想的形成和发展

陈独秀的科学思想是其现代化思想的重要组成部分。他的科学思想是伴随着新文化运动的发展而发展的，同时也是伴随着他的政治现代化思想的发展而发展的。因此，虽然陈独秀在每一阶段都有不同的科学主张和内容，但是每一阶段的内容又无不体现着鲜明的政治烙印。科学为政治服务，在中国向现代化的转型期，这种客观要求更加强烈。陈独秀科学思想的形成和发展，经历了一个由表及里、由肤浅到成熟的过程。主要经历了以下三个阶段：

第一阶段，新文化运动前期（1915—1917），高擎民主与科学的大旗，旗帜鲜明地宣扬科学精神。这一时期，他的科学思想明显具有启蒙的特征。

科学是对抗封建专制制度的现代化武器。陈独秀认为，现代化就是民主与科学。因此，科学与民主都是对抗封建专制的有力武器。他认为，"近代欧洲之所以优越他族者，科学之兴，其功不在人权说下，若舟车之有两轮焉。"[1] 科学是近代欧洲之所以发达的根本原因之一。在他看来，"现在世上有两条道路：一条是向共和的科学的无神的光明道路；一条是向专制的迷信的神权的黑暗道

---

[1] 陈独秀：《敬告青年》，《陈独秀著作选编（1897—1918）》第 1 卷，上海人民出版社 2009 年版，第 162 页。

路。"① 显然，用科学来救治旧中国专制、迷信造成的黑暗，正是中国走向现代化的出路。因此，"国人欲脱蒙昧时代，羞为浅化之民也，则急起直追，当以科学与人权并重。"② 于是，他喊出了用科学扫除旧道德，用科学扫荡迷信愚昧的口号。

科学在很大程度上是一种精神。在这一阶段，陈独秀推崇的科学，是为突出人的主体性地位服务的，因而，可以说是一种追求实际的科学精神。他对西方科学的理解也局限于精神方面。他认为，西方近代精神"磅礴无所不至，见之伦理道德者，为乐利主义；见之政治者，为最大多数幸福主义；见之哲学者，曰经验论，曰唯物论；见之宗教者，曰无神论；见之文学美术者，曰写实主义，曰自然主义"③。可见，西方精神，一切以实际效用为取向，这和形而上的哲学，甚或玄学是完全不同的，前者突出人的主体能动性，后者埋没人的主体能动性。因此，陈独秀在《新青年》开篇即提出青年人觉醒的六个方面都体现着一种强烈的现代科学精神。也就是说，他所提倡的科学，并不是要国人去学习具体的科学知识，而是要具备一种科学的态度和面貌。而在那样的价值的破和立的时代，这种取舍无疑具有现实意义。

这一时期，陈独秀对于科学的理解和认识还不全面，其中还存在一些不确定因素和自相矛盾之处。比如，就要建立怎样的科学精神？其内容如何？又比如以科学对抗宗教的犹豫不决的态度。这些都是他思想认识中的盲点，可以说这一时期他并没有形成较为系统

①　陈独秀：《克林德碑》，《陈独秀著作选编（1897—1918）》第 1 卷，上海人民出版社 2009 年版，第 447 页。

②　陈独秀：《敬告青年》，《陈独秀著作选编（1897—1918）》第 1 卷，上海人民出版社 2009 年版，第 162 页。

③　陈独秀：《今日之教育方针》，《陈独秀著作选编（1897—1918）》第 1 卷，上海人民出版社 2009 年版，第 172 页。

的科学观。

第二阶段，新文化运动后期（1918—1920），陈独秀不完备的科学观逐渐转向信仰上的科学主义。

他认为，自然界和人类社会的一切进化现象，都逃不过科学的法则，而并没有什么神灵的主宰，它们不过是"宇宙间物质的生存与活动"①。他在与有鬼论者的论战中，明确提出了他对鬼神论的尖锐质疑："倘云鬼之为物，玄妙非为物质所包，非感觉所及，非科学所能解，何以鬼之形使人见，鬼之声使人闻？""鬼果形质俱备，惟非普通人眼所能见；则今人之于鬼，犹古人之于微生物，虽非人人所能见；而其物质的存在与活动，可以科学解释之，当然无疑。审是则物灵二元说，尚有立足之余地乎？""鬼若有质，何以不占空间之位置，而自生障碍，且为他质之障碍？……或云鬼之为物有形而无质耶？夫宇宙间有形，无质者，只有二物：一为幻象，一为影象。幻为非有，影则其自身亦为非有。鬼既无质，何以知其为实有焉？"②可见，科学能够解释一切物质的存在，鬼神自然不在物质之列，因而根本没有存在之实。科学是不断发展的，人类社会和自然界至今无法解释的现象，就是要等待科学的发展来一一证实。从这里可以看出，在一定程度上，陈独秀对科学的认识已经上升为一种信仰。

这一时期，陈独秀的科学思想明显推崇孔德的实证主义开创的科学方法。早在1915年《青年杂志》创刊时，他就"事事求诸证实"③。他多次介绍孔德关于人类进化的三阶段说，他说，"欧美的

---

①　陈独秀：《随感录·科学与神圣》，《陈独秀著作选编（1897—1918）》第 1 卷，上海人民出版社 2009 年版，第 420 页。

②　陈独秀：《有鬼论质疑》，《陈独秀著作选编（1897—1918）》第 1 卷，上海人民出版社 2009 年版，第 411 页。

③　陈独秀：《敬告青年》，《陈独秀著作选编（1897—1918）》第 1 卷，上海人民出版社 2009 年版，第 163 页。

文化，自十八世纪起，渐渐的从第二时代进步到第三时代，一切政治，道德，教育，文学，无一不含着科学实证的精神。"① 可以说，他对科学实证方法的推崇，反映在他改造社会现实上的实用主义。他提出，一切社会改造，包括经济的、政治的、道德的、科学的、艺术的、宗教的、教育等方面的改造，"都应该以现在及将来社会生活进步的实际需要为中心"②。因此，他对科学的提倡，完全为着改造社会现实服务的，在实际上体现了一种明显的功利主义。

这一时期，由于他在科学思想上固执坚持一切以科学的解释为评判标准，科学主义的思想因而在现实应用中被当作信仰来看待。在他看来，"宇宙间实在的真理和吾人心坎儿里彻底的信仰"已经合一③。在这里，他一直追求的新的信仰似乎真的由于科学精神和方法的倡导而建立起来，新文化运动的初衷似乎基本实现。这种将科学与信仰等价齐观的思想，有人将之称为"惟科学主义"，现在看来也并非毫无根据。

第三阶段（1920—1942），接受马克思主义学说后，形成唯物主义史观指导的科学思想。

1920 年 9 月，陈独秀在《新青年》上提出"将俄国精神和德国科学合而为一"，直到 1923 年年底"科玄学之争"结束，陈独秀的科学思想逐渐由一种信仰完全转变为唯物主义史观为指导的系统思想。他的思想包括三部分：唯物史观、实证哲学观和归纳方

---

① 陈独秀：《近代西洋教育》，《陈独秀著作选编（1897—1918）》第 1 卷，上海人民出版社 2009 年版，第 359 页。

② 陈独秀：《"新青年"宣言》，《陈独秀著作选编（1919—1922）》第 2 卷，上海人民出版社 2009 年版，第 131 页。

③ 陈独秀：《偶像破坏论》，《陈独秀著作选编（1897—1918）》第 1 卷，上海人民出版社 2009 年版，第 422 页。

法。① 而最突出的就是唯物史观。这一时期，由于在政治思想上唯物史观的确立，之前的朴素的唯物史观变成了以科学的无产阶级唯物史观为指导的科学思想。唯物史观指导的物质一元论是基础。"我们并不否认心的现象，但我们只承认他是物之一种表现，不承认这表现复与物有同样的作用。……离开了物质一元论，科学便濒于破产。"② 这一时期，他开始用唯物史观的方法来批判唯心主义的东西。其次，由于坚持物质一元论，在历史观上，在原来进化论观点的基础上，他接受了历史唯物主义的观点，认为，经济决定社会其他一切方面的进化。他认为，社会的进化"自然以经济（即生产方法为骨干）……唯物史观的哲学者也并不是不重视思想、文化、宗教、道德、教育等心的现象之存在，惟只承认他们都是经济的基础上面之建筑物，而非基础之本身"③。此外，在改造社会的手段上，他主张在一定经济基础之上的"科学的革命运动"，即阶级战争。他主张"组织民众积极革命，反对一切个人的浪漫的消极的行动"④。

二、陈独秀关于科学的解释

陈独秀对于科学的概念及其内涵深有研究。他认为，"科学者

---

① 参见董士伟、程钢：《科学的权威与科学的局限》，载《清华大学学报》（哲学社会科学版）1989 年第 1 期。
② 陈独秀：《答适之》，《陈独秀著作选编（1923—1925）》第 3 卷，上海人民出版社 2009 年版，第 169 页。
③ 陈独秀：《答适之》，《陈独秀著作选编（1923—1925）》第 3 卷，上海人民出版社 2009 年版，第 167 页。
④ 陈独秀：《论暗杀暴动及不合作》，《陈独秀著作选编（1923—1925）》第 3 卷，上海人民出版社 2009 年版，第 17 页。

何？吾人对于事物之概念，综合客观之现象，诉之主观之理性而不矛盾之谓也。"① 也就是主观与客观相统一。陈独秀理解的科学，除了其包括基本的科学知识，他更强调科学的方法。他所指的科学的方法，主要是实证法和归纳法，这两种方法是取代圣教的根本方法。他说，"今后我们对于学术思想的责任，只应该把人事物质一样一样地分析出不可动摇的事实来，我以为这就是科学，也可以说是哲学。"显然，他主张的哲学不同于那些主张形而上的玄学家的哲学，是真正科学的哲学。陈独秀指出，"试问人事物质而外，还有什么宇宙人生？……不用科学的方法从客观上潜心研究人事物质底分析，天天用冥想的方法从主观上来解决宇宙人生问题，亦终于造谣言说梦话而已。""若离开人事物质的分析而空谈什么形而上学的哲学，想用这种玄杳的速成法来解决什么宇宙人生问题，简直是过去的迷梦"②。可见，科学作为观察和解决问题的方法的重要性。

从内涵上讲，他所认识的科学，包括自然科学和社会科学广义和狭义的两方面。自然科学自然不用说明，社会科学是运用自然科学的方法，用在一切社会人事的学问上，其中"最主要的是经济学、社会学、历史学、心理学、哲学"③。他进一步指出，"凡是用自然科学的方法来研究、说明的都算是科学"④。虽然，他主张将自然科学的方法用于分析人的思想是不科学的，但是他将科学进行了明显

① 陈独秀：《敬告青年》，《陈独秀著作选编（1897—1918）》第 3 卷，上海人民出版社 2009 年版，第 162 页。

② 以上两段引文参见陈独秀：《答皆平（广东——科学思想）》，《陈独秀著作选编（1919—1922）》第 2 卷，上海人民出版社 2009 年版，第 382 页。

③ 陈独秀：《"科学与人生观"序》，《陈独秀著作选编（1919—1922）》第 2 卷，上海人民出版社 2009 年版，第 382 页。

④ 陈独秀：《新文化运动是什么？》，《陈独秀著作选编（1919—1922）》第 2 卷，上海人民出版社 2009 年版，第 217 页。

的区分，并且在后来将唯物史观看作社会科学的重要组成部分，这些思想是深入而合理的。

科学是真理，是解释宇宙间一切事物运动的基本法则，因此人类只有具备科学精神，才能跟上不断变化的自然界和人类社会的客观事实。他明确指出："今且日新月异，举凡一事之兴，一物之细，罔不诉之科学法则，以定其得失从违；其效将使人间之思想云为，一遵理性，而迷信斩焉，而无知妄作之风息焉。"① 而中国之所以封建迷信之风盛行，就在于人们普遍缺乏科学精神。他说："说到科学精神，实在是一件悲观的事，我们中国人底脑子被几千年底文学、哲学闹得发昏，此时简直可以说没有科学的头脑和兴趣了。"② 在封建制度下，"士不知科学，故袭阴阳家符瑞五行之说，惑世诬民；地气风水之谈，乞求灵枯骨。农不知科学，故无择种去虫之术。工不知科学，故货弃于地，战斗生事之所需，一一仰给于异国。商不知科学，故惟识罔取近利，未来之胜算，无容心焉。医不知科学，既不解人身之构造，复不事药性之分析，菌毒传染，更无闻焉；惟知附会五行生克寒热阴阳之说，袭古方以投药饵，其术殆与矢人同科……凡此无常识之思维，无理由之信仰，欲根治之，厥维科学。"③ 可见，在陈独秀看来，科学精神是根治愚昧和落后的良方。

在科学与宗教、科学与神学、科学与玄学的对峙中，陈独秀逐渐坚定了科学对于人们在精神上的作用，以至于在后来演变为一种纯粹的"科学万能论"，即认为科学能够支配一切，也能解释一切，

---

① 陈独秀：《敬告青年》，《陈独秀著作选编（1897—1918）》第 1 卷，上海人民出版社 2009 年版，第 162 页。

② 陈独秀：《答皆平（广东——科学思想）》，《陈独秀著作选编（1919—1922）》第 2 卷，上海人民出版社 2009 年版，第 382 页。

③ 陈独秀：《敬告青年》，《陈独秀著作选编（1897—1918）》第 1 卷，上海人民出版社 2009 年版，第 162—163 页。

他明确指出，科学方法除了可以解释自然界客观的进化现象，还可以用于解释"像社会学、伦理学、历史学、法律学、经济学等"社会领域的主观现象，而运用科学的方法尤其是自然科学的方法观察、分析和解决问题的方法，都属于科学的方法，是正确的。这样，他对科学的解释就不自然地偏离了科学本身作为"器"的立场，转而追求一种具有普遍规律的"道"的立场。因此，他在运用科学这个现代武器破除旧的价值观的同时，不自然地滑向了科学至上主义的境地。这一点是值得深思，也是值得深入探讨的。

三、陈独秀论科学在社会发展中的作用

陈独秀在对科学的内涵作了解释之后，对科学在人类社会由传统到现代转变过程中的作用作了深入分析。

科学是改造社会的武器。科学是革新传统，走向现代化的武器。陈独秀科学思想的形成并非偶然。鸦片战争以来，西方资本主义国家先进科学技术的刺激，他几次东渡日本对先进文明的见识，促使他深入思考东西方文化的差异。他认识到，西方资本主义之所以发达，就是崇尚科学的缘故。科学技术能够将西方社会从封建专制制度的压迫下解放出来，也必然能够带领东方社会赢得解放。

科学能创造发达的物质文明。他认为，西方资本主义得着科学的好处首先是物质财富的极大增加。科学可以增加生产效率。科学发明了机器，从而代替了人力，极大地提高了生产效率。他举例说，在农业上，"古之人骈手胝足，挥汗如雨"，而机器发明后，"劳力极微，惟聚精凝神，安坐以操作电盘与推进机而已。使人间之劳动，不同于牛马，科学之功用，自伦理观之，亦自伟大"，可见，科学以机器代替劳力参加生产，不仅极大地解放了劳动力，更使社会生产的效

率大大增加了。而社会生产效率的提高，直接的结果就是社会产品的增加，物质生活的极大丰富。他感叹科学的这种威力，指出，科学的勃兴，使物质文明获得了极大发展。我们所有的衣食住行一切生活必需品，都是物质文明带来的，只有科学能够增加物质文明。针对有人认为科学在创造丰富的物质财富的同时，带来了战争等灾难，陈独秀冷静地指出，灾难并"非科学与物质文明本身的罪恶"，科学及物质文明，在财产私有的社会，固可用为争夺残杀的工具；在财产公有的社会，便是利用厚生的源泉。在他看来，一切争夺、残杀、战争，其制度根源是财产私有制，而之所以出现在私有制的社会，其原因终究还是科学和物质文明不够发达。于是，他向人们指出，现有社会的灾难，只有全世界普遍的发展科学与物质文明及全社会普遍的享受物质文明才能救济，此乃真正是科学与物质文明在人生历程中所处的地位。很显然，陈独秀的这些思想深受马克思主义的影响。

科学能促进精神文明的发展。科学在精神方面的作用，一直是陈独秀思考的问题，也是其科学思想的主要内容。他认为，科学更大的功效在于能够促进社会精神文明的发展。首先，科学是破除迷信的有力武器。在经过与西方资本主义国家的反复对比之后，他得出结论：凡是先进文化的国家，其国民意识越开放；而越是落后文化的国家，其国民迷信、主观盲从的风气就越严重。他认为，中国社会之所以迷信、偶像崇拜盛行，就是由于缺乏科学的头脑和精神，而迷信盛行的社会风气也严重阻碍了学术思想的进步。相对于科学是真理，以真理的原则破除迷信盲从，端正人心，就能根本改造社会风气。

四、陈独秀对科学现代化的思考

像中国这样科技落后的国家，到底如何发展科学。陈独秀结合中国国情进行了深入分析，并提出了不仅在当时、而且在现在仍然具有重要意义的一些主张。

第一，科学与民主并重。陈独秀从中国现代化发展的历史进程中深深认识到，近代中国，屡受欺凌，一个重要原因就是民智不强，科技落后，政治专横。现代化早期运动中的洋务运动单纯重科技，无意去触动封建社会的经济基础和上层建筑，而且反对民主政治，无视自由、平等、民权，结果走向了失败。洪秀全领导的太平天国虽然反对"君王自专"的封建国家，企图建立一个"有田同耕，有饭同食，有衣同穿，有钱同使，无处不均匀，无处不饱暖"的理想天国，但上帝会的宗教迷信却扼杀了科学精神。资产阶级的改良派一反洋务派只致力于改变经济的方略，比较明确地把效法西方的资本主义制度、废君主立宪制作为变法的中心议题，但他们对科学的作用都重视不够。孙中山虽尊重科学与文明，但革命的结果只是赶跑了一个皇帝，人民仍处于封建专制的愚昧统治之下。陈独秀明确主张，要发展科学，必须将科学与民主并重。他极力宣扬科学，同时又热情讴歌民主。他认为，如果不倡导科学，理性得不到张扬，民主也就难以普及；如果民主得不到推行，科学也就自然无法发展。所以，民主与科学两者不可分割，二者相互促进，相得益彰。

第二，弘扬科学精神。陈独秀认为，要推进中国科学技术的进步，必须让人们树立科学的态度，发扬科学的精神，运用科学的方法，用科学头脑去洞察社会，认识时代，探索社会的本质和规律，以便更好地去改造它。因此，他反对宗教迷信，反对愚昧盲从，对一切不切实际的偶像进行无情抨击，这对醒悟国民确是一种良好的治本之法。陈独秀竭力宣扬科学精神，要求人们承认客观世界的发展、变化，主张主观意识应反映客观对象。面对世界发展大潮以及中国落后的现状，陈独秀接受了马克思主义这一科学。正是看到马克思主义的科学性以及对人们认识世界、改造世界的重要性，陈独秀极力开展马克思主义的宣传和传播。这也说明，陈独秀当时已经看到了科学的世界观和方法论对发展科学技术的重要意义。

第三，着力提高国人科学素质，普及科学。科学的发展都离不开作为主体的人。没有国人科学素质的全面提高，民族难以振兴，国家也就难以发展。而要提高国民的素质，首先是普及科学，提高国人的科学文化素质。为此，陈独秀明确提出："我以为造成科学底风尚，有四件事最要紧：一是在出版界鼓吹科学思想；二是在普通高校里强迫矫正重文史、轻理科底习惯；三是在高级学校里设立较高深的研究科学底机关；四是设立贩卖极普通的科学药品及工具，使人人得有研究科学之机会。"[①] 由此可见，陈独秀提出普及科学的目的，就在于提高国民素质，他不但是这样说，而且在任广东省教育委员会委员长时也是这样做的。

第二节　陈独秀的教育现代化思想

一、陈独秀教育现代化思想的形成和发展

陈独秀的教育思想极其丰富，对中国近代教育发展起过十分重要的作用。虽然教育思想并非他现代化思想中的主要内容，但是，他一生又极其注重教育对于改造社会的巨大作用，围绕"教育能否救国"以及"教育怎样救国"这条主线，形成了关于教育的较为完

---

① 陈独秀：《答皆平》，《陈独秀著作选编（1919—1922）》第2卷，上海人民出版社2009年版，第383页。

备的思想体系。

陈独秀一生的教育思想随着他对社会现实的认识及其改造社会思想的转变而经历了复杂的演变过程，主要经历了两个发展阶段：

第一阶段，1919 年创办《新青年》到 1920 年新文化运动前期，陈独秀猛烈抨击旧教育，主张建立资产阶级的新教育，其核心是民主与科学。

这一时期，陈独秀教育思想的形成明显受到了西方民主主义思想的影响。早在 1898 年，陈独秀在杭州求是书院学习，在那里接触到英文、法文等西方语言，同时接触到天文学、造船学等科学文化知识，开始接触到西方先进教育的思想，开阔了眼界。1901 年 11 月，他到日本东京学校学习日语，在这里他接触到了堪称西方近代思想的精华，如赫胥黎的《天演论》、卢梭的《民约论》、孟德斯鸠的《法意》等著作，陈独秀深深被西方资产阶级的民主、自由、平等、博爱等思想吸引。1902 年春，1906 年和 1915 年间，陈独秀三次到日本留学，进一步接触到西方资产阶级的人权思想、社会达尔文主义以及各种文学思想，其中法兰西文明给他留下了深刻印象。他认为法兰西文明是近世人类文明的精华，是法兰西将资产阶级的民主与科学带到了世界上。他指出："法兰西革命以前，欧洲之国家与社会，无不建设于君主与贵族特权之上，视人类之有独立自由人格者，唯少数之君主与贵族而已；其余大多数之人民，皆附属于特权者之奴隶，无自由权利可言也。"[①] 这也正是民主与科学对于封建专制制度的威力，这时他已经确立了要向西方尤其是法兰西学习的思想。1917 年 7 月，陈独秀在天津南开学校作了《近代西洋教育》的演讲，标志着他的西方资产阶级教育思想的确立。在

---

① 陈独秀：《法兰西人与近世文明》，《陈独秀著作选编（1897—1918）》第 1 卷，上海人民出版社 2009 年版，第 164 页。

讲演中，他回答了为什么必须教育和教育为什么必须取法西洋两个主要问题。陈独秀明确主张教育要取法西洋，并提出了"自动的"、"启发的"、"世俗的"、"直观的"、"全身的"西洋式的教育方针。在当时给沉闷的封建传统教育注入了新的活力。

　　陈独秀西方资产阶级教育思想的核心仍然是民主与科学。所谓教育上的民主，就是要尊重学生在教育中的主体地位，充分发挥他们的积极能动性。所谓教育上的科学，就是指教育要有正确的思想作指导，要遵循教育发展的内在规律，要适应社会发展，合理制定教育目标和教育方针，完善教育内容。可以说，陈独秀引入以民主与科学为主要内核的新式教育思想，对于改造旧教育的诸多弊端有着极强的现实针对性。但是需要指出的是，他虽然推崇西方资产阶级教育思想，但是他同时也强调了教育的民族性。在《今日之教育方针》一文中，他指出，西方资本主义国家虽然大都奉行民主与科学，但是在实际应用中各个国家又具有不同的民族特性。"英吉利所重者，个人自由之私权也；德意志所重者，军国主义，举国一致之精神也；法兰西者，理想高尚，艺术优美之国也；亚美利加者，兴产殖业，金钱万能主义之国也。"[①]

　　这一时期，服务于改造国民性的现实目标，陈独秀特别突出教育对于改造社会的重要作用。因此，他的教育思想明显表现为"教育决定论"和"教育救国"。虽然"教育救国"论有着明显的理论缺陷，但是在当时以启蒙为时代主题的背景下，发展教育确实是社会的急迫需要。而这一思想也反映了当时中国知识分子的整体认知倾向。

　　第二阶段，1920 年新文化运动后期至 1924 年大革命结束前，陈独秀教育思想以马克思主义思想为指导，逐渐抛弃了"教育决定

---

　　① 陈独秀：《今日之教育方针》，任建树，《陈独秀著作选编(1897—1918)》第 1 卷，上海人民出版社 2009 年版，第 171 页。

论"，明确主张社会主义的教育思想，服务宗旨由改造国民性的文化目标转为服务现实革命斗争需要的政治目标。

随着第一次世界大战期间西方资产阶级腐朽性的逐渐暴露，陈独秀开始重新认识和思考资本主义文明。而俄国十月社会主义革命又迅速填补了这一思想空白。1920年随着陈独秀由民主激进主义者向马克思主义者转变的完成，他的教育思想也同时实现了以马克思主义为指导的转变。这一时期，他的教育思想明显服务于政治斗争的需要而较少提及改造国民性。

在这一个阶段，陈独秀的教育思想更加体系化、明晰化。运用历史唯物主义的分析方法，他在以下几方面取得了突出进步：第一，能够正确辨明教育在社会中的地位和作用，及其与经济和政治的关系。首先，教育取决于经济。陈独秀分析了教育本身发展的历程以及欧美国家教育发展的经验，形成了教育的发展最终受到经济发展水平的根本制约的思想。他指出："所谓教育普及，眼前还只是一句空话。欧美资本社会教育进步，完全是工业发达的结果……所以有些中国人一面绝不注意工业，一面却盲目的提倡教育，真是痴人说梦。"[1] 对于教育，"不能说它可以变动社会、解释历史、支配人生观和经济立在同等地位"，不同于胡适把教育和经济当作弟兄的思想，"我们只把它当作经济的儿子"[2]，这样形象地说明了教育与经济的关系。其次，教育不仅受到经济的制约，而且也受到政治的制约。陈独秀在回复顾颉刚的信中指出："必政治进化在水平线以上，然后教育、实业

---

[1] 陈独秀：《答适之》，《陈独秀著作选编（1923—1925）》第3卷，上海人民出版社2009年版，第166页。

[2] 陈独秀：《答适之》，《陈独秀著作选编（1923—1925）》第3卷，上海人民出版社2009年版，第169页。

始有发展之余地。"① 照中国贫穷落后的实际，只有"全力解决政治问题"，才有进一步发展教育和实业的可能。但是他又同时认为，教育是"改造社会最后的唯一工具"②。这多少反映了陈独秀思想中的自相矛盾之处。第二，能够辩证地批判封建主义教育中存在的缺点。这一时期，由于陈独秀基本掌握了历史唯物主义的分析方法，因而能够更为理性地分析旧教育中存在的弊端。他将封建传统教育的弊端归结为主观主义和形式主义，并且予以无情批判。可以说，这样的批判是基本正确的，比起新文化运动时期是一大进步。第三，进一步明确了新教育发展的社会主义方向。教育对于社会发展的重要性，本质上还在于它在一定程度上引导着社会发展的方向。因此，教育自身方向的准确定位至关重要。在这一时期，陈独秀已经意识到这个问题。此外，他还在教育实践中积极宣传社会主义教育思想，主张扩大教育范围，主张教育为政治革命服务，积极组织对工农群众的教育，在实践中收到了良好的社会效果。

在这一阶段，陈独秀教育思想中还存在着实用主义的思想矛盾，原因在于他对杜威实用主义教育思想方面的推崇。可以说，杜威在 20 世纪的中国之行确实对中国思想界产生了不小的影响。其实用主义思想对于中国人改造旧社会是良好的工具。作为同时代人，陈独秀毫无例外地受到实用主义思想的影响，所不同的是，他认为杜威实用主义思想的精要是教育。于是他大力宣扬平民主义、宣扬启发式教授法、宣扬"学校即社会"的观念等实用主义教育思想，并且积极配合蔡元培在北大实行的教育改革，在实践中推进了

---

① 陈独秀：《答顾克刚（政治思想）》，《陈独秀著作选编（1897—1918）》第 1 卷，上海人民出版社 2009 年版，第 364 页。

② 陈独秀：《平民教育》，《陈独秀著作选编（1919—1922）》第 2 卷，上海人民出版社 2009 年版，第 429 页。

教育的实用主义。历史表明，并非陈独秀一人信奉实用主义，而是那个时代知识分子思想上的一种普遍倾向。因此，实用主义思想在中国的一度流行，正如早期马克思主义经典作家指出的，理论为社会所接纳的程度反映了那个时代的社会需要。因此，陈独秀吸收实用主义的思想，只能归结于时代的局限。

第三个阶段，即陈独秀晚年。在陈独秀晚年，由于国际国内形势的变化以及个人处境的变化，陈独秀对于教育问题鲜有论述。但是，有什么样的政治立场就决定有什么样的教育思想，晚年随着陈独秀逐渐走向中国共产党的对立面，逐渐抛弃马克思主义回归资产阶级的民主思想，他的教育思想也不再以马克思主义为指导，而体现出相应的立场变化。

二、陈独秀论教育在现代化中的地位和作用

陈独秀认为，教育是社会进步的重要工具之一。1922 年 3 月 5 日，他在《平民教育》一文中说："教育虽然没有万能的作用，但总算是改造社会底重要工具之一，而且为改造社会最后的唯一的工具，这是我们应该承认的。"① 可见，教育是促进社会进步的根本原因之一。而对于教育与经济和政治其他方面的关系，陈独秀也有明确的论述。他认为，教育取决于经济、政治，教育也为一定的经济和政治服务，但是教育决不是消极被动的，而是有着一定的主动性和相对独立性。从对于社会的高度政治关怀出发，陈独秀十分强调教育对于改造政治的作用。正如他所指出的："盖一群之进化，其根本原因固在教育、实业，而不在政治，然亦必政治进化在水平线

---

① 陈独秀：《平民教育》，任建树，《陈独秀著作选编（1919—1922）》第 2 卷，上海人民出版社 2009 年版，第 429 页。

以上，然后教育实业始有发展之余地。"教育的进步必须以社会政治的发展进步为前提。为了进一步说明教育与政治的关系，他举例说："例若今日中国政象如斯，吾人有何方法从事教育实业之发展乎？""而今而后，国民生活倘不加以政治采色，倘不以全力解决政治问题，则必无教育实业之可言，终于昏弱削亡而已。"① 因此，在近代中国，政治问题的解决具有根本意义，教育必须为政治改造发挥积极能动作用。至于教育对于改造社会的具体作用，陈独秀主要强调了以下几个方面：

第一，改造国民性是教育的基本作用。改造国民性，是陈独秀发动新文化运动的目标和宗旨。在他看来，封建专制体制下的国民有着种种惰性，而要改造国民性，教育是最基本的手段。他说："人类美点，可由教育完全发展；人类的恶点，也可由教育略为减少。请看世界万国，那教育发达的和那教育不发达的人民，智愚贤否迥然不同，这就是吾人必须教育的铁证了。"② 可见，教育对于改造国民性的重要作用。陈独秀为唤醒"吾人最后之觉悟"，而选择文化救国的道路，发动启蒙的新文化运动，一定意义上讲，就在于他已经认识到对国民进行整体教育的重要作用。因为，国家是多数人的国家，而并非少数精英分子或说觉醒了的知识分子的国家。因此，要根本改造整个社会，救助国家，就必须使大多数人都有先进的觉悟，而觉悟的手段就是教育。陈独秀在创办《安徽俗话报》期间，就已经亲身实践着教育的作用，教人们认清基本现实，了解基本知识，认识客观世界，了解世界大势，对推动社会进步起到了良

① 陈独秀：《答顾克刚（政治思想）》，《陈独秀著作选编（1897—1918）》第 1 卷，上海人民出版社 2009 年版，第 364 页。

② 陈独秀：《近代西洋教育》，任建树，《陈独秀著作选编（1897—1918）》第 1 卷，上海人民出版社 2009 年版，第 357 页。

好的社会效果。

第二，教育可以为社会培养人才。陈独秀认为，一个社会的发展离不开各类各式人才。对于改造旧社会这样艰难的工程，尤其需要掌握各种新思想或新技艺的人才。而造就人才的基本途径，只有教育。他指出："教育是智慧的源泉"①，"舍教育以外，不足以培成社会上经营各项事业之人才"②。而要造成人才辈出的局面，就要倡导"平民教育"，这样才可以扩大教育的范围，因而可以壮大将来的人才队伍。为此，他提出自己对于教育的几条意见："第一希望有教育，无论贵族的平民的都好，因为人们不受教育，好像是原料不是制品；第二希望教育是平民的而非贵族的，因为资本主义社会里贵族教育制造出来的人才，虽非原料，却是商品。"③他在后来的实践中，亲身实践着教育的人才培养作用，从北大文科学长到宣传组建中国共产党，陈独秀十分注重团结和培养各个阶级、各条战线的年轻人，五四新文化运动开展起来之后的时间里，中国社会确实形成了各种人才不断涌现的状况。

第三，教育可以促进社会文化的发展。陈独秀认识到，教育的直接作用就是可以促进社会文化的发展进步。从西方文化发展进步的事实来看，重视教育和教育程度较高的民族或国家，其文化力就较为强大；而忽视教育和教育程度较低的民族或国家，其文化力就较为弱小。汉唐时期，中华文化之所以影响深远，就在于当时的统治者实行开明的君主专制，奉行对外教育文化交流的开放政策，而

---

① 陈独秀：《国庆纪念的价值》，《陈独秀著作选编（1919—1922）》第 2 卷，上海人民出版社 2009 年版，第 277 页。

② 陈独秀：《教育与社会》，《陈独秀著作选编（1919—1922）》第 2 卷，上海人民出版社 2009 年版，第 352 页。

③ 参见陈独秀：《平民教育》，《陈独秀著作选编（1919—1922）》第 2 卷，上海人民出版社 2009 年版，第 429 页。

近代中国文化的明显衰落，就是由于日益漠视教育对于促进社会文化发展的作用，国内的教育死气沉沉，对外则实行教育闭关主义，这自然严重削弱了教育的力量。1920 年 2 月 7 日，陈独秀在武昌高师作了题为《新教育的精神》的演讲，就阐明了教育对促进社会文化发展的重要意义。他指出，教育和社会的关系是很大的。社会要是离开教育，那人类的知识必定不能发展，人类知识一不发展，那国的文化就不堪问了。[①] 可见，教育作为传承知识，传承文明的工具，是社会发展所必需的。

总之，从改造社会现实的角度，陈独秀认为，教育"是经济的基础上面之建筑物，而非基础本身"，也就是教育是上层建筑，是精神现象，是社会发展进步必不可少的工具；它与经济、政治的发展是作用与反作用的关系，依赖于经济、政治，却又反过来促进经济、政治的发展。可以说，陈独秀对于教育本质及其特性的认识基本是科学的，而他关于教育的一些具体思想也是较同期人丰富和深刻的。

三、陈独秀对中国传统教育思想的批判

陈独秀认为，传统教育具有种种弊端，造成了种种危害。其根源就在于传统教育思想中存在两种流毒：一种是主观主义，一种是形式主义。而且两种形式主义的存在和发展，有着必然的联系，因为有了主观主义，必然有形式主义，因为追求形式主义，则必然有主观主义。他在《教育缺点》一文中，集中批判了这两种弊端。

陈独秀首先批判了传统教育中的主观主义。他认为，主观主义

---

① 参见陈独秀：《新教育之精神》，《陈独秀著作选编（1919—1922）》第 2 卷，上海人民出版社 2009 年版，第 189—192 页。

的缺点集中表现为"教师只知道他自己做本位教授的时候，不管学生能不能接受，一味照他意思灌输进去"，也就是教师的教和学生的学是两码事，这在实际中就造成了教与学的严重分离。他认为，中国的教育长期没有进步，罪魁祸首就是主观主义。他指出，主观还是客观，正是新旧教育的根本区别。他指出，"什么伦理科、历史科、地理科，所授教材，全凭演讲，不切实用，就像伦理重在实践，不是说空话便算了事，在理应该把这科取消。""历史科，排列了许多不相干的古事，崇拜偶像的说话，教给学生记忆，有什么用处？地理科，在乎简单明瞭，并不是罗列许多地名，硬要学生牢记，这样教法和以前的旧教育的，教学生念'大学之道在明明德'，有什么分别呢？"这种反问，可谓切中当时教育之要害。接着，陈独秀又列举了社会上正在施行的所谓"新式教育"的缺点，他指出，现在北京有些有名气的新式学校，一切倡导求新，教师的思想也很新，教授的科目也很新，然而，却没有取得应有的效果，原因就在于不了解学生是否能够理解，是否能够接受，在根本上犯了主观主义的错误。针对这种弊端，他认为，好的教育应该是学生教老师，而不是老师教学生，其实质就是要强调学生本位的地位。为此，就要充分尊重学生特性，因材施教，"无论什么学校的功课，倘使和学生个性适应的尽管教他"。"做教师的，应该从学生的个性里得到种种经验来。"① 也就是说，新教育要克服主观片面性，转而关注学生个性的发展和需求，这是办好教育的基本方法。

接着，陈独秀批判了与主观主义密不可分的形式主义。他无情地指出，形式主义造成的弊端和危害，不在主观主义之下。教育中的形式主义表现为只讲求外表，而不追求内容的改进。就学校来

① 以上未注之引文见陈独秀：《教育缺点》，任建树，《陈独秀著作选编（1919—1922）》第 2 卷，上海人民出版社 2009 年版，第 214 页。

讲，往往只注重学校作为建筑的外貌的好看，装潢得考究，他有个形象的比喻，就是好比茅厕，外表刷了白白的灰，里面却仍然是臭气难闻。这种治标不治本的做法，使得教育没有得到实际的效果。他尖锐地揭露了这种有名无实的现象。他指出，"最可笑的，称了工业学校，没有工场，农业学校没有农场"，因而，"不但使学生进了这种学校，如入五里雾中，一些没有领会，就是教的人自己也莫名其妙咧。"陈独秀对这种形式主义的流毒深恶痛绝。他指出，日本新发布的政纲第七条，是"教育去形式的积习，宜谋与国民生活的实质相接触"。我们中国的青年，也正要死在形式教育的坚牢里，那教育部直辖的最得意的某专门学校，更是极端的形式主义，内容却是一团糟。也就是说教育没有发挥应有的社会作用。而教育部是造成这种形式主义的根本原因。在他看来，教育部的人往往不做调查研究，不顾各地生活水平、风俗人情等等，而单凭主观想象，捏造出什么要求全国统一的教育的条条框框来，让所有学校执行，这实在是不符合教育发展的规律。接着，陈独秀又批判了考试的种种弊端。他指出，考试是教育形式主义的产物，在传统教育体制下，考试成了目的，于是所以围绕考试，就生出诸多弊端来。他说，"因为有了考试，就有什么毕业问题，文凭问题，引起了学生的虚荣心。"这样造成的结果就是，学生只是为了考试而考试，形成了一个恶性循环。在实际教育过程中，"教师学生平常多都不注意，临到考试的时候，在这一二礼拜以内拼死用功，不但临场时夹带枪替，于道德上很有影响，并且废食忘眠，在身体上大有妨害。到了考试完毕，把所有临时强记的完全忘掉了。"简言之，这竟然成为教育的过程。以考试为衡量学生进步与否的标准，是"贻误青年"的做法，应该根本废除。纵观西方和日本教育的经验，"考试得利的不定是犖犖大才，考试失利的不全是庸劣无能"，要知道，学生的学业并不因为考试而增进，实际上，真正求得在道德和学业上的进步，并不在乎考试。他对考试的看法是正确的。

总之，在他看来，"教育上种种不好现象，归纳起来，不出这两种主义"。因此，革新教育，必须首先破除主观主义和形式主义的束缚，否则"中国的教育决不会有进步的希望"[①]。当然陈独秀对与教育弊病的分析，多少受到了杜威实用主义思想的影响，但是这样的思想对于改造旧教育具有进步作用。

四、陈独秀对中国教育发展的战略构想

陈独秀在借鉴西方教育、批判旧教育的同时，对中国教育发展目标、教育方针、教育内容几大紧密相关的内容进行了探索，形成了一个比较完备的教育思想体系。他说："教育家之整理教育，其术至广，而大别为三：一曰教育之对象，一曰教育之方针，一曰教育之方法。教育之对象者，即受教育者之生理的及心理的性质也；教育之方针者，应采何主义以为归宿也；教育之方法者，应若何教授陶冶以实施此方针也。"[②] 而在这三者中间，陈独秀又特别强调教育方针的重要性。

关于教育目标。陈独秀首先强调了教育自身的目标。在《今日之教育方针》中指出了现代教育的四大目标："今日教学相期者，第一当了解人生真相，第二当了解国家之意义，第三当了解个人与社会经济之关系，第四当了解未来责任之艰巨。"其中，了解人生

---

① 以上未注之引文参见陈独秀：《教育缺点》，任建树，《陈独秀著作选编（1919—1922）》第2卷，上海人民出版社2009年版，第214—216页。

② 陈独秀：《今日之教育方针》，《陈独秀著作选编（1897—1918）》第1卷，上海人民出版社2009年版，第170页。

的真相是教育最基本的目标。他运用西方进化论对人生作如下解读："近世科学家之解释人生也：个人之于世界，犹如细胞之于人生，新陈代谢，死生相续，理无可逃……种性不灭个体之生命无连续，全体之生命无断裂；以了解生死故，既不厌生，复不畏死；知吾身现实之生存，为人类永久生命可贵之一隙，非常非暂，非幻费空。"①因此，教育首先要使人了解人生的本质，进而才会确立为现实奋斗的信念。关于了解国家，他认为国家是人们结成的团体，国家因为保障个人权益而存在，主权在民，人民应该建立民主共和的国家。这是教育的现实意义。关于个人、社会、经济之关系，他指出，在个人与社会经济关系方面，是个人经济力的集合形成了社会的经济力，因而要促进社会整体经济力的发展，必须发展个人生产力。关于未来的责任，是要强调个人对于社会的责任感，这是国家和民族荣辱与否的关键。此外，他还从社会发展的大方向上阐释了教育的意识形态目标。1920 年 12 月，陈独秀在《致罗素先生的信》中指出，由于中国人在科学知识和物质方面都很不发达，因此必须大力发展教育和实业，然而究竟采用资本主义的方法还是采用社会主义的方法？陈独秀认为："我个人的意见，以为资本主义虽然在欧洲、美洲、日本也能够发达教育及工业，同时却把欧、美、日本之社会弄成贪鄙、欺诈、刻薄、没良心了；而且过去的大战争及将来的经济大革命都是资本主义之产物，这是人人都知道的。幸而我们中国此时才创造教育工业在资本制度还未发达的时候，正好用社会主义来发展教育及工业，免得走欧、美、日本底错路。"②他认识

---

① 陈独秀：《今日之教育方针》，《陈独秀著作选编（1897—1918）》第 1 卷，上海人民出版社 2009 年版，第 171—172 页。

② 陈独秀：《关于社会主义的讨论》，《陈独秀著作选编（1919—1922）》第 2 卷，上海人民出版社 2009 年版，第 171 页。

到，资本主义虽然创造了前所未有的社会生产力，造成了发达的教育和实业，但是这种制度带来的种种罪恶也是极其深刻的。因此，中国作为后来的落后国家，既然已经看到了这种弊端，就决不能再走欧、美、日本等资本主义国家的错路，而应采用社会主义的方法发展教育，这是教育现代化的正确方向。他的这一思想认识，在当时来讲，宣传和捍卫了社会主义，从而为新教育的发展指出了正确的方向。

关于教育方针。在陈独秀看来，教育方针"如矢之的，如舟之柁"，在教育中尤其重要。在他看来，"第所谓教育方针者，中外古今，举无一致。"在比较了古今中外各国教育方针的特点之后，他提出了中国应该选择的教育方针，体现了他的独立思考的精神。陈独秀在《今日之教育方针》中，专门论述了他对于中国教育方针的认识。依照教育目标的"四个了解"，他的教育方针突出强调以下四个方面：一是现实主义。二是惟民主义。三是实利主义。四是兽性主义。关于现实主义，他认为，"一切思想和行为，莫不根植于现实生活之上。""现实世界之内有事功，现实世界之外无新希望。"因此，既然现实世界对于人生如此重要，那么，人们只有"唯尊现实也"。他从对人生真相的解释，得出了现实世界和现世人生的重要性。于是他主张青年学生应该力求了解人生的本质、人生的意义，从而关注现实问题的解决。这种现实主义的教育方针适应了当时改造社会的现实需要，有利于让青年学生从旧教育的束缚中解脱出来，关注社会现实，关注国家命运前途，这种将个人前途与社会命运相结合的主张，在当时对广大青年成长起到了积极作用。关于惟民主义，其目的就是要让学生了解国家的根本意义。在封建君主专制的时代，"人民惟统治者之命是从"，因此，长期以来造成了一盘散沙的局面，集体的意识和力量极其微弱，这也是近代中国之所以遭受西方列强侵略的原因；而"世界优越之民族，由家族团体，进而为地方团体，更进而为国家团体"，"国家主义"的观念深入人心，因而，在世界的竞争中处于先进地位。因此，要改变中国国民一盘散沙的状况，实行"国家主义""实为吾人目前自救之良方"。陈独秀进一步指出，这里的国家是以人民利益为重的"真国家"。而"惟民主义"的教育方针就是要让学生明白人民才是国家的主人，执政者应该为人民服务，人民应树立自觉自重的精神，为争取主权在民、实行共和政体而奋斗。关于职业主义的教育方针，就是要学生掌握生产技能，提高实践本领，具有"独立经营之美德"。因为"现实之世界，即经济之世界也"，"今日之社会，植产兴业之社会；分工合力之社会也；尊重个人生产力，以谋公共安宁之幸福也。"①因此，个人通过学习和实践，掌握社会生产的本领，就会促进社会生产力的发展。关于兽性主义，其实质就是要让学生通过锻炼，拥有强健的体魄、坚强的意志。因为在他看来，旧的教育体制下，青年"手无缚鸡之力，心无一夫之雄"，因而也不能担当起救治社会的重任。因此有必要学习兽性之特长："意志顽狠，善斗不屈"、"体魄强健，力抗自然"、"信赖本能，不依他为活"、"顺性率真，不饰伪自文"。可以说，陈独秀倡导的这四种教育方针就是围绕着实现教育的四个目标而实行的，切中了旧教育体制中的若干积弊，因而具有很强的现实针对性。

关于教育内容。陈独秀主张德育、智育、体育三者并重，促进学生个性的发展。他从中西对比的角度说明了应该发展全面教育的重要性。关于德育，他认为，德育对于塑造一个人的行为、品性具有极为重要的作用。而传统的教育说起来也是以德育为重，然而实

① 以上未注之引文参见陈独秀：《今日之教育方针》，《陈独秀著作选编（1897—1918）》第1卷，上海人民出版社2009年版，第170—171页。

际上并没有真正起到德育的效果。"后世的人，往往有读书万卷，所行所为，还是天良丧尽"，"天天读理学书，挂道学招牌，却是问起他的心地来，还是一个卑鄙龌龊的小人"。他明确地指出了封建教育下德育的真实状况，他进而指出，造成这种状况的一个原因是忽视了气节品行的教育。关于智育，他认为传统的教育只注重"四书"、"五经"、"六艺"等儒家学说，而且长期不变，内容呆板。而学生则是"一心只读圣贤书"，"四体不勤，五谷不分"。陈独秀极力主张，新教育除了革新旧式教育使之应用于实际之外，应该增加地理、理科等自然科学知识的内容，加强技能培训和职业教育，以此培养实用型社会人才。除了德育和智育，还应该注重体育。他指出，传统教育先不论其好坏，其在内容上是不全面的。他说："现在西洋的教育，分德育、体育、智育三项，德国、日本的教育，格外着重在体操。我中国的教育，自古以来，专门讲德育，智育也还稍稍讲究，惟有体育一门，从来没人提倡（射御虽是体育，但也没人说明），以至全国人斯文委弱，奄奄无生气，这也是国促种弱的一个原因。"[1] 由此可见，陈独秀意识到了体育的重要性。总的来讲，陈独秀认为，只有德育、智育、体育三者并行不悖的发展，才能真正发挥教育的作用。在他看来，德育、智育属于"人性"教育，而体育则属于"兽性"教育。在强大的民族，往往是人性和兽性同时发展的。"其他或仅保兽性，或独尊人性，而兽性全失，是皆堕落衰弱之民也。"[2] 而中国就是这样一种状况，由于缺乏体育教育，我国青年多"美其貌，弱其质"，"妩媚若处子"，"柔弱如病夫"，

---

[1] 陈独秀：《王阳明先生训蒙大意的解释》，《陈独秀著作选编（1897—1918）》第1卷，上海人民出版社2009年版，第89页。

[2] 陈独秀：《今日之教育方针》，《陈独秀著作选编（1897—1918）》第1卷，上海人民出版社2009年版，第87页。

"年龄虽在青年时代，而身体之强度已达头童齿豁之期"，因此难怪别国称我国人为"东亚病夫"，在他看来，青年无一不在病夫之列。青年的这种面貌，怎么能够担当救国的重任，又怎能在世界竞争中赢得优势？陈独秀对此极为担忧，呼吁青年自觉起来，做心强体壮的现代青年。

关于教育方法。陈独秀主张学习西方的启发式教育方法。认为，新旧教育在教育原则上的区别在于，前者是启发式的教授法，后者则是教训式的教授法；前者是学生教老师，后者是老师教学生。二者截然相反。他反对灌输式教学，转而主张采用启发式教育方法。他认为，西洋的教育之所以成功，就在于实行启发式教学方法，而不是灌输式方法，启发式的方法形成的是自动的教育，而灌输式方法造成的是被动的教育。这两种截然不同的教育，效果迥异。因此，新教育应该"取法西洋"[1]，抛弃灌输式方法，实行启发式方法，"虚心研究儿童心理，注重受教育者之反应"[2]，"处处体贴学生心理作用，用种种方法启发他的性灵，养成他的自动能力，好叫人类固有的智能得以自由发展"。[3] 新教育应该以受教育者为重点，应该尊重学生的主体能动性，教育方法应该适合他们个性心理和兴趣爱好的发展。用今天的话说，教育应以学生为本。而在传统的教育方法下，教师只管教，学生则是被动接受的对象，显然违背了教育的这一基本规律。可贵的是，陈独秀对于教育方法的改进是身体力行的。在北京大学担任文科学长期间，他积极配合蔡元培的

---

① 陈独秀：《近代西洋教育》，《陈独秀著作选编（1897—1918）》第1卷，上海人民出版社2009年版，第359页。

② 陈独秀：《新教育是什么》，《陈独秀著作选编（199—1922）》第2卷，上海人民出版社2009年版，第325页。

③ 陈独秀：《近代西洋教育》，《陈独秀著作选编（1897—1918）》第1卷，上海人民出版社2009年版，第359页。

教育制度改革，亲身实践领导了教育启发式教学的方法，赢得了很多先进青年的积极响应，收到了良好的效果。

第三节　陈独秀科学、教育
现代化思想的启示

一、陈独秀科学现代化思想的现代意义及其局限

陈独秀的科学思想在中国现代化历史和中国现代思想史上都具有划时代的意义。"陈独秀的科学教育思想，是与新文化运动时期的思想启蒙相联系的，因此，带有更深层次的科学启蒙、科学洗礼的特征。"[①] 而这种科学启蒙、科学洗礼的作用，又可以从以下三个方面得到解释：

第一，以科学为判断一切的主要标准，在很大程度上开启了中国现代化的理性进程。陈独秀倡导的科学思想，强调尊重事物发展变化的客观规律、张扬理性，反对主观想象和臆断。他认为，科学的还是想象的，是西方现代文化和中国封建传统文化的基本区别之一。科学是尊重客观规律基础上的主观与客观相一致。而想象则是无视客观规律的毫无根据的主观猜测和武断。在西方社会，科学精神的强大胜过其他一切力量；在中国传统社会，宗教迷信充斥人们头脑；西方资产阶级因为追求科学，因而社会兴旺发达；中国封建社会因为崇尚想象，因而愚昧落后。世界上一切事物的发展莫不遵

[①]　王炳照、阎国华：《中国教育思想简史》，湖南教育出版社 1994 年版，第 265 页。

循科学的法则，"夫以科学说明真理，事事求诸证实，较之想象武断之所为，其步度诚缓；然其步步皆踏实地，不若幻想突飞者之终无寸进也。宇宙间之事理无穷，科学领土内之膏腴待辟者，正自广阔。"[①] 可见，科学相比于想象，理应成为判断一切事物合理性的标准。这就是陈独秀科学思想的精华，在他的思想意识中，科学是理性的象征。因此，在"五四"思想启蒙和解放的时代，陈独秀大力倡导科学思想，俨然将人类本身具有的理性精神引入尘封落后的传统社会，进而将中国现代化的探索引入到理性的进程中来。

第二，引导人们积极探索支配社会现象的客观规律，发扬实事求是的科学探索精神。改造社会需要探索的勇气和精神，但是这种探索并非盲目的探索，而是正确把握和反映社会客观需要的探索。五四运动以前，中国早期现代化的探索，正是由于缺乏科学的探索精神，中国人救国的各种努力才先后归于失败，当然人们已经习惯于将这种失败归结于没有找到救国的真正出路。但是，更深层次的原因恐怕还在于没能认识到中国社会发展的客观需要，没能察觉支配中国社会向前发展的客观规律。没能使主观与客观相一致。陈独秀高举科学的旗帜，主张事事都要力求证实，这就是科学探索的精神，就是实事求是精神的最初表现。虽然他运用的科学在绝大部分时间里是资产阶级的科学理念，但是，科学作为一种客观工具，陈独秀对它的宣扬使其工具理性的作用得到充分发挥。与此同时，陈独秀有意识地将这种科学探索精神提升为一种思想，一种信仰，从精神层面来讲，对于引导人们摆脱主观束缚重建理性认知，不能不说是一种进步。科学精神从此深入人心并赢得了前所未有的权威，为后来中国共产党人实事求是地探索中国革命和建设道路积累了宝

---

① 陈独秀：《敬告青年》，《陈独秀著作选编（1897—1918）》第 1 卷，上海人民出版社 2009 年版，第 158 页。

贵经验。

第三，实证方法和逻辑归纳方法的运用，引导人们观察分析问题的思维由抽象转为具体，由形而上转为实事求是的现代精神。

实证方法和归纳法是西方近代科学发展的根本方法。陈独秀十分推崇实证主义的科学方法。他认为，自18世纪开始，人类科学发展已进入科学实证的时代。除了实证方法，他还推崇形式逻辑的归纳法。他说："今欲学术兴，真理明，归纳论理之术，科学实证之法，其必代圣教而兴欤。"[①]他认为，马克思的学说之所以为科学的社会科学，就是因为马克思应用自然科学的归纳法研究社会科学。而演绎的方法，在他看来，是中国所以学术落后的一个重要原因，因而应该摒弃。陈独秀的这些看法不一定都是科学的，但他把科学上升为世界观、方法论，强调尊重"事实"，注重"分析"，反对"冥想"、"空谈"则是积极进步的。

但是，陈独秀的科学思想整体表现为一种思想和信仰的倾向，凡事以科学为评判标准，不免有"科学万能主义"、"唯科学主义"的倾向。正如有学者评论道："陈独秀科学观从孔德实证主义那里吸收的主要不是以自然科学规律认识人类社会，而是经验主义的认识论和科学主义的思想倾向。在这种科学观中，理性的叛逆精神更多地被科学的权威意识代替。人们习惯于崇拜以科学名义存在的种种理论而不去怀疑现存的事物。"[②]这就是科学在中国和西方的不同命运。但对于极度缺乏科学精神的中国传统封建社会，"唯科学主义"的思想倾向反映了那个时代知识分子的一种集体诉求，因此，

---

① 陈独秀：《随感录·圣言与学术》，《陈独秀著作选编（1897—1918）》第1卷，上海人民出版社2009年版，第427页。

② 董士伟、程钢：《科学的权威与科学的局限》，载《清华大学学报》（哲学社会科学版）1989年第1期。

陈独秀思想中的"唯科学主义"倾向，只能是时代的局限。

二、陈独秀教育现代化思想的现代意义

第一，教育要与社会发展相适应。陈独秀反对教育与社会分离，强调教育必须服务于社会，必须与社会紧密联系。1921年1月，他在广东高等师范学校和广东省教育会分别作了关于教育的两个演讲《新教育是什么》和《教育与社会》，较为集中地阐明了这一思想。在他看来，新旧教育有着截然不同的本质。旧教育是主观主义的教育，最终目的是为了个人服务的；而新教育则是客观主义的教育，强调教育为社会需要服务。正是这种教育宗旨上的根本不同，导致了两种截然相反的结果：前者导致教育严重脱离社会，"社会自社会，教育自教育"。陈独秀指出了教育和社会两者相互脱离的危害，他认为教育与社会的脱离，削弱了教育的功能："社会与教育分离，其弊之最大者莫如减少教育的效力"①，"教育若离社会而独立，则教育之力量自减"②，正是认识到教育与社会相脱离的严重后果，陈独秀明确提出："新教育是注重在改良社会，不专在造成个人的伟大"③，为此，"必须使教育与社会密接"④，"教育与社会打成一片"⑤。

---

①　陈独秀：《教育与社会》，《陈独秀著作选编（1919—1922）》第 2 卷，上海人民出版社 2009 年版，第 351 页。

②　陈独秀：《教育与社会》，《陈独秀著作选编（1919—1922）》第 2 卷，上海人民出版社 2009 年版，第 352 页。

③　陈独秀：《新教育是什么?》，《陈独秀著作选编（1919—1922）》第 2 卷，上海人民出版社 2009 年版，第 326 页。

④　陈独秀：《教育与社会》，《陈独秀著作选编（1919—1922）》第 2 卷，上海人民出版社 2009 年版，第 352 页。

⑤　陈独秀：《新教育是什么?》，《陈独秀著作选编（1919—1922）》第 2 卷，上海人民出版社 2009 年版，第 329 页。

可见，陈独秀关于教育的思想是服从于他改造社会的实际需要的。更为重要的是，他对教育如何与社会密切联系，如何为改造社会服务提出了具体的思想："一切教育都建设在社会底需要上面"，教育要适应社会经济、政治的发展；教育必须紧密联系社会实际，决不能成为"死学术"；教育应实行对社会的开放主义，造就"社会化的学校"和"学校化的社会"，以此与社会打成一片。可以说陈独秀的这一教育主张是打击传统旧教育的一剂良药，在实践中也起到了很好的效果，而更为重要的是，他的这种思想主张在今天看来仍具有现实意义，而在当时的时代条件下，能够深入社会现实内部，客观地观察、分析教育存在的问题，并给以科学的解答，不能否认他的敏锐的眼光和超人的意识。①

第二，陈独秀教育思想体现了现代素质教育理念。陈独秀教育思想中所包含的现代素质教育的理念有：其一，全面发展的教育思想；其二，教育要以启发式为主；其三，教育要以学生为本位。这些思想无不适应现代社会的发展而折射出鲜明的时代精神。陈独秀从自己感同身受的经历，以及对外国教育的学习，提出教育应当是全面发展的教育，要注重对学生德、智、体甚至美育等方面的全面教育，培养适应社会变化的综合性人才；教育应当突出启发式教育的原则，充分调动学生作为教学主体的积极能动性，促进他们主动思考，以促进主动关注和解决现实问题的能力，同时也有利于教育者更好地改进教学。他认为，在教育中，必须突出学生的主体作用，坚持以学生为本。他指出，中国以前的教育，"都是把校长、教职员做主体，学生反放在客位，当作被动的和机械的"。在那样的教育体制下，"教师教学生"是颠扑不破的真理。而在这样

---

① 参见孙培青、李国钧：《中国教育思想简史》第 3 卷，华东师范大学出版社 1995 年版，第 293—296 页。

死板、僵化的教育体制下，"只能造成一班奴隶性质的国民，只知道服从，那还能够自动吗？那还敢望他来出力为国家和改造社会呢？""要是这样一生没有用处，总是教员将所晓得的说与学生，学生晓得了又是这样的教与他将来的学生，这个文化思想力怎么会发展呢？所以我觉得教育是训练的，非口说的，是发展的，非流传的。道德的进步要有行为的教育，学问的进步要有知识的教育，像这样训练学生，就易于感觉了。"而怎么做到以学生为本位呢？陈独秀指出，因为学生在校内求学，自然对于学校的事情知道的比老师要多，尤其是对于如何改进教育？如何改良配置之类的问题，因此，以学生为本位，就是要尊重他们提出的建议，尊重学生的主体能动性，充分发挥其参与教育改革和教育实践的积极性，这样，才能办好教育。可以说，他的这一教育思想以今天的眼光来看并没有什么特别之处，然而在那个时代，能够提出较为全面的素质教育的观点和主张是有先见之明的，而且这一思想在今天看来仍然具有现实生命力。

第三，他强调要研究和懂得教育的规律。任何事物都有其发展的规律。教育当然不例外。只有尊重教育发展的内在规律，才是科学的发展，才能真正发挥教育对于个人和对于社会的真正作用。陈独秀强调的新教育并非形式上的教育，"我所谓新，非绝对除去一切经史诗书考据……之谓，更在知其所以新之之道耳。譬如研究经史，而能知其新之之法则，则昔日读是圣经，考训话，讲道学，仍然是新。若不然，那怕日日读 ABCD，习数学，习理化，还不能够算得新，甚至比较旧的，还要差些呢！"[1] 可以看出，他对于新教育规律的领略。其明显针对的就是旧教育只注重形式而不研究教育

---

① 陈独秀：《新教育之精神》，《陈独秀著作选编（1919—1922）》第 2 卷，上海人民出版社 2009 年版，第 189 页。

本身的规律的弊端而言的。那么究竟新教育的规律是什么？他在经过认真比较中西方教育理念，以及继承当代一些教育家的思想的基础上形成了自己对于教育规律的看法，有以下几个要点："注意社会方面"、"以学生为主体"、"打破形式的教育，以实际为主"，从中可以看出，教育应当遵循为社会服务的规律，遵循学生为本的规律，遵循与实际相符合的规律。关于教育要遵循服务社会的规律，是因为人是社会的人，人与社会不可分离，因而教育出来的人必定应当为社会而效力，这就要讲求符合社会的客观需要，比如教授小学地理还是教授理科，都应当讲求实地考察的原则，而不是从书本出发，这样，"更好地就社会的实在情况研究"，才能使学生"能应用于社会，得实在的效果"①。关于教育要以学生为本位，前面已经讲过，这里不再赘述。至于教育要讲求实际，避免形式主义，陈独秀认为，中国的教育制度，自教育部起到国民学校，都是注重形式的，因此，他提出了打破形式主义教育的具体方法，就是"要打破形式教育，必先取消教育部人员起，因为他是最好讲形式的，取消了他们，然后注重实际的教育，庶几较易"②。如果从整体理解来讲，他所谓的新教育的规律就是要根本符合社会实际和学生个性发展的实际。这可以看作是教育上的实用主义思想，虽然其思想中有不完善的地方，但是对于改造当时的旧教育，改造旧社会，建立新教育、新社会，有着不可替代的作用。

---

① 以上未注之引文参见陈独秀：《新教育之精神》，《陈独秀著作选编（1919—1922）》第 1 卷，上海人民出版社 2009 年版，第 190—191 页。

② 陈独秀：《新教育之精神》，《陈独秀著作选编（1919—1922）》第 2 卷，上海人民出版社 2009 年版，第 192 页。

第七章 现代化的依靠力量和领导力量

关于现代化的依靠力量和领导力量的思想，是陈独秀社会主义现代化思想的又一重要内容。陈独秀从近代中国历史发展的事实中认识到：封建绅士不可能成为中国现代化的主体，知识分子也不可能成为中国现代化的主体，中国的现代化只能依靠广大人民群众，而要把人民群众组织起来，必须建立以先进理论武装的代表广大无产阶级利益的政党，这就是中国共产党。中国共产党代表着最先进生产力的发展要求，是最先进的政党，她以马克思主义为指导，因而能决定中国现代化发展的正确方向；她能团结最广大人民群众的力量共同奋斗，因而能赢得广泛的社会支持。中国共产党领导中国人民进行的新民主主义革命的成功实践表明，只有中国共产党才能救中国，只有社会主义才能救中国和发展中国。这是历史的选择。陈独秀关于现代化的依靠力量和领导力量的思想，对中国共产党后来制定正确的路线方针政策产生了重要影响。

第一节　中国现代化必须依靠
最广大人民群众

一、封建地主阶级不可能成为现代化的主体

"现代化的过程不是一个自发的自然的过程，而是在一定的社会关系中，借助一定的群体互动实现的。现代化是一个社会资本与群体利益再分配的过程，社会各阶层在现代化变迁中扮演的角色势必是不同的。"[①] 而社会发展变迁的历史证明，阶级或阶层也并不是一个绝对固定的概念，它本身具有开放性。比如，作为奴隶阶级，处于这一阶级中的个别或一部分人由于社会和自身所处历史条件的改变，也很有可能上升为作为统治者的奴隶主阶级。这样的转变就是阶级之间的流动性（这种流动，在社会学上被称为"社会流动"），这种流动性源于社会变迁的连续性。

现代化，作为一个由传统到现代的巨大社会变迁，其主体力量必然来自于传统社会内部。虽然中国现代化的动力来自外部，但现代化的主体力量只能从中国内部产生。这样，传统社会内部必然会发生阶级或阶层力量的重组，能否成为现代化的主体，关键看能否适应和代表现代化的客观要求。

就中国传统社会的组织结构而言，主要存在三大根本利益截然有别的阶层，即封建官僚阶层、士绅阶层和农民阶层。此外，还有

---

① 许纪霖、陈达凯：《中国现代化史》第 1 卷，学林出版社 2006 年版，第 16 页。

一部分商人和手工业者，他们虽然代表了新的经济基础，但是在小农经济占主导地位的封建社会，重农抑商、重农抑工是封建统治阶级的基本经济政策，因此，他们只能依附于小农经济，根本没有独立发展的可能。因而，商人和手工业者并不作为独立的利益集团存在。

从西方现代化的历程看，处于封建统治地位的封建地主阶级的阶级本性决定其不可能转化为现代化的主体。在中国，封建官僚阶层和士绅阶层在本质上都属于封建地主阶级。就所处社会地位来讲，封建官僚阶层是中央王权的权势阶层，依靠封建国家机器掌控着整个中华帝国的命运；封建士绅阶层虽然与封建官僚阶层有着同样的阶级利益，但是它听从于后者的指挥，受后者的管理和控制，主要负责维持社会底层的治安和教化。二者从中央和地方两个层面共同构筑了封建地主阶级的统治网络。明清以来，封建地主阶级的统治逐渐遭受到来自内部和外部的挑战，日益走下坡路。在这种时代和社会背景下，封建地主阶级为了继续维护自己的利益，巩固自身的统治地位，千方百计压制手工业和商业的发展，千方百计压制新兴阶级力量的生长，千方百计阻挠现代潮流的影响。作为专制权术和封建权威的驾驭者和维护者，封建地主阶层清楚地认识到，如果"中体"被动摇，那么就失去了赖以生存的基础，而对中国传统社会成功统治两千多年的历史，也使他们形成了对这种统治体制的绝对认同。因而他们想出的办法只能是在保证"中体"本位的情况下促使"中体"的变。

洋务运动就是封建地主阶级"中体西用"药方的典型试验。19世纪60年代到90年代，封建官僚阶级的代表曾国藩、左宗棠、李鸿章等先从"洋化"军务入手，在执政大臣的支持下，购买西方的洋枪洋炮，并设立军工厂仿造西洋的新式军舰和军用武器。后来随着大批士绅中的开明人士的参与，影响日益扩大。当时相继建立制造厂局、新式海军、新式学堂、翻译馆、工矿企业铁路等等，洋务运动一时间显示了积极的成效。但是这些新学和新技术，在封建地主阶级那里，只能是一种维护旧有统治的"面子工程"，他们不可能主动发展资本主义性质的手工业和商业，于是洋务运动的真实效果当然是微乎其微的。在推行洋务运动的过程中，封建官僚阶级越来越发现"中体"与"西用"之间的一种悖论：吸收现代因素越多，反而越预示了封建体制的不适应性。这正是现代化所要解决的根本问题。"中体西用"的模式终究被实践证明破产了。

历史证明，地主阶级的本性决定了封建地主阶级不可能成为现代化的主体。洋务运动失败后，封建官僚集团走上与帝国主义勾结以维护自身统治的道路，已是穷途末路；士绅阶层则在 1905 年科举制度废除后，迅速衰落。由此可见，陈独秀在探索中国现代化的主体时，地主阶级已经基本被淡出了他思考中国现代化出路的视野。

农民阶级由于阶级和历史的局限，也不可能成为现代化的主体力量，但可以通过组织将其凝聚起来参加革命。在中国传统封建社会，自给自足的小农经济决定了农民阶级占社会人口的绝大多数，在封建社会，他们无疑是推动社会生产力前进的主体。因此，只要小农经济的经济基础没有根本改变，农民阶级就占有社会人口的绝对数量。诚如陈独秀所说："在经济落后的殖民地半殖民地，不但农民占全人口之大半数，其国民经济之真正基础，还是农业；在这些地方之各种革命都不可忽视了农民的力量。"[1] 从阶级社会演进的角度来讲，任何统治阶级绝对是旧有体制的维护者，都不可能主动

---

① 陈独秀：《中国农民问题》，《陈独秀著作选编（1923—1925）》第 3 卷，上海人民出版社 2009 年版，第 94 页。

退出历史舞台，因此，来自统治制度方面的冲击和挑战都来自被统治阶级。在中国极为典型的封建农业经济的模式下，被统治者当然是农民阶级。他们反抗统治者的方式就是农民起义或农民革命，两千多年的封建历史说明，这的确是推进封建生产力发展的一种有效方式。然而农民阶级的本性决定了其利益诉求只能是一种谋求温饱的经济条件的改善，如果说存在所谓的农民阶级的政治理想，那就是改朝换代，转变为地主阶级。近代轰轰烈烈的太平天国运动，洪秀全等实施的农民"新政"就是典型的代表。因此，农民阶级虽然占有传统封建社会人口的多数，但其狭隘性、封闭性、分散性的阶级特性，决定了他们既不可能自己觉悟为封建专制制度的根本改造者，也不可能形成一支整体力量，成为新的社会变革的阶级基础，不具备转化为现代化主体的阶级条件。但陈独秀认为，农民是国民革命的"伟大势力"，一旦其"有了组织，便无人敢说连国民革命他们也一定不能加入"①。

二、旧知识分子和资产阶级新知识分子也不可能成为现代化的主体

知识分子是社会上专职从事脑力劳动的群体。知识分子作为群体力量的形成，是社会生产力发展的必然结果。在原始社会生产力极其低下的经济条件下，人们都为物的生产而活。由于原始交换的发展，逐渐分离出一部分人，他们不用亲自参加生产过程也能获得应有的物质产品。经济条件的改善和发展，必然要求有一部分专职从事文化教育、行政管理等社会事务，于是，脑力劳动者产生，这是社会发展进步的标志。而"知识分子"的称呼是晚近一二百年的

---

① 陈独秀：《中国国民革命与中国社会各阶级》，《陈独秀著作选编（1923—1925）》第3卷，上海人民出版社2009年版，第15页。

事情。[①] 作为脑力劳动者，知识分子具有思想性，由于掌握了思想和理论知识，因此，这些人往往有可能成为社会思想文化发展的先导力量。但是由于缺乏独立的经济基础，知识分子并不能作为一个独立的阶层而存在。在阶级社会中，它通常存在于社会上层，主要是统治阶级中。

有学者将近代知识分子进行了细致划分[②]，有参考意义。本书仅为了主题的需要及论述的方便，依据转型期知识分子强烈的时代性，将近代前后的知识分子作"新与旧"的划分，将传统社会的知识分子称为旧知识分子，而将倡导现代变革的知识分子称为新知识分子。

鸦片战争以来，以林则徐、魏源等为代表的地主阶级知识分子处于强烈的危机意识，开始探索在封建体制下的新出路。他们提出"欲制夷患，必筹夷情"，一度引领"开眼看世界"的潮流。以"师夷长技以制夷"为基本思路，他们翻译介绍了一批介绍西方天文地理、科学技术知识、风土人情等西洋读物，一时间开了风气之先。之后，又涌现出王韬、薛福成、郑观应、马建忠等洋务派知识分子，比魏源等进步的地方是，洋务知识分子经过一段时间对西学的揣摩和认识，形成了较为系统的西学主张。他们争先撰文立说，积极宣传西学，配合地主阶级实行的洋务运动实践，一时间在社会上产生了较大的社会影响。但是，地主阶级的知识分子普遍从传统封建体制下成长起来，深受经世哲学思想的影响。他们认为，传统体制就是稳定社会的有效方式，中国自古就是文明大国，几千年的发展，也积累了足以发展的物质财富，而西方的先进，也仅仅是技术上的先进，至于体制的话，当然还是应该延续中国土生土长的体

---

① 参见何晓明：《知识分子与中国现代化》，东方出版社 2007 年版，第 3 页。

② 参见何晓明：《知识分子与中国现代化》，东方出版社 2007 年版，第 18—21 页。

制。可以说，不管是林则徐、魏源等官僚派知识分子，还是王韬、薛福成、郑观应等洋务派知识分子，都把学习西方的先进知识当作维护传统体制的一种方式，首先突出的是一个"保"字，而没有根本改造的思想。这是基于封建小农经济条件下自我封闭、妄自尊大思想的反映。

随着资本主义民族工商业的发展，资产阶级的力量逐渐发展起来，因而产生了资产阶级的新知识分子。与以往知识分子不同的是，资产阶级新知识分子关注的是政治制度的变革。而根据主张变革程度的不同，又产生了维新派知识分子和革命派知识分子。新知识分子逐渐显示了远大于旧知识分子的能量——不管是维新派知识分子的"戊戌变法"，还是革命派知识分子发动的辛亥革命，都从体制上极大地打击了封建地主阶级的专制统治。"戊戌变法"是一场围绕王权的政治变革运动，康有为和梁启超为代表的知识分子在光绪帝的支持下，为变法作了较为充分的政治准备，他们不仅从理论上加以论证，而且深入到积极表达自身利益的政治实践中，"公车上书"就是维新派知识分子整体参与政治实践的典型事例。但是，不是因为他们准备不足，而是因为慈禧为首的封建地主阶级的中央统治势力太过强大了，懦弱的维新派根本不是他们的对手。于是，"戊戌变法"最终破产。在陈独秀看来，维新派知识分子之所以失败：一是由于只"主张在现政治之下谋行政及教育制度的改革，并未想到政治的根本改革及其准备"；二是"变法维新的方略，未曾在社会上坚筑改革派民众组织的基础"。[①] 这个归纳基本是符合当时实际的。以孙中山为代表的资产阶级革命派知识分子相比前者更为激进，他们中的大多数都有海外留学或接受西学教育的深厚背景，

---

① 陈独秀：《二十七年以来国民运动中所得教训》，《陈独秀著作选编（1923—1925）》第 3 卷，上海人民出版社 2009 年版，第 401 页。

因而在主张和实践上都更接近现代社会发展的客观要求。他们成立了中国历史上第一个资产阶级性质的政党——同盟会，从而宣告了新知识分子作为团体力量的出场。同盟会有自己的明确的章程，而他们的革命目标就是在中国实现资产阶级的"三民主义"，即民族、民权、民生。这些政治目标在封建社会体制下的人们看来，什么人的权利，什么民主平等，什么共和体制，都是想都不敢想的事情。资产阶级知识分子喊出了建立现代社会的要求。经过周密计划，他们最终发动武昌起义，成功推翻了满清王朝的统治。遗憾的是，他们所竭力倡导的民主共和的政治目标却因为软弱、妥协和退让归于流产。而在陈独秀看来，现代意义的辛亥革命之所以失败：其一是因为资产阶级革命派"只知排满不知共和"，忽视"民众真实的物质要求"，民主共和实际上被当作口号束之高阁；其二是"专力军事行动，轻视民众宣传及党的训练"，忽视占社会人口大多数的劳苦大众的力量；其三是"左派首领过于和右派妥协"①，直接导致了到手的政权为反动军阀所窃取。当然，陈独秀并没有完全否认新知识分子的作用。他认为，知识分子是革命的，但政治观念是动摇不定的，既可能有革命的功劳，也会有反革命的罪恶。但他指出，由于西方文化的输入，"新的士的阶级代之而兴"，现在及将来的革命运动，"知识阶级中之革命分子，在各阶级的连锁作用，仍然有不可轻视的地位"②。

总之，地主阶级的旧知识分子不能代表中国现代化发展的客观要求，因而不能成为现代化的主体力量；资产阶级的新知识分子虽

---

① 陈独秀：《辛亥革命与国民党》，《陈独秀著作选编（1923—1925）》第 3 卷，上海人民出版社 2009 年版，第 375 页。

② 陈独秀：《中国国民革命与社会各阶级》，《陈独秀著作选编（1923—1925）》第 3 卷，上海人民出版社 2009 年版，第 157 页。

然是新生产力的代表，但是他们力量薄弱，无论从数量占有上还是利益诉求上都不能代表中国现代化的真实要求，因此不能成为现代化的主体。

三、只有最广大人民群众才是中国现代化的主体

人民群众是历史的创造者，是历史唯物主义的基本原理。历史唯物主义认为，社会存在决定社会意识、生产方式决定社会发展，人类社会的历史从根本上说是生产发展的历史，人民群众是推动社会生产力向前发展的主体力量，因而历史是由广大人民群众创造的。马克思主义清楚地界定了人民群众的内涵，这个群体既区别于少数英雄人物或社会精英，也不是阶级社会的统治者，按照阶级派别划分，它包括了亲自创造物质文明和精神文明的奴隶、农奴、农民、工人和知识分子，也就是体力劳动者和脑力劳动者。人民群众是社会物质财富的创造者，是人类精神文明的创造者，是社会发展的决定力量。在人类迈向现代化的征程中，只有人民群众才是现代化的主体力量。

中国现代化必须依靠最广大人民群众。中国近代历史发展的实践早已证明，封建地主阶级和旧知识分子都不可能成为现代化的主体，只有最广大人民群众才是中国现代化的主体。如果没有人民群众的参与，现代化就不可能得到推进。这也是近代以来很长时间里，中国的现代化迟迟没有得到推进的一个重要原因。事实是，在中国共产党领导新民主主义革命之前，中国人一直没有找到现代化的主体依靠力量。其主要原因可以归结为，广大民众缺乏对自身责任和使命的自觉意识，也就是说，缺乏参与现代化的主动性。

陈独秀的伟大贡献就在于，他首先意识到了人民群众在改造社

会实践方面的重要作用，而在中国现代化极度迷茫的时候，他敏锐地认识到了唤起广大民众参与改造社会的觉悟的重要性，发动了以启蒙为主题的新文化运动，在此基础上通过建立广大民众自己的政党，领导他们积极参与推进中国现代化的历史进程。

开启民智的新文化运动，是一场伟大的思想解放运动，为中国社会主义现代化提供了良好开端。陈独秀作为五四运动的总司令，无疑为此作出了伟大贡献。

第一，勇敢地举起反封建的大旗，打破人们思想上的枷锁。孔教是陈独秀反封建的核心。陈独秀认为，只有破除孔教对人们思想的束缚，才能解放民众思想。他视"孔教"为旧，以"欧化"为新。这种观点虽然有点绝对，但是在当时对已经被封建思想和制度束缚、尘封了几千年的中国社会和国民思想而言，对于一直想要寻求中国现代化出路的中国来讲，不能不说是一剂良药。陈独秀反封建、"打倒孔家店"的决心异常坚定。陈独秀这种坚决而彻底反封建主义的战斗精神，影响着许许多多有识之士投入到反封建的思想斗争中，因而使长期禁锢国人思想的封建统治遭到重创，为后来马克思主义在中国的广泛传播从思想上扫清了道路。更为重要的是，反封建的思想斗争，开启了民智，唤醒了民众，从而使改造旧社会的力量变得越来越强大。

第二，积极宣传以民主与科学为核心的现代化新理念，开阔了人们的眼界。陈独秀反封建的武器是民主与科学，为当时的中国社会注入了新鲜血液，从思想文化领域打开了中国现代化的大门。尽管陈独秀当时所宣传的民主与科学是资产阶级上升时期宣扬的理念，与马克思主义所讲的民主与科学在性质和程度上还有诸多不同，但是民主与科学作为现代化的新思想，对于冲破封建主义的束缚，解放人们的思想，起到了十分重要的作用。后来的实践证明，如果不破除封建主义的桎梏，就不会有民主意识和民主思想的产生，也不会有科学精神的张扬，更谈不上马克思主义在中国的传播。

第三，唤醒现代国民集体意识，为实现中国现代化找到了现实的主体。任何一种新思潮要想取得胜利，其深厚的力量源泉在于人民大众。在中国近代思想史上，陈独秀首先认识到了唤醒国民集体意识对于改造中国、寻求出路的必要性和重要性。他从以往历次革命失败的教训中认识到，过去革命的失败首先在于没有唤起"多数国民之自觉"①。因此，他重视改造国民性在改造中国传统社会方面的重要性，强调从思想上唤醒全体国民的集体自觉。

此外，科学的理论，只有为广大民众所掌握，才能成为改造社会的锐利武器。马克思主义中国化的首要目标是用马克思主义武装广大人民群众，解决中国的实际问题。因此，这里也有一个科学的理论与人民群众相结合的问题。陈独秀在唤起"吾人最后之觉悟"的基础上，结合自己对先进理论武器的探索，在迅速掌握马克思主义的理论武器后，立即投身于用马克思主义武装广大人民群众的伟大实践中。他一方面延续新文化运动以来进行思想宣传的思路，更突出的另一方面是，将科学的理论直接运用于指导改造社会的实践。这一时期他十分关注工人阶级的成长，这与五四运动后工人阶级力量的壮大有着直接关系。在理论宣传方面，他创办了《劳动界》、《伙友》等通俗易懂的面向工人的刊物，撰写了《劳动者的觉悟》、《答知耻》、《上海厚生纱厂湖南女工问题》等一系列启发工人觉悟和斗志的文章，在实际行动中，亲自深入工厂对工人的生存

---

① 陈独秀：《吾人最后之觉悟》，《陈独秀著作选编（1897—1918）》第 1 卷，上海人民出版社 2009 年版，第 203 页。

状况进行调查研究，还积极创办工人夜校，并亲自为工人去讲课，鼓励工人阶级组建自己的工会组织，与资产阶级进行有组织的斗争等等。除了促进马克思主义与工人阶级的结合外，在当时，陈独秀还采取多种措施试图充分调动一切可以团结的力量一起战斗，中国共产党的成立并且有越来越多的工人和农民以及知识分子的加入，足以说明用理论的魅力以及理论一经群众掌握所产生的强大社会力量。

第二节　中国现代化必须注重人的现代化

一、实现中国现代化，必须首先注重改造国民性

现代化包含物的现代化和人的现代化两个方面。这两方面相互依存、相互制约、相互促进，其中，人作为现代化的主体力量，是实现物的现代化的前提；而物的现代化的出发点和最终目的是人的现代化。人的现代化是现代化进程中核心和主导的方面。马克思在《〈黑格尔法哲学批判〉导言》中就提出了"人是人的最高本质"的基本命题，也就是说人是人的一切社会行为的原因和最终目的，人的价值的实现程度是衡量一切社会生活和社会生产的尺度。他在《共产党宣言》中又明确提出了以实现人的自由全面发展为最终目标。可见，马克思高度关注人的现代化问题。结合我们的现实，现代化最终应该以实现人的价值，促进人的全面发展为最终目标，具体来讲，就是最终实现人的现代化。

在近代中国，关于人的现代化的探索，主要集中于国民性改造

问题上①。有学者指出："近代国民性思想的实质是在实现传统社会向近代转型的过程中，追求人的近代化（或现代化），也就是说，在逐步实现经济工业化，政治民主化、思想文化多元化的同时，实现社会主体——人的自身文化观念、社会心理和行为方式等方面的近代转换。"② 这就说明了近代国民性改造的缘起、具体内容及其目标。

陈独秀关于改造国民性的思想在近代国民性改造中占有重要地位。改造国民性的思想贯穿于陈独秀经济、政治、文化现代化的思想中，是陈独秀现代化思想的重要组成部分。

第一，改造国民性的必要性。实现中国现代化，必须首先注重改造国民性，这是陈独秀发动和领导新文化运动的基本出发点，也是陈独秀现代化思想的基本出发点。其潜在逻辑是陈独秀意识到了全体国民是改造社会的主体力量，在近代中国落后、衰败的背后，他看到的是广大民众自觉意识的滞后。他认为，"国民性质的好歹"决定着国家的存亡。中国落后的重要原因就在于国民的劣根性，主要表现为懒惰、放纵，自由散漫，在本质上是一种不思进取、顽固保守的惰性。于是在国家与个人的关系问题上，缺乏爱国心，这是导致中国很轻易地遭受帝国主义列强侵略的直接原因。在深入分析中国近代以来各派力量寻求富国强民之路成败得失的基础上，陈独秀认为，要根本拯救民族危机，寻找现代化的出路，必须有广大民众的积极参与，否则都将功亏一篑。他的结论是，"欲留根本之救亡，所需乎国民性质行为之改善"，否则，"一国之民，精神上，物

---

① 关于"国民性"的概念，目前学术界的界定不一而足。本书无意纠缠于基本概念的探讨，仅从其本质上把握，即将"国民性"理解为国民的基本素质。

② 袁宏亮：《人的现代化——中国近代国民性改造思想研究·序》，人民出版社2005年版，第11页。

质上，如此退化，如此堕落，即人不我伐，亦有何颜面，有何权利，生存于世界？"①于是他提出了唤醒"吾人最后之觉悟"的思想，主张采用西方资产阶级的"民主"和"科学"的理论武器改造国民性。新文化运动的思想解放的伟大意义就在于此。

第二，陈独秀改造国民性思想的主要内容。

陈独秀改造国民性思想的内容随着他个人思想认识变化而发展变化，体现出鲜明的阶段性。改造国民性思想是他政治思想的重要内容。因此，不同时期的不同的政治立场决定着其改造国民性思想主要内容的不同。这样的改变主要体现为资产阶级民主思想、社会主义思想、资产阶级民主思想三个阶段，前两个时期的改造国民性思想较为集中，至于晚年他在国民性方面的思考和论述较少，在这里不作论述。这里，本书主要以陈独秀改造国民性思想的几个主要变量来说明：

其一，关于改造的方向。在新文化运动时期和中共建党初期，他用以改造国民性的指导思想不同，在前一时期主要以资产阶级上升时期的民主思想为指导，在后一阶段则以马克思主义为指导。陈独秀认为要唤醒国民对于中国前途的集体自觉，必须关注两方面的觉悟：一是政治觉悟，包括参与国家政治生活的意识、建立自由自治的国民政治、建设民主政治之自觉自动三步；二是伦理的觉悟，即废除与民主共和、自由平等独立原则不可调和的旧道德。

其二，关于改造的对象。"五四"以前，陈独秀对"国民"这个群体的认识是除反动统治阶级之外的所有社会力量，对国民范围的划定也很模糊，但是，这一时期，他的国民概念则突出以青年为重点，而青年中则又以青年知识分子为重点。这一时期，陈独秀在

---

① 陈独秀：《我之爱国主义》，《陈独秀著作选编（1897—1918）》第 1 卷，上海人民出版社 2009 年版，第 231 页。

北大的宣传和实践及其所影响到的群体，就说明了这一点。五四运动之后，随着陈独秀对中国社会阶级力量状况的认识的加深，他将工人阶级作为"国民"的主要群体，致力于向广大工人阶级宣传马克思主义的基本理论，启发他们的政治和经济觉悟，引导他们担当社会主义革命的历史重任。相比较这一时期，对于同样为劳动阶级的农民阶级陈独秀则关注较少。

其三，关于改造的方式。在五四新文化运动时期，陈独秀主要专注于国民思想的改造，对于改造的效果由于没有实际的标准，因而这一时期的国民性并没有得到大的提升。在中共建党前后，由于对中国社会发展前途认识的变化，陈独秀认为一切思想理论主张，都应该尽快运用于改造社会的实践中，因此这一时期，他既积极宣传社会主义思想，从思想上武装广大工人阶级，又尤其注重工人运动的实践斗争，国民性改造的目标更加明确，就是要为推翻封建主义、帝国主义、封建军阀的统治，建立工人阶级当家作主的无产阶级专政政权而奋斗。

从以上分析来看，陈独秀关于改造国民性的思想，目标越来越明确，对象越来越具体，途径越来越多样。

第三，陈独秀改造国民性思想的历史意义。

任何一种新思潮要想取得胜利，其深厚的力量源泉在于人民大众。在中国近代思想史上，陈独秀首先认识到了唤醒国民集体意识对于改造中国、寻求出路的必要性和重要性。他从以往历次革命失败的教训中认识到，过去革命的失败首先在于没有唤起"多数国民之自觉"[1]。因此，他重视改造国民性在改造中国传统社会方面的重要性，强调从思想上唤醒全体国民的集体自觉。陈独秀关于改造国

---

[1]　陈独秀：《吾人最后之觉悟》，《陈独秀著作选编（1897—1918）》第1卷，上海人民出版社2009年版，第203页。

民性的思想，在中国现代化史上具有十分重要的意义。正是由于他
用资本主义的先进的伦理道德去批判封建主义落后的伦理道德，才
使积淀在国民心灵深处的封建统治阶级的意识发生动摇，才使中国
人的思想得到了一定程度的解放，从而为马克思主义在中国的传播
创造了思想条件。在"改造国民性"的思想运动中，与同时代的其
他人比较，陈独秀具有更加激进的立场和强烈的政治色彩。陈独秀
关于"改造国民性"的主张，虽然是重在提高国民的伦理道德觉悟，
但从他的整个活动来看，始终没有离开政治斗争的主题，始终是把
封建伦理道德作为政治变革的障碍而加以清除的。这为其后马克思
主义在中国的传播和中国现代化选择社会主义发展方向起到了承前
启后的作用。

二、现代化的未来在青年

陈独秀从进化论的角度，论述了青年在现代化过程中的重要作
用。他的这些思想集中体现在《敬告青年》一文中。他首先从人本
身的角度，论述了青年在人生中的重要地位。在他看来，"青年如
初春，如朝日，如百卉之萌动，如利刃之新发于硎，人生最可宝贵
之时期也。"对于社会来讲，"犹如新鲜活泼细胞之在人身"。认为
"将来必胜于过去，青年必胜于老人"。按照新陈代谢的规律，"陈
腐朽败者无时不在天然淘汰之途，与新鲜活泼者以空间之位置及时
间之生命"，"人身遵新陈代谢之道则健康，陈腐朽败之细胞充塞人
身则人身死；社会遵新陈代谢之道则隆盛，陈腐朽败之分子充塞社
会则社会灭亡"。青年是国家和民族的希望，也是社会发展的希望。
中国的进步要依靠青年思想的进步。

封建专制主义体制严重压抑了青年的特性，不利于人的成长，

更不利于社会进步。一方面，青年的特性被严重压抑，另一方面
则是青年长期不能觉悟自身的价值和使命。陈独秀深刻分析了旧
体制下中国青年的现状。"吾见夫青年其年龄，而老年其身体者十
之五焉；青年其年龄或身体，而老年其脑神经者十之九焉。"如果
说青年人从身体素质上来讲，还可以看作是青年，那么多数青年
在头脑中则存在严重的"老化状况"，正如他所说："华其发，泽其
容，直其腰，广其膈，非不俨然青年也；及叩其头脑中所涉想所怀
抱，无一不与彼陈腐朽败者为一丘之貉。"因此，青年作为最具活
力的社会群体，尚且如此，整个社会的精神状态窒息之至，可见一
斑。"五四"以前的中国社会就是这样一种状况。照这样下去，他
指出，"于人身则死，于社会则必亡"，因此，陈独秀明确指出："欲
救此病，非太息咨嗟之所能济，是在一二敏于自觉勇于奋斗之青
年，发挥人间固有之智能，抉择人间种种之思想——孰为新鲜活泼
而适于今世之争存，孰为陈腐朽败不容留置于脑里——利刃断铁，
快刀理麻，决不作牵就依违之想，自度度人，社会庶几其有清宁之
日也。"①

　　只有唤起青年人对自身责任的自觉意识，中国的现代化才有希
望。他指出，"惟属望于新鲜活泼之青年，有以自觉而奋斗耳"②。那
么，什么是自觉？自觉的内容是什么？他指出："自觉其新鲜活泼
之价值与责任，而自视不可卑也。"③陈独秀反对封建专制体制下家
族主义对青年的危害，主张青年自觉意识到自己不仅有自我发展的

---

① 陈独秀：《敬告青年》，《陈独秀著作选编（1897—1918）》第 1 卷，上海人民出
版社 2009 年版，第 159 页。

② 陈独秀：《敬告青年》，《陈独秀著作选编（1897—1918）》第 1 卷，上海人民出
版社 2009 年版，第 158 页。

③ 陈独秀：《敬告青年》，《陈独秀著作选编（1897—1918）》第 1 卷，上海人民出
版社 2009 年版，第 158 页。

权利和自由，更重要的是，青年作为社会进步的重要力量，担负着推进未来社会历史发展的重任。只有自觉意识还不够，必须付诸社会实践，只有通过投身社会实践，个人的价值才能得到最终体现。这个投身实践的过程就是奋斗的过程，其结果，一方面可以促进和完善个人自身素质，另一方面则在于推动社会历史的向前发展。陈独秀认为，要改变中国社会的落后状况，首先要唤起广大青年的思想觉悟，新文化运动的任务是变"旧青年"为"新青年"。

既然，青年的责任如此重大，那么现代青年应该具有怎样的品格才能担负起改造社会，推进社会发展的历史重任呢？在《敬告青年》一文中，陈独秀从促进人的发展的视角，对青年提出了六条要求和原则，也可以说是青年人应具有的六种品格。

其一，"自主的而非奴隶的"。陈独秀深受西方资产阶级民主主义思想的影响，认为人是生来自由的，自由独立是人的天性。可惜，自人类进入阶级社会以来，剥削阶级压制人性，剥夺人本应具有的独立自由的权利，致使人们丧失独立人格，沦为被奴隶的地位，因此"奴隶"是个人自由独立发展的大敌。他总结欧洲近代历史在促进人的发展方面，最大的功劳就是使人们摆脱了被奴隶的地位。而"解放"则是由"奴隶"到"自主"的唯一途径。不过陈独秀在此指的"解放"主要是青年自觉起来的思想解放，这里还没有认识到依靠社会先进力量赢得解放。不管怎样，从人的现代化的角度，解放被压抑的人性是现代化的基本内容。

其二，"进步的而非保守的"。陈独秀指出，"不进则退"是"宇宙之根本大法"，任何力量都不能违背。世界现代化的大潮汹涌而至，而中国却沉睡在一种自我封闭、故步自封的迷梦中。不仅青年如此，整个社会亦如此。这是何等悲哀！陈独秀从社会进化的角度，批判了中国传统封建社会的落后和保守。比如"残民害理的妖言"，"固有之伦理，法律，学术，礼俗"，这些"无一非封建制度之遗"，这些落后保守的东西严重压制了青年的成长，严重阻碍了社会的发展进步。这是与社会的进步相反的，必将为社会发展潮流所抛弃。于是，为了挽救民族存亡，挽救青年，他大声疾呼："吾宁忍过去国粹之消亡，而不忍现在及将来之民族，不适世界之生存而归削 [消] 灭也"①，他要求，青年要积极进取，以国家民族之进步为己任。

其三，"进取的而非退隐的"。陈独秀认为，西方资本主义社会的进步繁荣就是资产阶级积极进取的人生观决定的，而东方社会则普遍奉行"闲逸恬淡"的社会风气，不知道与天命抗争，不知道与残酷的社会现实抗争，这种人生观导致了中国的落后。因此，就青年个人的成长来讲，就是要建立积极进取的人生观，敢于与不满的社会现实抗争，敢于与命运抗争，而不应该苟且偷安。在他看来，作为社会最具活力的群体，青年尤其应该积极进取。在这一点上，他提出了自己的期望："吾愿青年之为孔墨，而不愿其为巢由；吾愿青年之为托尔斯泰与达葛尔（R.Tagorc 印度隐遁诗人），不若其为哥伦布与安重根！"②他认为，现代青年应该"百尺竿头，再进一步"。现在看来，这也是永不知足的一种进取精神。

其四，"世界的而非锁国的"。陈独秀认为，20 世纪以来，现代化的潮流已经波及世界各国，国与国之间的碰撞交流已经成为一种不可回避的事实。他说："万邦并立，动辄相关"，"举凡一国之

---

① 陈独秀：《敬告青年》，《陈独秀著作选编（1897—1918）》第 1 卷，上海人民出版社 2009 年版，第 160 页。

② 陈独秀：《敬告青年》，《陈独秀著作选编（1897—1918）》第 1 卷，上海人民出版社 2009 年版，第 161 页。

经济政治状态有所变更，其影响率被于世界，不啻牵一发而动全身也。"因此，"无论其国若何富强，亦不能漠视外情，自为风气。"他以近邻日本在近代的崛起及其对中国的影响为例，"日本勃兴，以促我革命维新之局；欧洲战起，日本乃有对我之要求。"从一国的兴废存亡的角度来看，如果不知道把握世界情势，不积极应对世界的发展变化，就会沦落到亡国的境地。陈独秀批评那些以中国之"特别历史国情"而反对对外开放的人，称他们"犹有锁国之精神，而无世界之智识"，犹如闭户造车。因此，中国要富强，就必须改变闭关锁国、闭门造车的传统思路。担负复兴民族重任的新时代的青年，更应该认清世界发展的大趋势，做具有世界意识和开放意识的新青年。

其五，"实利的而非虚文的"。从英国约翰·弥尔顿的"实利主义"和法国孔德的"实验哲学"出发，陈独秀认为，崇尚"实利"，则社会就会获得实质上的进步；反之，崇尚"虚文"，则必将为现代社会所抛弃。近代欧洲资本主义国家的崛起，就是证明。"最近德意志科学大兴，物质文明，造乎其极，制度人心，为之再变"，"举凡政治所营，教育之所期，文学技术之所风尚，万马奔驰，无不齐集于厚生利用之一途。"可见，注重社会现实需要对于社会发展的重要性，而中国"自周汉两代而来，——周礼崇尚虚文，汉则罢黜百家而尊儒重道。——名教之所昭垂，人心之所祈向，无一不与社会现实生活背道而驰。"而中国传统社会在近代遭受列强侵略的事实，足以证明封建社会所尊崇的"虚文"对于社会的发展"皆一文不值"，陈独秀指出："倘不改弦而更张之，则国力将莫由昭苏，社会永无宁日。"① 因此，新青年应该自觉破

① 以上未注之引文参见陈独秀：《敬告青年》，《陈独秀著作选编（1897—1918）》第 1 卷，上海人民出版社 2009 年版，第 160—162 页。

除封建传统中崇尚玄虚的影响，注重社会实际，注重社会效用，主动适应中国和世界发展的客观趋势，切实为中华民族的"国富民强"而努力！

其六，"科学的而非想象的"。陈独秀认为，科学和想象是天生对立的。科学是综合客观现象而形成的主观理性认识；想象则是建立在幻想基础上的主观臆断，二者的根本区别就在于是否讲究"实证"精神。他认为，近代欧洲资本主义的发达，就是讲求"事事求诸证实"的科学精神的结果。而中国社会的现状是"士不知科学"、"农不知科学"、"工不知科学"、"商不知科学"，致使整个社会普遍"无常识之思"，这是近代中国社会停滞不前的重要原因。陈独秀认为，科学原则是世间万物发展演进的根本法则，因此，科学精神就是要尊重社会发展的客观实际，一切从实践出发，最后又从实践中得到检验，相比于想象，虽"步度诚缓"，却是"步步皆踏实地，不若幻想突飞者之终无寸进地"，因此，他告诫青年，"欲脱蒙昧时代，羞为浅化之民也，则急起直追，当以科学与人权并重"[①]。

陈独秀关于现代青年品格的这些描述，对于当时处于彷徨、迷茫境地的青年来讲，起到了巨大的鼓舞作用。在他的影响下，许多进步青年主动行动起来，积极撰写文章，创办报刊社等，大胆攻击旧思想，宣传新思想，纷纷为挽救民族危亡、寻求中国之出路建言献策。这六种品格，在当时给人以振作的精神和极大勇气，是青年人新生的方向。在今天来讲，仍具有重要的启迪意义。

---

①　陈独秀：《敬告青年》，《陈独秀著作选编（1897—1918）》第 1 卷，上海人民出版社 2009 年版，第 162—163 页。

第三节　中国共产党是中国
现代化的领导力量

一、陈独秀关于建党的思想

政党是近代民主政治发展的产物。在早发内源型现代化国家，政党是现代化和民主化的产物，是新政治秩序的适应者和完善者；在后发外源型现代化国家，政党是现代化的推动者和倡导者，是旧的政治秩序的破坏者和新的政治秩序的创造者。自从18世纪政党在英国议会出现以来，世界上许多国家的现代化发展都是在各种各样的政党直接或间接指导下展开的。

五四运动后，由于马克思主义的广泛传播，工人阶级队伍的成长壮大，一个新型的政党——无产阶级政党产生的思想条件、阶级条件已经具备。陈独秀积极投身于政党建设的实践之中，并在马克思主义的指导下成功地建立了无产阶级政党——中国共产党。

陈独秀的建党思想是在实践中不断发展和完善的。在接受马克思主义的指导后，陈独秀就力图按照马克思列宁主义的建党思想和原则来组建中国共产党。他的建党思想主要包括以下几方面内容：

关于党的性质。一个政党的性质就是看它代表哪个或哪些阶级的利益，即为谁服务的问题。马克思主义认为，无产阶级政党是无产阶级的先锋队，是代表工人阶级和农民阶级的利益的政党组织。陈独秀在决定组建中国共产党之初，就已经认清了这个政党所要代表的阶级的利益。而为大多数人谋幸福也是他奋斗的目标。在中国共产党创立之前，陈独秀就认识到"世界上只有做工的人最有用"，他们才是社会革命的"台柱子"，因而组建代表广大"做工的人"利益的政党，以在这个政党统一领导下，实现"做工的人"的利益和愿望。陈独秀赞同建立无产阶级专政的人民政权，并通过暴力革命的方式最终实现无产阶级的奋斗目标。在陈独秀思想的影响下，"一大"的大部分代表最终通过了一个原则性的立场就是"以实现无产阶级专政为党的基本任务"，而最后通过的党纲中则明确表示党的目标是"以无产阶级革命军队推翻资产阶级，由劳动阶级重建国家，直至消灭阶级差别"，"采取无产阶级专政，以达到阶级斗争的目的——消灭阶级"①。

关于党的指导思想。马克思主义的精髓就是坚持无产阶级革命和建立无产阶级专政。一个政党的基本纲领就是区别于其他政党的基本标志。无产阶级的政党就是要承认马克思主义的建党思想，因而就是坚持无产阶级革命和建立无产阶级专政，这就根本不同于资产阶级政党，不同于社会民主主义政党，不同于无政府主义派别。陈独秀在同早期共产主义者组建共产党时，就曾探讨过党的章程问题。据李达回忆，早年在上海建立共产党的早期组织的时候，"当时还曾起草一个党章草案，由李汉俊用两张八行信纸写成，约有六、七条，其中最主要的一条是'中国共产党用下列的手段，达到社会革命的目的：一、劳工专政，二、生产合作。'"②而通过暴力革命的方式建立无产阶级专政是陈独秀从未动摇过的想法，为此，他与社会民主主义者和无政府主义者作了坚决斗争。陈独秀关于中国共产党必须坚持马克思主义为指导的思想，也体现在中国共产党创建初期所规定的接收党员的条件中。据陈潭秋回忆，当时陈独秀认为"不论成分，学生也好，大学教授也好，只要他们信仰马克思主义，了解马克思主义与宣传马克思主

---

① 研究组：《"一大"前后》（一），人民出版社 1980 年版，第 9 页。

② 研究组：《"一大"前后》（二），人民出版社 1980 年版，第 7 页。

义的即可入党，至于是否实际参加党的一定组织担负党的一定工作，他认为是不关重要的"，而当时这一看法得到了大多数代表的认可。①后来党的一大正式宣告中国共产党的诞生，同时也宣告了党的这一马克思主义建党思想的确立。可见在陈独秀思想中，他是把坚持马克思主义的指导思想摆在首位的。这一指导思想在他领导下的最终确立，对于中国共产党的建设具有决定性意义。

关于党的组织原则。党的组织建设至关重要。陈独秀主张按照列宁的建党原则建党，就是在党内实行民主集中制。据张国焘的回忆，陈独秀在"一大"之前，曾经托广州代表陈公博带信给参加一大的会议代表，信件主要强调的其中一个重要问题就是党的组织原则问题，张国焘回忆道："陈独秀的四条意见我已不能记忆清楚，据《苏联阴谋文证汇编》第二册（1—47）所载中共简明历史称系：'一曰培植党员（按即征求党员）；二曰民权主义之指导（按即民主集中制的组织原则）'；三曰纪纲（按即注重纪律的要点）；四曰慎重进行征服群众政权问题（按即目前主要工作为争取群众），为将来夺取政权之准备……"②在民主和集中两方面，他更为强调集中的重要性。一定程度上讲，之所以组建共产党，其中一个原因就是要形成集中，而党内自身的集中更为重要。陈独秀在《讨论无政府主义——给区声白的三封信》中就集中说明了这个问题，他指出："劳动团体底权力不集中，想和资产阶级对抗尚且不能，慢说是推倒资本阶级了；因为权利不集中各团体自由自治起来，不但势力散漫不雄厚，并且要中资本阶级离间利用和各个击破的毒计，我所以说：权力集中是革命的手段中必要条件。"③可见，集

---

① 参见研究组：《"一大"前后》（二），人民出版社 1980 年版，第 287 页。

② 研究组：《"一大"前后》（二），人民出版社 1980 年版，第 173 页。

③ 陈独秀：《谈论无政府主义》，《陈独秀著作选编（1919—1922）》第 2 卷，上海人民出版社 2009 年版，第 404 页。

中是党建的基本原则。另一方面，必须实行党内民主。陈独秀反对采用国民党的党魁制，主张实行更为民主的委员制，从委员中推举一个书记负责联络，其他委员则分管宣传、组织等方面的一切工作。为了防止形成领导权力的过分集中，他强调，"减低书记的职权，遇事公决；这不仅可以确立党内民主的作风，也可以杜绝党魁制的个人独裁和官僚式的流弊。"① 可见，他对中国共产党的实行民主集中的组织原则是有着清醒的认识的。

　　陈独秀关于建党的思想的形成不是偶然的，而是国内外客观实践发展变化和主观认识的发展使然。其一，他从中国现代化的历史进程中明显地感觉到，当时中国社会总体上表现出来的"一盘散沙"，需要一种先进的政党组织凝聚彻底改造社会的力量。其二，马克思主义理论和俄国社会主义实践的影响。从马克思主义那里，他首先认识到建立无产阶级政党的必要性和重要性，而俄国布尔什维克党领导的革命实践更促使陈独秀下决心组建劳动群众自己的政党。其三，陈独秀对于中国政治前途的高度关怀。从新文化运动的总司令到建立中国共产党的领袖人物，到党的总书记，陈独秀对于中国政治前途极为关注。中国现代化的多次挫折使他逐步清醒地认识到，政治与政党有着不可分割的关系。而要改变无产阶级及广大劳动人民的命运，首先必须使无产阶级集合起来，形成新的"集合力"，推翻反动阶级的统治②。

---

　　① 研究组：《"一大"前后》（二），人民出版社 1980 年版，第 137 页。

　　② 陈独秀曾明确表示："我主张解决现在中国的政治问题，只有集中全国民主主义的分子组成强大的政党，对内倾覆封建的军阀，建设民主政治的全国统一政府，对外反抗国际帝国主义，使中国成为真正的独立国家，这才是目前扶危定乱的唯一方法。"参见陈独秀：《对于现在中国政治问题的我见》，《陈独秀著作选编（1919—1922）》第 2 卷，上海人民出版社 2009 年版，第 470 页。

二、陈独秀对于中国共产党建党的贡献

陈独秀领导创立了中国共产党，找到了实现中国现代化的领导力量。

第一，积极传播和宣传马克思主义，促成了马克思主义与中国实际的结合。

如果说五四新文化运动中，陈独秀对于马克思主义中国化的贡献是无意识的，那么此后，随着他由民主主义者转变为马克思主义者，在认定马克思的科学社会主义是能够指导中国进步、改造中国社会的科学指导思想之后，他就开始将这种科学理论应用于指导中国革命的具体实践。

他在接受马克思主义之后，就开始在广大工人群众中，积极宣传马克思主义，为马克思主义中国化奠定了思想基础。关于马克思主义哲学，他宣传介绍了唯物史观，阐明了无产阶级进行革命的基本立场观点和方法。关于政治经济学，他宣传介绍了剩余价值学说，揭露了资本主义社会人吃人的罪恶，使长期遭受剥削压迫的劳苦大众懂得了"命苦"的根源。这就为中国共产党的诞生作了思想上的准备，为后来的工人运动提供了合法性依据。关于科学社会主义学说，他着重宣传介绍了无产阶级革命和无产阶级专政的理论，强调无产阶级和其他劳苦大众要彻底摆脱贫困，就必须运用强力，彻底征服资产阶级，实行无产阶级专政。陈独秀在初步掌握了这些马克思主义观点后，还以此为武器，同无政府主义作了坚决的斗争。在斗争中，也通俗地解释了"强力"的阶级性和无产阶级专政的性质、作用，有力地驳斥了反马克思主义者的种种谬论，这对启发国民觉悟，捍卫马克思主义起到了极大作用。

陈独秀采取多种措施努力提高工人阶级的政治觉悟，促进了马克思主义与工人运动的结合。他亲自到工人中进行调查研究和演讲，通过多种方式向工人宣传马克思主义，努力启发工人觉悟。他希望工人们尽快觉悟起来，认识到自己的伟大力量和历史使命。为了推动工人运动，他积极组织创办、出版了工人刊物——《劳动节纪念号》(《新青年》第7卷第6号)，着力反映上海、北京、天津、长沙、芜湖、无锡、南京、唐山等地工人的状况，介绍各国劳动组织和工人运动的状况。为使不识字的工人也能受到马克思主义的教育，他还积极创办工人夜校，并亲自为工人去讲课。无论是演讲、办刊物、讲课，还是撰写文章，陈独秀都十分重视贴近工人实际，注意通俗易懂，深入浅出，因此在工人中赢得了极大声望。这也是他后来被选为党的领导人的一个重要原因。

陈独秀注重培养具有马克思主义知识和觉悟的先进分子，为建立无产阶级政党准备了干部基础。启发青年觉悟，是陈独秀发起新文化运动、创办《新青年》的最直接的出发点。伴随《新青年》的成长，陈独秀身体力行，以实际行动唤醒和影响着中国渴望寻求真理、渴望自由民主独立的先进知识分子。在他和他创办的《新青年》的影响下，许多热血青年纷纷参加到救国救亡的运动中来，他们或发表文章、或成立和组织青年社团等，迎接新的革命高潮的来临。在陈独秀和《新青年》所造成的宣传马克思主义的氛围下，1920年以后，一批先进的知识分子相继在思想上逐渐坚定了自己的马克思主义信仰，北京的高君宇、黄日葵、何孟雄、张太雷、贺昌，上海的李达、陈望道、李启汉、俞秀松，江西的方志敏、袁玉冰，武汉的陈潭秋、施洋，湖南的何叔衡、彭璜、夏明翰，山东的王尽美、邓恩铭，广东的阮啸山、杨匏安，陕西的李子洲、魏野畴等，先后成为各地马克思主义宣传活动的领导人，中国已初步形成了一个马克思主义的知识分子群体，这个群体的形成为中国共产党的成立奠定了基础①。

第二，他领导建立了中国共产党，找到了推进中国现代化的领导力量。

中国共产党是马克思主义与中国工人运动的结合。陈独秀在促进两者的结合上作出了杰出的贡献。陈独秀和李大钊是最早在国内提出建立共产党的人。1920年2月，陈独秀离开北京去天津途中，曾和护送他的李大钊研究了建党问题。他们认识到，只有建立中国共产党，走俄国人的路，才是拯救中国的唯一出路。在此之后，1920年8月，陈独秀和一些马克思主义者在共产国际的帮助下，在上海建立了第一个共产主义小组，即上海共产主义小组（当时就叫中国共产党），陈独秀被推选为书记。上海共产主义小组成立后，就把《新青年》作为党的公开理论刊物。另行出版了《共产党月刊》作为秘密宣传刊物。1920年11月7日出了创刊号，刊物的主要内容是刊登第三国际和苏俄的消息，各国工人运动的消息。为更好地宣传马克思主义，陈独秀又创办了《劳动界》，成立了中国第一个工会组织——上海机器工会，开展工人运动，促进马克思主义与中国工人运动相结合。为培养共产党的后备军，上海共产主义小组成立后，又建立了中国社会主义青年团，创办外国语学校，培养干部。11月上海发起组制定了《中国共产党宣言》，规定了共产主义者的理想是废除生产资料私有制，消灭阶级。为了实现这一伟大的目标，工农必须夺取政权，建立无产阶级专政，镇压资产阶级，建设共产主义。并"以此为收纳党员之标准"。

为把全国各地的马克思主义者组织起来，为建立统一的、全国

---

① 参见吴雁南、冯祖贻等：《中国近代社会思潮（1840—1849）》，湖南教育出版社1998年版，第493—494页。

性的组织奠定基础，陈独秀和上海发起组联络、帮助各地建立共产主义组织。主要有：联络北京的李大钊、张申府建立北京共产主义小组；联系王尽美、邓恩铭建立山东共产主义小组；帮助包惠僧、郑凯卿建立武汉共产主义小组；在毛泽东、何叔衡等人成立"新民学会"的基础上，成立了社会主义青年团，推动湖南共产主义小组的组建；同谭平山等人组建了广东共产主义小组；联系筹建法国共产主义小组，指导建立日本共产主义小组，指定施存统为负责人。从这些情况来看，中国共产党建党前夕，在推动各地共产主义小组的创建中，陈独秀起到了重要的作用。他还亲自创办了广东共产主义小组，是当时早期共产党组织的实际领袖人物。这些小组成立后，在各地创办刊物，积极宣传马克思主义，参加工人运动，为促进马克思主义与中国工人运动相结合，做了大量工作，为中国共产党的成立做了积极的准备。

这样，在各地共产主义小组的组织推动下，马克思主义与中国工人运动进一步结合。于是，中国共产党的成立提上了日程。1921年7月，中国共产党第一次全国代表大会在上海召开，由于陈独秀在"五四"时期的声望，特别是由于他从思想上、理论上、干部上和组织上为党的建立做了一系列的准备工作，他被推选为中央局书记。1922年7月，陈独秀出席并主持中国共产党第二次全国代表大会，中共二大发表了陈独秀起草的中共二大《宣言》，《宣言》规定的党的最高纲领和最低纲领在当时具有重大的历史意义和现实意义。

中国共产党的成立，标志着中国现代化进入以马克思主义为指导、以社会主义现代化为发展方向的新阶段。从此，中国现代化进入中国共产党领导无产阶级为夺取新民主主义革命胜利并进而开展社会主义现代化的新阶段。而陈独秀对此作出了不可磨灭的贡献。

第八章 陈独秀现代化思想的历史地位和现实意义

究竟如何认识和评价陈独秀的现代化思想？陈独秀现代化思想在马克思主义现代化理论和中国共产党现代化思想中究竟居于何种地位？陈独秀现代化思想对中国现代化起到何种作用？认清这些问题尤为重要。

近百年来中国现代化的过程，是从被动适应世界现代化挑战逐步过渡到主动迎接挑战的过程。中国是在西方文化的冲击下走向现代化的。在西方文明和西方文化的冲击下，中国现代化思潮曾发生了多次演变。从魏源的"师夷长技以制夷"，到张之洞的"中体西用"，再到后来的"全盘西化"，再到马克思主义指导下的俄国现代化，再到中国共产党领导的社会主义现代化，陈独秀恰恰是一个过渡性的人物①。在

---

① 学术界有人把陈独秀放到 20 世纪中国历史上评价说，陈独秀在"中国近代化的全过程"中有"十分崇高"的地位，处在康有为、梁启超、孙中山和毛泽东、邓小平中间的"由失败到成功的转折点上"，是公认的"启蒙运动领袖"，"在这个全过程中起了承上启下，由失败到胜利的转折作用"，"开始了中国近代化的实际途径"；从中国革命史的视角考察，"若以一个人物代表一个时代，那么，1915 年《新青年》创办前是孙中山时代，1927 年八一南昌起义后是毛泽东时代，1915—1927 年是陈独秀时代"。陈独秀是这一时期的代表，是指导这个时期历史发展方向的关键人物、历史前进的领头羊，"对这一段历史的推动作用，同时代的任何一个人，都不能与他相比"。参见唐宝林：《陈独秀在中国近代史上的作用和地位》，《陈独秀研究文集》，香港新苗出版社1999年版，第7页；刘超：《"陈独秀与中国共产党创建"学术研讨会综述》，载《安徽史学》2002 年第 1 期。

他探索现代化之前，中国现代化已经走过了半个多世纪的历程。在他去世之后，中国现代化又走过了半个多世纪的历程。他出生在中国社会急剧衰败的过程中，经历了两次世界大战，伴随着中国社会的快速转型。他离开人世的时候，第二次世界大战还没有结束，中国革命尚未成功。在痛苦中降生，在奋斗中成长，在绝望中离去，这就是陈独秀的一生——传奇而富有悲剧的一生。在今天，当我们试图客观评价陈独秀的现代化思想时，我们不免有些伤感。陈独秀生活的那个时代造就了他这样的英雄，但也给他带来了无穷无尽的痛苦。他就是那个时代的写照、那段历史的折射。

第一节　陈独秀现代化思想的特点

一、现代化思想：继承性与创新性的统一

在陈独秀生活的时代，中国现代化已经走过了半个多世纪的历程，中国仁人志士对中国现代化已经作过多种尝试。在他同一个时代，胡适、李大钊、毛泽东等人也对中国现代化进行了深入的探讨。20世纪30年代，中国思想理论界还就中国现代化进行了专门讨论。与这一时期世界现代化进程中各种思潮和中国国内其他学者对中国现代化的探索相比，他的现代化思想具有十分鲜明的特征。

陈独秀的现代化思想深深植根于中国现代化的伟大实践中，虽然他在世的时候，中国现代化的理论探索才刚刚开始，但中国现代化的实践却已经摸索了相当长一段时间，积累了宝贵的经验，也留下了深刻的教训。陈独秀现代化思想从以下几个方面继承了早期现

代化的思想。

第一，继承了早期现代化的思想，并进行了理论创新。

现代化作为一个从传统到现代、从农业到工业、从封闭到开放的社会历史过程，在很大程度上需要思想解放和观念意识的转变。在中国这样一个传统文化占主导地位，传统文化中惰性与封闭因素浓厚的社会结构中，思想解放与现代化具有更重要的意义。最早开始的现代化探索——"洋务"思潮，对中国传统文化进行了冲击。在一定程度上，洋务思潮实际上开始了传统观念向现代化转换的过程①。洋务运动中，现代西方科学技术得以引进，在科学理论方面，从日心说到进化论，从概率论到牛顿力学三大定律，从化学元素到西方医学，都相继介绍到中国。洋务运动时期，洋务派除了在军事、经济、科技诸方面致力于自强求富的努力外，在教育方面，也进行了十分有益的尝试。洋务运动期间，洋务派先后办了百余所各种新式学堂和派遣上百人出国留学。洋务派所建立的新式教育体系，开中国现代教育之先河，也奠定了现代化中国教育的基础。洋务运动最终以失败而告终，但这并不能否定其在中国现代化进程中的历史作用。洋务运动的理论与实践对后来的陈独秀现代化思想的形成和发展产生了极为重要的影响。陈独秀继承了洋务运动思想解放的传统，最终成为五四新文化运动的发起者和20世纪中国第一次思想解放运动的倡导者。陈独秀现代化思想中的进化思想就继承了洋务运动时期引进的进化思想，并把这种进化思想运用到中国现代化过程中，提出了跳跃进化的思想。陈独秀现代化思想中关于教育现代化的思想直接继承了洋务运动时期的教育思想，形成了新的教育思想。

---

① 参见王继平：《洋务运动与中国现代化》，载《湘潭大学学报（社会科学版）》1990年第3期。

第二，继承并创新了马克思的现代化思想。

马克思主义是世界近代工业革命和科学技术进步的产物；同时，马克思主义又是世界现代化理论的奠基者。马克思主义经典作家运用历史唯物主义分析人类社会发展的客观规律，对现代化进程中世界的未来和社会制度的变迁作出符合历史规律的科学预见。马克思、恩格斯在《共产党宣言》中描绘了以工业文明为代表的现代化过程在社会生活的一切领域造成深刻变化的宏大图景，展现了19世纪的欧洲走向现代化进程的磅礴力量和伟大推动力。

马克思主义诞生以后，对于世界现代化进程的认识，才开始进入一个相对自觉的阶段。20世纪以前的世界发展进程，基本上是一个自然历史过程。进入20世纪以后，由于生产力增长、科学技术进步、社会变革加剧的根本作用，也由于马克思主义历史唯物主义揭示的关于现代化认识的一般方法的认识作用，现代化在不同国家和地区逐渐成为一种社会发展趋势，有关现代化的理论应运而生，与现代化实践的发展同步，构成了一条越来越明晰的世界发展主线。

陈独秀是在接受马克思主义的过程中，自觉运用马克思主义对中国现代化的实际进行了分析，他关于中国现代化的道路是社会主义现代化，社会主义现代化是全面的现代化，科学与民主必然是实现现代化必须高举的两面旗帜，中国共产党领导的工人阶级及广大劳动群众是现代化的主体，经济文化落后国家必须把经济建设放在重要位置，等等。这些思想又进一步发展了马克思主义现代化理论。

第三，继承了俄国现代化的传统，并结合中国实际进行了理论创新。

陈独秀现代化思想的形成和发展，深受俄国十月革命和俄国现代化的影响。在俄国十月革命以前，世界现代化道路只有资本主义现代化道路一种。资本主义化和现代化几乎是一种完全"重合"的世界历史进程。西方现代化道路对于非西方国家拥有绝对吸引力，率先实现现代化的西欧资本主义国家就是非西方落后国家强国富民、发展现代化的榜样。西方资本主义国家之外的经济落后国家，要想实现现代化，唯一选择就是走"西化"的道路。也就是说，十月革命之前的世界现代化进程表现为"现代化即西方化、资本主义化"。陈独秀早年的"西化"思想也曾深受这种思想的影响。

十月革命前的俄国仍然是一个经济落后的资本主义农业国。俄国十月革命的胜利，开辟了社会主义现代化的新道路。在苏维埃掌握政权的政治前提下，在社会主义生产资料公有制的经济基础上，社会主义苏联开始了现代化道路的探索，并迅速改变了经济落后状况。到第二次世界大战前夕的 1941 年，苏联工业总产值已超过德、英、法等几个主要资本主义国家的工业水平，跃居世界第二位，在短时间内缩小了与发达资本主义国家的差距，形成了可以与西欧资本主义现代化国家相抗衡的强大物质力量。特别是在 20 世纪二三十年代，资本主义世界正陷于经济危机的时代背景下，苏联社会主义现代化所显示出的生命力有力地证明了社会主义现代化的优越性。

十月革命开启的社会主义现代化道路所取得的辉煌成就充分说明，资本主义现代化并不是唯一的现代化发展道路。十月革命开辟的社会主义现代化道路第一次打破了"现代化就是西方化，就是资本主义现代化"的常规认识。从这个角度来讲，十月革命对于社会主义现代化的开创性意义不亚于英国工业革命对于资本主义现代化的开创性意义。如果说英国工业革命开创了资本主义现代化的新纪

元①，那么十月革命则开辟了社会主义现代化的新纪元。正如 1921
年列宁所说："我们的十月革命也开辟了世界历史的新纪元。"②

　　十月革命使中国的先进分子看到了中华民族解放的新希望，并
使他们开始迅速地从西方资产阶级文明寻找出路转向学习俄国十月
革命的经验，走俄国人的道路。作为启蒙运动的领袖，陈独秀过去
曾极力鼓吹西方的民主自由如何能救中国，在十月革命的影响之
下，他开始认识道："最近的将来，不但封建要让共和，就是共和
也要让社会主义。"③ 从陈独秀现代化思想的形成和发展过程看，在
俄国十月革命之后，陈独秀深受俄国革命的影响。陈独秀的现代化
思想，可以说既吸收了俄国十月革命的经验，又结合中国实际进行
了理论创新。他关于中国社会主义现代化的整体设想，既体现了俄
国社会主义现代化的经验，又体现了中国的实际。

二、现代化内容：全面性和重点性的统一

　　与同时期其他学者的现代化思想相比，陈独秀现代化思想注重
现代化建设内容的全面性。中国现代化从最早时期的器物层面的现
代化、到后来制度层面的现代化，到陈独秀时期，现代化建设的内
容更加全面。陈独秀率先举起"科学"与"民主"的大旗，以思想
解放为先导，以社会主义现代化为方向、以工业化为目标、以文化
现代化为核心、以主体现代化为动力，构建了一套完整的中国现代

---

　　①　有关此方面的论述，参见布罗代尔：《15 至 18 世纪的物质文明、经济和资本
主义》第 3 卷，生活·读书·新知三联书店 1992 年版，第 620 页。

　　②　《列宁全集》第 42 卷，人民出版社 1982 年版，第 174 页。

　　③　陈独秀：《国庆纪念底价值》，《陈独秀著作选编（1919—1922）》第 2 卷，上海
人民出版社 2009 年版，第 279 页。

化的框架体系。但陈独秀并没有四面出击，而是抓住了中国现代化的重点。

文化现代化是中国现代化的核心。在陈独秀看来，中国现代化之所以屡遭失败，屡受挫折，根本原因是国民的劣根性，即大多数国民的思想被封建专制和愚昧牢牢地束缚着，缺乏民主和科学等现代思想的觉悟。因此，陈独秀大胆地树起民主和科学两面大旗，高呼"国人而欲脱离蒙昧时代，羞为贱化为民也，则急起直追，当以科学与人权为重"①，向阻碍现代化潮流的封建传统发起了勇猛的攻击。于是，陈独秀领导了轰轰烈烈的新文化运动。正是这场伟大的启蒙运动，提升了国民的现代化意识，由此成为促发五四运动的主要动因之一。在"五四"爱国运动中，救亡与启蒙相辅相成，相互促进，广大群众的爱国主义精神得到升华。这种精神始终激励着后人为实现民族独立、解放，国家繁荣、富强和人民富裕而努力奋斗，这种精神始终是中华民族实现现代化的重要精神支柱。正是这场伟大的思想启蒙运动，为科学的、人类最高层次的现代化理论武器——马克思主义得以在中国广泛传播奠定了思想基础。

人的现代化是现代化的目标和动力。回顾世界现代化进程的历史，我们便可以发现，早发现代化国家一般经历的"工业化"——"民主化"——"人的现代化"几个发展阶段。而后发现代化国家一般把注意力放在积聚货币财富和增加商品上，即实现物的现代化上。直到 20 世纪 70 年代末 80 年代初，许多国家才注意到，"物"的现代化只是社会的一种外在表现形式，而人的现代化才是现代化的出发点和最终目标。中国是一个后发现代化国家，陈独秀早在20 世纪初就提出了人的现代化问题，并把人的现代化作为现代化

---

① 陈独秀：《敬告青年》，《陈独秀著作选编（1897—1918）》第 1 卷，上海人民出版社 2009 年版，第 162 页。

的重点，这无疑抓住了现代化的中心。

科学与民主既是现代化的关键，也是实现中国现代化的重要途径。陈独秀一生都在为科学和民主而奋斗。1915 年 9 月，他在《敬告青年》中倡导国人"当以科学与人权并重"。1919 年 1 月，他在《"新青年"罪案之答辩书》中提出要"拥护那德谟克拉西（民主）和赛因斯（科学）两位先生"，并且明确宣告："我们现在认定只有这两位先生，可以救治中国政治上、道德上、学术上、思想上一切的黑暗。"[①] 陈独秀提倡"科学"和"民主"，在当时具有很强的现实针对性的。提倡科学，是为了反对封建复古的潮流和迷信盲从的倾向；提倡民主，是为了反对仍然在中国占支配地位的封建主义的专制思想、等级观念和伦理原则；正是在科学和民主这两面旗帜之下，中国才开始了现代意义上的思想解放运动，并引起了中国社会的快速变迁。今天看来，陈独秀把发展科学与民主作为现代化的重要内容和途径，仍然具有重大的现实意义。

三、现代化视角：国际与国内的统一

陈独秀敏锐地看到了在全球化的影响下，中国的发展已经与世界的发展紧密联系起来，成为"世界历史"的一部分，现代化已经成为中国社会历史发展的必然趋势。因此，中国必须向西方学习，走现代化道路。

陈独秀毕生提倡民主、科学、人权，反对专制、愚昧、特权，符合世界潮流及人类普遍追求的价值目标，对我们党大力推进民主政治的建设是非常宝贵的理论、精神资源。综观陈独秀坎坷曲折的

_____

① 陈独秀：《"新青年"罪案之答辩书》，《陈独秀著作选编（1919—1922）》第 2 卷，上海人民出版社 2009 年版，第 11 页。

一生，他对人类精神价值追求的理论探索丝毫不亚于他在社会政治领域的实际作为。在民主、科学、人权这些精神价值方面，他可算是中国的先知先觉者。但他并未固守教条，而是时刻关注着整个世界大势的变迁。

陈独秀依据马克思主义对资本主义的分析，认为资本主义是社会发展的一个阶段，它肯定要被社会主义所取代，但社会主义并不可能凭空取代资本主义。"资本主义决不能因为人们厌恶它而不来，社会主义也不可能因为人们爱好它而来，这是由社会经济发展的条件决定的"①。他认为，中国要实现现代化，不仅要学习西方资本主义先进的生产、经济、科学技术，还要吸收其文化成果和一切于我有用的东西。他敏锐觉察到"全世界的经济关系成了整个的"，中国与世界必然互相影响，牵一发而动全身，"立国于今之世，其存亡兴废，视其国内者半，影响于国外者恒亦半焉"，"各国之制度文物，形式虽不必相同……其遵循共同原则之精神，渐趋一致。潮流所及，莫之能违。于此而执特别国情之说，以冀抗此潮流……其国将何以图存于世界之中？"②"由民族化趋向国际集团化，这不独是今后势所不免，而且是人类进步的要求"，"任何落后的民族若以民族政策自限，必陷于孤立而没有前途"③。在这里，陈独秀明确表达了顺应时代潮流，对外交流开放，与国际接轨的想法。他关于青年人应该具有的六种品格中，其中有一条就是"世界的而非锁国的"，号召青年做具有世界意识和开放意识的新青年。他一再主张，中国

① 陈独秀：《我们不要害怕资本主义》，《陈独秀著作选编（1932—1942）》第5卷，上海人民出版社2009年版，第280页。

② 陈独秀：《敬告青年》，《陈独秀著作选编（1897—1918）》第1卷，上海人民出版社2009年版，第161页。

③ 陈独秀：《被压迫民族之前途》，任建树，《陈独秀著作选编（1932—1942）》第5卷，上海人民出版社2009年版，第398页。

要寻求富强、文明、民主，就必须改变闭关锁国、闭门造车的传统思路。由此可见，陈独秀是把中国现代化放在世界现代化的历史进程中考察的。他的现代化思想，注重了国际与国内的统一。这些思想对当代中国的发展仍然具有巨大的指导意义。

第二节　陈独秀现代化思想的历史局限性

一、指导思想不够坚定

中国的现代化到底以何种思想为指导，这是早期现代化探索者难以回避并着力探讨的一个问题。在陈独秀之前，中国的现代化思想经历了"实业救国"、"中体西用"、"全盘西化"等思潮的演变。但中国现代化一再受挫，残酷的现实迫使人们寻求更科学的指导思想。正是在这种情况下，马克思主义传入中国。

陈独秀是中国早期传播马克思主义的学者之一，也是最早把马克思主义与中国实际相结合，进行理论创新和推动社会主义运动的领导人之一。但陈独秀对马克思主义的认识也是在不断变化的。陈独秀在对待马克思主义的态度上也是极不稳定的。他曾极力宣传和传播马克思主义，并力主实现马克思主义与中国实际相结合，运用马克思主义的立场、观点、方法来分析中国现实，并试图从中国革命中找寻符合马克思主义革命理论的因子。但他晚年又一定程度上放弃了马克思主义，转向接受托派的主张。这是人们称他为不坚定的马克思主义者的重要原因。他之所以承认当时的革命为资产阶级民主革命，主要原因不在于革命的任务是反帝反封建，而在于他认为，中国当时不具备马克思在谈到欧洲革命时强调的无产阶级革命力量，当时中国工人在"质量上数量上都还幼稚"，"还没有自己阶级的政治争斗之需要与可能"。因此，中国无产阶级"必须参加各阶级合作的国民革命"①。正如周恩来所说："他不是从革命任务而是从革命动力来界定中国革命的性质。"② 他没有看到，中国无产阶级虽然弱小，但却能和广大农民联合，在农村武装割据，以农村包围城市，最后夺取革命的胜利。不以发展的观点和态度对待马克思主义，甚至把不属于马克思主义的东西附加到马克思主义头上而固守，革命的道路当然是越走越窄，而陈独秀的个性又使他在自以为是的路上越走越远，当路到尽头时，他只有怀疑马克思主义、"重新估计布尔什维克的理论及其领袖之价值"③。

陈独秀对人民群众了解也不够充分，对中国工人、农民群众的落后、幼稚、愚昧、软弱的一面看得过重，对他们的革命性估计不足。特别是对解决农民问题的认识不足、重视不够。在五四运动之前，他着力开展开启民智的工作，这无疑是对的，但他总把人民群众看得过于落后。1923年12月，他在《中国国民革命和社会各阶级》一文中，认为工人阶级不是独立的革命势力，还认为农民难以加入国民革命④。

在向共产主义者转变的过程中，陈独秀也常常表现出相互矛盾的趋向，在同一时间的不同文章中，甚至在同一篇文章都有许多矛

---

① 以上未注之引文参见陈独秀：《中国国民革命与社会各阶级》，《陈独秀著作选编（1923—1925）》第 3 卷，上海人民出版社 2009 年版，第 159 页。

② 《周恩来选集》上卷，人民出版社 1980 年版，第 158—159 页。

③ 陈独秀：《我的根本意见》，《陈独秀著作选编（1932—1942）》第 5 卷，上海人民出版社 2009 年版，第 359 页。

④ 参见陈独秀：《中国国民革命与社会各阶级》，《陈独秀著作选编（1923—1925）》第 3 卷，上海人民出版社 2009 年版，第 157—160 页。

盾、混乱的思想言论。比如说，同一时间他既主张马克思的阶级斗争学说，又承认人的本性有善恶；既承认无产阶级专政，又留恋西方资产阶级民主；对于资产阶级民主，他曾经是西方资本主义民主的向往者，后来他转向马克思主义者之后又揭露了资本主义民主的虚伪性，指出了资本主义民主与社会主义民主的区别，但晚年他又认为资本主义民主和社会主义民主二者之间并没有根本的区别；他既鼓吹民众运动，说"只有作工的人最有用最贵重"，因此改造国民性就是要促使更多的人思想解放，但他又污蔑人民群众是流氓，"是一盘散沙，一堆蠢物"[①]；既承认劳动人民群众创造物质财富，是社会存在发展的决定力量，又保留先哲圣人的英雄史观。这种现象也同时说明，陈独秀信仰马克思主义的立场并不是十分坚定的。

二、路径选择陷于片面

到底选择什么样的路径来发展中国现代化，这是现代化理论不可回避的问题。在中国现代化路径的选择上，陈独秀排斥了资本主义道路，最终选择了通过社会主义来实现中国现代化。这无疑是对的。但不管是对资本主义道路，还是对社会主义道路，他的认识均有片面性。

关于资本主义，陈独秀的认识是不断变化的。新文化运动之前和新文化运动初期，陈独秀曾经是一个西化论者，他高举"科学"与"民主"的大旗，宣扬资本主义的自由和民主。但第一次世界大战尤其是巴黎和会的现实，使他认清了资本主义的本质。于是，他转向了对资本主义的批判。这种批判在当时甚至可以说是十分尖锐

---

① 陈独秀：《随感录·卑之无甚高论》，《陈独秀著作选编（1919—1922）》第 2 卷，上海人民出版社 2009 年版，第 387 页。

的。大革命失败之后，陈独秀不再担任中共的最高领导层，而是加入到托派的行列中。抗日战争爆发后，陈独秀对中国抗战的意义以及抗战后中国的发展道路，都作了深层次的思考，也开始改变以往对资本主义的认识。他肯定了资本主义制度对于社会发展的进步作用。认为中国可以先发展资本主义，而社会主义相对来说还不够成熟。他还将中国认定为"初期资本主义因素"①。

关于社会主义，陈独秀的认识也是不断变化的。早在 1915 年，陈独秀就开始宣传社会主义思想，后来转变为马克思主义者以后，更广泛地宣传科学社会主义。中国共产党成立后，他又领导中国共产党为实现社会主义进行了不懈的奋斗。陈独秀晚年对社会主义的认识发生了一些变化，有人据此认为陈独秀放弃、否定了社会主义。我们并不这样认为。在这个问题上，我们比较认同中共中央党校郭德宏教授的观点。陈独秀一直信仰社会主义、主张实现社会主义的。他在晚年并没有放弃社会主义，而是主张建立生产力发展、实现民主政治的社会主义。陈独秀晚年虽然确实主张中国发展资本主义，但他认为中国在不具备实现社会主义的条件下只能采用资本主义的办法，尽快发展生产力来为实现社会主义作准备②。

陈独秀在中国现代化路径选择上的片面性，主要表现在：陈独秀认为，现代社会制度不是资本主义，就是社会主义，没有看到中国建立新民主主义社会的可能性。在他看来，"现代经济制度只有两个：一是资本主义制度，一是社会主义制度，没有第三个。""如果有人新发明一种制度，既非资本主义，又非社会主义，那么我便要问他：在这一种新的经济制度，财产私有制是否存在？这一种新

---

① 参见高晓燕：《浅谈陈独秀对资本主义认识的变化》，载《党史文苑》2009年第7期。

② 参见郭德宏：《论陈独秀晚年的社会主义观》，载《安庆师范学院学报（社会科学版）》2008年第7期。

经济制度的生产和分配方法，究竟和资本主义或社会主义有什么根本的不同？"① 这种看法太绝对。

毛泽东的新民主主义理论的高明之处恰恰在于，他主张建立的新民主主义社会，是介于资本主义和社会主义之间的一种新型的社会形态。而新民主主义道路恰恰为半殖民地半封建的旧中国过渡到社会主义找到了一条新的道路。

三、发展方法过于简单

陈独秀把中国的现代化看成是经济、政治、文化等全面的现代化。这是他现代化思想的一个特点，也是他的创新之处。但在实现现代化的方法问题上，陈独秀也经常犯简单化、片面化的错误。

首先，陈独秀对于西方文化和中国传统文化的认识是片面的。文化现代化是陈独秀现代化思想的核心内容，但他对中西文化的认识是片面的。比如，实现中国现代化，必须开展思想解放运动，通过文化重建来改造国民性，达到民族复兴的目的。这无疑是对的。但对于中国儒家传统文化，陈独秀将其看成是铁板一块，良莠不分，笼统而武断地提出"孔子之道"与"现代社会"不相容，从而进行全盘否定。这就形成了这样一对矛盾：一方面，他认为儒家传统文化与现代化是水火不容的，要实现现代化，要引进西方具有现代性的文化，就必须对儒家文化进行彻底的清算。这样一来，文化的发展就只有一个方向，即以西方现代性文化为范本，凡是与西方现代思想不相符和的东西，都不具有现代性，因此必须彻底清除，这就断了儒家文化自身发展的后路。在他的这种文化进化的思路中，不可避免地具有西方中

---

① 陈独秀：《告反对资本主义的人们》，《陈独秀著作选编（1932—1942）》第 5 卷，上海人民出版社 2009 年版，第 264 页。

心主义倾向，而忽视了不同民族文化的多元性，忽视了民族文化的自身演化和发展，忽视了文化之间的交流与融合，从而割裂了传统与现代化的联系。这就断绝了以儒学为代表的中国传统文化进一步发展的道路，从而可能导致中华文明的断裂。他的这一观点在当时就受到了东方文化派猛烈的攻击。另一方面，陈独秀对于儒家文化的批判并不全面，仅仅局限于纲常礼教和思想专制的一面，对于儒家学说中的"仁"、"义"、"孝"等范畴并未触及，显然是与他基于文化整体观念上的"全面的反传统"相矛盾。也就是说，陈独秀也承认在中国传统的儒学文化中，仍然还存在着一些价值理念是超越"中西古今"的，这些价值理念即使与现代社会不相适应，但也不能放弃。这样，陈独秀在批判中国传统文化糟粕的同时，实际上已经认识到了儒家传统伦理价值观念中一些具有现代价值的内容，这使在他全面反对封建传统文化的斗争中处于矛盾的境地。

其次，陈独秀将中国现代化简化为一个文化重建的过程，重点在文化层面上探讨中国的现代化问题。把文化现代化当作是现代化的重要内容，看成是现代化的核心层次，这无疑是对的。陈独秀认为，在中国现代化的问题上，首先要从文化领域着手，对全体国民的思想观念加以符合现代性的改造。这虽然抓住了中国现代化的核心，抓住中国现代化的最深层次，但在某种意义上却具有文化决定论的倾向。应该承认，文化现代化在世界各国现代化进程中具有十分重要的意义，先进的社会意识对于社会存在具有一定的促进作用，思想解放对于社会的发展来说的确十分重要。但是，陈独秀在思考中国现代化过程中，尤其在经济现代化和文化现代化两者关系的处理上，他忽视了作为经济基础的经济发展对于作为上层建筑的思想观念的形成发展所起的决定作用，从而在一定程度上忽视了经济发展在社会发展中的地位和作用，这就使他陷入了唯心史观。

最后，陈独秀把中国的文化现代化过程看作一个简单的"除旧布新"过程。破除中国传统文化，树立西方现代文化，是陈独秀的一贯主张。在这个过程中，对于中国传统文化，陈独秀侧重于全盘否定。对于西方现代文化，陈独秀只想简单引进。他把文化现代化的重点放在西方文化的先进性上，却忽略了西方文化的一些局限和弊端。因此，在他的现代化思想中，始终充满着对于西方现代性文化的热情，而缺乏对这种现代性文化的反思，更未能分析西方文化的弊端，这使他的文化现代化观念具有片面性。此外，陈独秀只是想将西方文化简单地移植在中国传统文化的废墟上，而忽略了中国传统文化中可资利用的资源。从这里可以看出，陈独秀并未准确把握传统与现代的关系，他没有认识到，具有现代性的西方文化何以能够植根于丧失了民族文化传统的东方土壤之中。他忽视了文化发展的连续性和传承性，没有认识到产生于西方的文化何以能够嫁接到源于东方的传统文化之上。从世界现代化的历史进程看，任何民族的现代化都不可能完全抛弃传统，传统与现代化之间具有连续性和继承性。要固守传统而实现现代化是不可能的，但要完全脱离传统而实现现代化同样也是不可能的。

第三节　陈独秀现代化思想在马克思主义现代化思想史上的地位

一、把马克思主义与中国实际结合，推进了马克思主义的中国化

时代造就伟人，伟人反映时代。马克思主义在中国传播的过程

就是不断解决时代难题的过程。而时代主题的转换不是由哪个人决定的，而是取决于这个社会的客观需要。历史人物之所以成为历史人物，则是由他能否适应和推动实现这种社会需要而决定的。

陈独秀领导的新文化运动，为马克思主义传入中国奠定了思想基础。中国自 1840 年鸦片战争进入近代，被强行纳入到资本主义世界体系中，沦为半殖民地半封建社会。从此，中国社会的主要任务就是救亡图存。而一次次的救亡图存运动，并没有给中国社会带来多少改变，没有为中国最广大民众争得多少利益，而被封建制度和封建思想桎梏了几千年的中国人到了必须要从束缚解放出来的时候，中国人首先需要思想上的启蒙。陈独秀看到了这种社会底层的呐喊，他从文化救国入手，在思想领域发动并领导了轰轰烈烈的新文化运动。他提倡科学与民主这些反映当时世界先进的思想观念，给统治中国近两千年的顽固的封建制度以极为有力的攻击。

陈独秀领导的政治革命为实现马克思主义中国化创造了物质前提。马克思主义的"哲学把无产阶级当做自己的物质武器，同样，无产阶级也把哲学当做自己的精神武器"①。将精神武器与物质武器结合起来，这也是马克思主义在各国开展实践的最基本的步骤。而这样的时代任务和要求，在当时的中国就落在那些具备初步共产主义思想的先进知识分子身上。他们不仅要迅速掌握无产阶级斗争的精神武器，更重要的是要用这种精神武器尽快应用与中国社会主义革命的实践。陈独秀从俄国十月革命的胜利看到了新文明的曙光，从各种思潮的纷争中看到马克思主义的力量，从五四运动中工人阶级的成长壮大看到了中国革命的希望，及时调整自己，在短时间内抛弃了资产阶级共和的救国方案，完成了由资产阶级民主主义者向

① 《马克思恩格斯文集》第 1 卷，人民出版社 2009 年版，第 17 页。

马克思主义者的转变。

陈独秀领导创立了中国共产党，既找到了实现马克思主义中国化的主体力量，也找到了实现中国现代化的领导力量。马克思主义中国化的过程是一个战斗的过程。陈独秀作为中国共产党的早期领导人，他的战斗性不仅体现在理论上，更重要的是体现在领导革命的实践中。与封建主义的战斗，开启了民智，与马克思主义反封建的战斗性相一致。与非马克思主义的论战，极大地宣传了马克思主义，让更多的知识分子感受到了马克思主义的科学性。

中国现代化的历史进程表明，如果没有马克思主义，就不可能有中国共产党；如果没有中国共产党，就不可能有新中国，更不可能有社会主义现代化。而陈独秀作为早期马克思主义传播者，作为中国共产党的创始人之一，对中国人民选择马克思主义、选择中国共产党、选择社会主义发展方向，无疑作出了重要贡献。

二、着力探索中国现代化道路，推进了马克思主义现代化理论的新发展

陈独秀认为"学说重在需要"。他接受了马克思主义基本理论，不是当作装饰品，而是当作观察国家命运和改造社会的工具。他在接受马克思主义的基本原理之后，将之运用于中国现代化实践，推进了马克思主义现代化理论的新发展。

陈独秀对马克思主义现代化理论的新发展，主要体现在以下几个方面：

第一，把争取民族独立和人民解放作为中国进行现代化的必要社会前提，并进行了深入的理论探讨。

对于一个后发外源型现代化国家来说，实现现代化必须首先获得民族的独立。马克思主义经典作家认为，"一个大民族，只要还

没有民族独立，历史地看，就甚至不能比较严肃地讨论任何内政问题。""排除民族压迫是一切健康而自由的发展的基本条件"①。一个民族"只有当它作为一个独立的民族重新掌握自己的命运的时候，它的内部发展过程才会重新开始"。②马克思主义经典作家关于民族国家发展的前提条件的这些精辟论述，深刻揭示了中国实现现代化的历史前提，这就是：在半殖民地半封建的中国，要实现现代化，首先必须推翻帝国主义在中国的统治，求得民族独立。

陈独秀客观地分析了中国现代化屡遭失败和资本主义工业在中国发生、发展的历史，认为中国工业化起步晚、发展慢。从洋务运动到抗日战争，中国现代化几乎"停滞在最初阶段"。洋务运动、戊戌维新和辛亥革命成为近代中国社会的现代化探索历程的三大界标，但是，这三大探索都没有摆脱中国贫穷、落后、挨打、受辱的境地。究其原因，陈独秀认为："非脱离国外非民主压迫和国内的分裂，一切经济政治都不能自由发展。"③因此，陈独秀投身于政治革命和政治斗争，其最终目的是寻求民族的独立。他在开展新文化运动，在中国积极宣传传播马克思主义，领导成立以马克思主义为指导的中国共产党，并着力探索中国现代化的道路，其首要目的是实现民族独立和人民解放，为中国现代化创造必要的条件。

第二，把实现中国的工业化作为现代化建设的重要内容，探索了适合中国国情的工业化道路。

在马克思时代，人们对现代化形成的普遍认识时，现代化就是工业化。马克思、恩格斯认为，工业化"是促使封建生产方式向资

---

① 《马克思恩格斯文集》第 10 卷，人民出版社 2009 年版，第 472 页。

② 《马克思恩格斯全集》第 18 卷，人民出版社 1964 年版，第 630 页。

③ 陈独秀：《抗战与建国》，《陈独秀著作选编（1932—1942）》第 5 卷，上海人民出版社 2009 年版，第 244 页。

本主义生产方式过渡的一个主要因素"。机器大工业不仅使封建社会崩溃，而且使资本主义社会确立，并成为生产力高度发达的社会。正是大工业生产促进人类社会实现了一次巨大飞跃，"自从蒸汽和新的工具机把旧的工场手工业变成大工业以后，在资产阶级领导下造成的生产力，就以前所未闻的速度和前所未闻的规模发展起来了"[①]。正是凭借大工业生产，"资产阶级在它的不到一百年的阶级统治中所创造的生产力，比过去一切世代创造的全部生产力还要多，还要大。……过去哪一个世纪料想到在社会劳动里蕴藏有这样的生产力呢?"[②]

马克思主义关于工业化是现代化的基础和核心的思想，为像中国这样经济文化落后的传统农业国家向现代工业社会的迈进提供了重要的理论指导。陈独秀运用马克思主义这一思想，探索了中国工业化问题。早年，他曾通过"欧化"来实现类似于西方国家的工业化。第一次世界大战使西方资本主义的种种弊端暴露出来后，陈独秀接受了马克思主义，转向了社会主义，主张走社会主义道路来实现工业现代化。他认为，走社会主义道路实现工业化，使"重要的工业都是社会的、不是私人的，如此中国底改革才得到西洋工业的长处，免得他们那样由资本主义造成经济危殆的短处"[③]。抗日战争爆发之后，陈独秀调整为"民族工业"而战的旗帜，喊出了"我们也要做工业国"的时代之音。陈独秀对工业化的关注，表明他抓住了现代化的重点。

第三，把科学技术现代化作为中国现代化的关键，高度重视科

---

① 《马克思恩格斯选集》第 3 卷，人民出版社 1995 年版，第 741 页。

② 《马克思恩格斯选集》第 1 卷，人民出版社 1995 年版，第 277 页。

③ 陈独秀:《随感录·社会的工业及有良心的学者》，《陈独秀著作选编（1919—1922)》第 2 卷，上海人民出版社 2009 年版，第 291 页。

学技术，构建了中国科技现代化的框架。

科学技术是生产力，这是马克思主义的一个基本观点。马克思主义经典作家认为，在人类社会从传统走向现代、从封建社会向资本主义社会发展的诸因素中，科学技术起到了最高意义上的推动作用①。资本主义之所以能创造出比以往几个世纪创造的生产力总和还要多的生产力，就在于它创造并拥有了科学技术。"随着资本主义生产的扩展，科学因素第一次被有意识地和广泛地加以发展、应用并体现在生活中，其规模是以往的时代根本想象不到的。"②马克思主义经典作家认为劳动生产率的提高取决于一般的科学水平和技术进步，或者说取决于科学在生产上的应用。不仅如此，现代科学技术对于社会变革也起着重要的推动作用。"这些发明推动了工业革命，工业革命同时又推动了整个市民社会的变革，它的世界历史意义只是现在才开始被认识。"③

陈独秀视科技现代化为现代化的关键。他自1902年第一次宣传"科学与民主"④以来，终身几乎都在为科学呐喊。他力主发挥科学之功，增加生产效率，使人们摆脱繁重体力劳动；他力主发展科学技术，认为"只有科学能够增加物质文明"⑤；他倡导以科学破除迷信，造成科学的社会风尚。陈独秀的这些思想对于推进中国现代化，对于中国共产党后来强调科学技术发展，力主科学技术的现代化都具有十分重要的影响。

第四，运用马克思主义探索中国现代化问题，强调中国必须走

---

① 参见《马克思恩格斯全集》第19卷，人民出版社1963年版，第372页。

② 《马克思恩格斯文集》第8卷，人民出版社2009年版，第359页。

③ 《马克思恩格斯文集》第1卷，人民出版社2009年版，第388页。

④ 魏知信：《陈独秀思想研究》，南京出版社1987年版，第9页。

⑤ 陈独秀：《评泰戈尔在杭州、上海的演说》，《陈独秀著作选编（1923—1925）》第3卷，上海人民出版社2009年版，第258页。

适合中国自身特点的现代化道路。

马克思、恩格斯在其现代化理论中对于现代化道路的多样性问题给予了极大关注。他们认为，由于社会历史条件不尽相同，各国的现代化道路不是单一的。在谈到欧洲国家建立民主制度时，恩格斯曾明确指出："首先无产阶级革命将建立民主的国家制度，从而直接或间接地建立无产阶级的政治统治。在英国可以直接建立，因为那里的无产者现在已占人民的大多数。在法国和德国可以间接建立，因为这两个国家的大多数人民不仅是无产者，而且还有小农和小资产者。"① 马克思、恩格斯晚年逐渐认识到，经济落后国家的现代化道路，有可能与发达国家有很大不同。他们晚年在考察俄国的发展道路时认为，俄国现代化的历史起点与西方资本主义国家大不相同，因而俄国极有可能跨越资本主义的"卡夫丁峡谷"，直接走向社会主义②。列宁继承和发展了马克思主义的现代化理论，提出应该研究俄国革命的特殊条件及其发展的特殊道路。列宁通过对俄国实际的考察，明确指出：东方经济落后的国家"可以不经过资本主义发展阶段而过渡到苏维埃制度，然后经过一定的发展阶段过渡到共产主义"③。

陈独秀运用马克思主义的唯物史观和剩余价值学说，阐明了社会主义必然代替资本主义的规律，明确指出，中国绝不能走欧美资

---

① 《马克思恩格斯选集》第 1 卷，人民出版社 1995 年版，第 239 页。

② 马克思、恩格斯在《〈共产党宣言〉1882 年俄文版序言》中指出："俄国公社，这一固然已经大遭破坏的原始土地公共占有形式，是能够直接过渡到高级的共产主义的公共占有形式呢？或是相反，它还必须先经历西方的历史发展所经历的那个瓦解过程呢？对于这个问题，目前唯一可能的答复是：假如俄国革命将成为西方无产阶级革命的信号而双方互相补充的话，那么现今的俄国土地公有制便能成为共产主义发展的起点。"参见《马克思恩格斯选集》第 1 卷，人民出版社 1995 年版，第 251 页。

③ 《列宁选集》第 4 卷，人民出版社 1995 年版，第 279 页。

本主义现代化道路。他把马克思主义基本原理与中国实际相结合，论证了中国走社会主义道路的必然性和可能性。他关于中国现代化道路的选择、中国现代化框架的设计，关于中国现代化步骤的分析，都在一定程度上丰富和发展了马克思主义的现代化理论。

第五，坚持和运用马克思主义关于人的自由而全面发展的思想，突出了人的现代化。

马克思主义历来把每个人自由而全面的发展，当作自己的理想目标。早在 1848 年，马克思和恩格斯在《共产党宣言》中就宣告："代替那存在着阶级和阶级对立的资产阶级旧社会的，将是这样一个联合体，在那里，每个人的自由发展是一切人的自由发展的条件。"① 在《资本论》中，马克思把每个人的全面而自由的发展奉为比资本主义更高级的社会形式的"基本原则"。马克思所说的每个人的自由而全面发展，是指每个社会成员既要自由地发展和发挥他们的全部力量和才能，又要把其他人的发展看作自己发展的条件，用自己的发展去促成社会全体成员的全面发展。

与同时代的思想家相比，陈独秀特别关注的人的现代化。在陈独秀看来，在中国现代化转变过程中，人的现代化是社会现代化的前提。陈独秀的突出贡献在于，他敏锐地把握了这个前提。这是在前人的基础之上，对前人现代化思想探索的深入和升华，超越了前人。还必须指出的是，在陈独秀提出人的现代化近半个世纪之后，关于人的现代化才纳入世界现代化理论研究的范畴②。这不能不说是陈独秀思想敏锐的一个过人之处。

---

① 《马克思恩格斯选集》第 4 卷，人民出版社 1995 年版，第 730 页。
② 在国际学术领域内，最早系统探索人的现代化理论的是美国社会学家阿历克斯·英格尔斯。参见其所著的《人的现代化》（殷陆君编译），四川人民出版社 1985 年版。

第四节　陈独秀现代化思想对中国
现代化理论和实践的影响

一、首开中国现代化探索之先河，为中国共产党探索中国现代化道路奠定了坚实基础

应该承认，在中国现代化史上，最早对中国现代化所涉及的方方面面问题进行理论探索的，陈独秀决不是第一人；也应该承认，在中国现代化史上，最早接触马克思主义并传播马克思主义的，陈独秀也不是第一人。但必须承认，在接受马克思主义之后，积极宣传马克思主义，并运用马克思主义分析中国实际，力主中国走社会主义现代化道路的，陈独秀是最早的学者之一，也是最有理论建树的学者之一。

陈独秀运用马克思主义的唯物史观，分析人类社会发展进程，对人们认识社会发展规律起到了重要作用；他运用马克思主义剩余价值学说对资本主义所进行的批判，对人们正确认识资本主义的本质起到了重要作用。他在工人群众中对科学社会主义的宣传以及与基尔特社会主义、无政府主义、第二国际修正主义等派别的斗争，对于人们授受科学社会主义理论指导，投入为建立社会主义社会而进行的革命斗争，起到了重要的推动作用。陈独秀在宣传俄国十月革命和领导国内无产阶级运动中，在论述中国社会主义过程中，提出的许多闪光思想，对于科学社会主义在中国的传播，对于科学社会主义的中国化，对于中国共产党成立之后探索社会主义发展道路，均奠定了坚实的基础。

陈独秀关于中国现代化只能是社会主义现代化的思想，对于中国共产党成立之初就确定社会主义发展方向和共产主义远大目标，产生了最直接的影响；他的这一思想对于 20 世纪 30 年代中国知识分子关于现代化道路的讨论曾经产生了极为重要的影响①。他的这一思想对于中国最终走向社会主义，建立新中国，开始社会主义现代化建设也产生了极为深远的影响。

陈独秀在 20 世纪 30 年代就尖锐地批判了斯大林的独裁专制及背离社会主义民主的行为，并对社会主义和民主进行了深刻的反思，强调了民主发展的重要性。在苏联解体、东欧剧变后的今天，回头来看他的这些思想，我们不能不惊叹陈独秀当初的远见卓识。

二、着力构建中国现代化新格局，明确了中国现代化建设的主要内容

在世界现代化进程中，直到第二次世界大战以前，国际学术界都始终认同"现代化即工业化"的观点。在西方学者看来，现代化实质上就是工业化，更确切地说，是经济落后国家实现工业化的进程。前工业社会，又称传统社会，农业社会，一般都处于前资本主

---

① 1933 年 7 月《申报月刊》为创刊周年纪念发行特大号，刊出"中国现代化问题号"特辑。讨论的重点是两个问题：一是中国现代化的困难和障碍是什么，要促进中国现代化需要什么样的先决条件；二是中国现代化应采取哪一个方式：个人主义的或社会主义；外国资本促成的现代化或是国民资本自发的现代化，实现这种方式的步骤是什么。编辑的主要意图是把此前有关中国问题的方方面面讨论归结为中国现代化问题讨论。这次讨论会共收到 10 篇短论 16 篇专论，作者包括了学术界许多知名人士。这些文章中：完全赞成走私人资本主义道路即个人主义道路的，只有 1 篇；倾向于社会主义方式的，约有 5 篇；认为应兼采资本主义与社会主义两者之长，走既非资本主义又非社会主义的，约有 9 篇。未正面回答问题的 5 篇；没有明确回答问题的 3 篇。这一次讨论明显地反映出在世界经济危机和日本帝国主义侵略的双重打击之下，中国知识界的危机意识和朦胧的发展意识，也说明，此时绝大多数学者不赞成走资本主义道路，而是倾向于社会主义的。

义的发展阶段，包括经济发展悬殊、政治结构各异的各种类型，但共同点是：农村社会、手工业生产，使用再生性生物性能源，经济增长异常缓慢，封闭保守，职业分化简单，等等。工业社会也有各种类型，但其共同点是：都市社会、机械化、自动化与专业化程度高，非生物性能源的广泛使用，经济持续增长，职业分化复杂，科层制度，等等。西方学者认为，现代化就是指人类社会从传统的农业社会向现代工业社会转变的历史过程。因此，早发现代化国家大都以工业化作为现代化的主要内容。第一个社会主义国家苏联在现代化过程中，曾把发展工业尤其是重工业作为现代化的重中之重。但纯粹的工业化却不可避免地带来许多问题，资本主义在其工业化过程中，社会主义在工业化初期都曾暴露出很多问题。马克思主义经典作家曾对资本主义工业化带来的资源、环境、社会、政治问题进行了尖锐的批评。苏联东欧社会主义工业化过程中暴露出来的问题，也曾引起这些国家后来的改革者的深刻反思。正是因为如此，20世纪下半期开始，以人为本的社会全面现代化的观念才逐步形成、发展起来。

陈独秀虽然没有系统化的现代化理论，但从他关于中国现代化的多方面论述，却可以看出，他构建了一个中国现代化的整体框架。

在资本主义现代化与社会主义现代化道路的选择上，陈独秀选择了社会主义现代化道路。今天看起来，中国选择社会主义现代化道路有其历史必然性。但就当时的世情、国情来看，陈独秀选择社会主义现代化道路，一是反映了他的政治勇气，二是反映了他的政治远见。而他关于中国只能通过社会主义走向现代化的思想，对于我们今天坚持走社会主义道路，具有重要理论意义和现实意义。

在中国社会主义现代化建设的内容上，陈独秀确定了一个全面现代化的建设框架。他所设想的现代化包括经济、政治、文化以及人自身的现代化。他力主通过经济发展实现中国的富强，他对中国经济现代化的总体构想和他的工业现代化、农业现代化思想，对于我们今天推进中国经济发展，继续完成工业现代化和农业现代化的任务，具有重要的理论意义和现实意义；他关于政治民主化思想以及关于推进中国政治发展的构想，对于我们今天继续推进社会主义民主建设，具有重要的理论意义和现实意义。他关于中国文化现代化思想，对于我们正确认识西方文化和中国传统文化及其二者之间的关系，对于我们正确认识传统文化与现代化的关系，对于我们加强中国特色社会主义文化建设，培养"四有"公民，均具有重要的理论意义和现实意义。他关于"科学技术现代化"的思想，以及他关于发展科学技术，建立现代教育，通过科学技术推进中国现代化和通过教育提高国民素质、实现人的现代化的思想，对于我们今天大力发展科学技术，建立创新型国家；对于我们深化教育体制改革，实施人才强国战略；对于我们坚持以人为本，实现人的自由而全面发展，都具有重要的理论意义和现实意义；他关于现代化的领导力量和依靠力量的论述，对于我们今天加强党的建设，调动广大人民群众建设社会主义现代化的积极性、主动性和创造性，均具有重要理论意义和现实意义。

三、积极开展中国现代化实践，为中国走向社会主义现代化作出了重要贡献

陈独秀从青年时代便开始积极投身于拯救民族危亡、实现国家富强的斗争之中。19 世纪末，他极力赞成康有为、梁启超等人发起的变法维新运动。20 世纪初，他又成为反帝反封建的辛亥革命的积极参加者，为推翻腐朽的满清王朝作出了自己的贡献。20 世

纪 20 年代，他又直接领导了新文化运动和五四运动。

　　陈独秀领导的新文化运动直接促进了人们思想的解放。他不仅是新文化运动的首倡者和最重要的发动者，是反对封建专制主义旧思想、旧道德、旧伦理的急先锋，是文学革命的旗手，而且是所有倡导、推动、参与新文化运动的先进知识分子的核心人物，他自始至终站在运动的前列，引领着运动前进的方向。他发动的新文化运动大大促进了新一代知识青年和普通民众的思想解放、民族觉醒。新文化运动对中国封建传统文化的勇猛冲击，引发了一场前所未有的启蒙运动和空前深刻的思想解放运动，从此把中国的历史引向新的道路。毛泽东在《新民主主义论》中曾给予高度评价："自有中国历史以来，还没有过这样伟大而彻底的文化革命。"[①]新文化运动，虽然在影响上远不及西方的文艺复兴，但这次运动在中国起到的思想解放作用完全可以用"震古烁今"、"振聋发聩"来形容[②]。虽然这一时期的反封建运动存在着这样或那样的不足和缺陷，但是如此规模空前的运动，涉及几乎各个领域，不仅极大地冲击和动摇了封建正统思想的统治地位，更重要的是有力地唤醒了一代青年，使他们从统治中国几千年的儒家思想的禁锢下解放出来，接受西方先进思想的洗礼，勇敢追求人的解放与个性自由，迈出了中国人走向现代化的坚定步伐，而在整个社会形成的这种兼收并蓄的氛围为随之而来的马克思主义、社会主义等先进思潮的传播奠定了基础。正是在这个意义上说，中国的新文化运动相当于西方资本主义上升时期的文艺复兴，突出表现了这一时期的思想解放与思想启蒙的特征[③]。今

---

　　①　《毛泽东选集》第 2 卷，人民出版社 1991 年版，第 700 页。

　　②　参见彭明：《五四运动史》，人民出版社 1984 年版，第 166 页。

　　③　参见郑丽平：《思想解放与 20 世纪中国现代化》，载《江西社会科学》2008 年第 6 期。

天回过头来看，如果没有新文化运动，中国的历史有可能改写！

陈独秀投身于为争取民族独立的解放斗争实践中。在中国遭受外敌入侵和军阀统治的情况下，他号召广大民众组织起来对帝国主义和封建军阀采取"直接行动"，这些号召直接地推动了"五四"爱国群众运动的爆发。陈独秀不仅是爱国群众运动的精神领袖，而且也是领导"五四"爱国运动的"总司令"。五四运动中，他不仅立即和广大民众一起投身于实际斗争之中，而且通过他所创办的刊物，不断地对民众的斗争给以指导。五四运动是中国革命史上具有划时代意义的事件。中国工人阶级从此登上了政治舞台，拉开了中国新民主主义革命的序幕，显示了中华民族的进一步觉醒。五四运动所取得的成就与陈独秀的领导是分不开的。五四运动产生的影响对中国现代化是难以估价的。

陈独秀积极探求改造中国的正确道路，成为社会改造运动最积极的推动者。1920 年年初，被捕释放不久的陈独秀便潜入南方，到武汉等地作了《社会改造的方法与信仰》等讲演，提出自己的主张。他还热情地支持部分青年在北京、上海等地发起"工读互助团"，鼓励他们探索改造中国之路。尽管在他成为马克思主义者以前，他和他影响之下的许多青年并未真正找到改造中国社会的正确途径，不少主张和做法甚至只是一种"空想"，但他们毕竟对社会改造运动的发展产生了深远的影响，并为后来人们探索中国社会发展道路积累了经验。

此外，陈独秀还亲自到工人群众中宣传马克思主义，促进了马克思主义与中国早期工人运动的结合，直接推动了中国工人运动的发展，也为中国共产党的成立奠定了物质基础。他亲自创建了中国共产党，从此中华民族的历史发生了翻天覆地的变化。

总的来看，陈独秀对中国现代化的最大理论贡献，在于他运用马克思主义基本原理分析中国国情，对中国现代化作了整体构想，形成了比较系统但并不完全成熟的现代化思想。而他在实践中对中国现代化的最大贡献在于他领导并创立了中国共产党。因为有了无产阶级政党的领导，中国从此找到了一条新的现代化道路——社会主义现代化道路。当代中国，仍然在这条现代化道路上向前迈进。

今天，当我们试图从宏观上全面客观地评价陈独秀一生功过的时候，不能不承认，他曾是中国近代史上的杰出人物，虽然他犯的错误及其给中国革命所造成的损失是不容忽视的，但他在推动中国历史进步上、在推动中国现代化进程方面作出的历史性贡献是不能让人忘怀的。

历史将会永远记住他！

参考文献

一、著作

1.《马克思恩格斯选集》第1—4卷，人民出版社1995年版。

2.《列宁选集》第1—4卷，人民出版社1995年版。

3.《毛泽东选集》第1—4卷，人民出版社1991年版。

4.《毛泽东文集》第1—8卷，人民出版社1997年版。

5.《毛泽东年谱》（上、中、下），中央文献出版社2002年版。

6.《毛泽东著作专题摘编》（上、下），中央文献出版社2003年版。

7.《邓小平文选》第1—2卷，人民出版社1994年版；《邓小平文选》第3卷，人民出版社1993年版。

8.《江泽民文选》第1—3卷，人民出版社2006年版。

9. 钱乘旦等：《世界现代化进程》，南京大学出版社1997年版。

10. 罗荣渠：《现代化新论》，北京大学出版社1993年版。

11. 罗荣渠、牛大勇主编：《中国现代化历程的探索》，北京大学出版社1992年版。

12. 罗荣渠：《现代化新论续篇》，北京大学出版社1997年版。

13. 罗荣渠主编：《从"西化"到现代化》（上、中、下），黄山书社2008年版。

14. 许纪霖、陈达凯主编:《中国现代化史》第 1 卷,三联书店 1995 年版。

15. 罗兹曼主编:《中国的现代化》,江苏人民出版社 1992 年版。

16. 虞和平主编:《中国现代化历程》,江苏人民出版社 2002 年版。

17. 章开沅、罗福惠主编:《比较中的审视:中国早期现代化研究》,浙江人民出版社 1993 年版。

18. 胡福明主编:《中国现代化的历史进程》,安徽人民出版社 1994 年版。

19. 姜桂石、姚大学、王泰:《全球化与亚洲现代化》,社会科学文献出版社 2005 年版。

20. 秦宣、刘保国:《邓小平与中国现代化》,北京出版社 2004 年版。

21.[美] 西里尔·E.布莱克:《比较现代化》,上海译文出版社 1996 年版。

22.[美] 西里尔·E.布莱克:《现代化的动力——一个比较史的研究》,浙江人民出版社 1989 年版。

23. 艾森斯塔特:《现代化:抗拒与变迁》,中国人民大学出版社 1989 年版。

24. 丰子义:《现代化进程的矛盾与探求》,北京出版社 1999 年版。

25. 尹保云:《现代化通病——二十多个国家和地区的经验与教训》,天津人民出版社 1999 年版。

26. 刘永佶:《中国现代化导论》,河北大学出版社 1995 年版。

27. 张宝明:《现代性的流变——〈新青年〉个人、社会与国家关系聚焦》,社会科学文献出版社 2005 年版。

28. 陈独秀：《独秀文存》，安徽人民出版社 1987 年版。

29.《陈独秀文章选编》（上、中、下），三联书店 1984 年版。

30. 任建树等编：《陈独秀著作选》第 1—3 卷，上海人民出版社 1993 年版。

31. 任建树主编：《陈独秀著作选编》第 1—6 卷，上海人民出版 2009 年版。

32. 胡明编：《陈独秀选集》，天津人民出版社 1990 年版。

33. 胡明：《正误交织陈独秀——思想的诠释与文化的批判》，人民文学出版社 2004 年版。

34. 任建树、唐宝林：《陈独秀传》（上、下），上海人民出版社 1989 年版。

35. 郑学稼：《陈独秀传》（上、下），台湾时报文化出版有限公司 1989 年版。

36. 贾兴权：《陈独秀传》，山东人民出版社 1998 年版。

37. 张永通、刘传学编：《后期的陈独秀及其文章选编》，四川人民出版社 1980 年版。

38. 水如编：《陈独秀书信集》，新华出版社 1987 年版。

39. 王光远编撰：《陈独秀年谱》，重庆出版社 1987 年版。

40. 唐宝林、林茂生编撰：《陈独秀年谱》，上海人民出版社 1988 年版。

41.《陈独秀诗选》，安庆《宜城文艺》编辑部"内部资料"本 1986 年印行。

42. 任建树等编：《陈独秀诗选》，时代文艺出版社 1995 年版。

43. 朱文华：《终身的反对派——陈独秀评传》，青岛出版社 1997 年版。

44. 陈万雄：《新文化运动前期的陈独秀》，香港中文大学出版社 1979 年版。

45. 曾乐山：《五四时期陈独秀思想研究》，福建人民出版社 1983 年版。

46. 沈寂主编：《陈独秀研究》第三辑，安徽大学出版社 2007 年版。

47. 安庆市历史学会等编：陈独秀研究参考资料（第一辑），1981 年印行。

48. 王树棣等编：《陈独秀评论选》（上、下），河南人民出版社 1982 年版。

49. 魏知信：《陈独秀思想研究》，南京大学出版社 1987 年版。

50. 汪原放：《回忆亚东图书馆》，学林出版社 1983 年版。

51. 王学勤：《陈独秀与中国共产党》，东南大学出版社 1991 年版。

52. 张永通、刘传学：《后期陈独秀及其文章选编》，四川人民出版社 1980 年版。

53. 朱洪：《从领袖到平民——陈独秀沉浮录》，中国档案出版社 1994 年版。

54. 张国焘：《我的回忆》，香港明报月刊社 1971 年版。

55. 包惠僧：《我所知道的陈独秀》，《党史研究资料》（连载）1979 年。

56. 李新：《伟大的开端（1919—1923）》，中国社会科学出版社 1983 年版。

57. 中共中央党史研究室：《中国共产党历史》上、下册，中共党史出版社 2002 年版。

58. 中共中央书记处编：《六大以前》，人民出版社 1980 年版。

59. 中共中央书记处编：《六大以来》，人民出版社 1980 年版。

60.《马林在中国的有关资料》，人民出版社 1980 年版。

61.《鲍罗廷在中国的有关资料》，中国社会科学出版社 1980 年版。

62.[美] 罗伯特·诺恩:《罗易赴华使命》，中国人民大学出版社 1983 年版。

63. 阿明布和:《晚年陈独秀与苏联经验》，人民出版社 2002 年版。

64.《共产国际与中国革命资料选辑（1925—1927)》，人民出版社 1985 年版。

65. 董根明:《陈独秀与近代中国》，合肥工业大学出版社 2007 年版。

66. 彭明:《五四运动史》，人民出版社 1984 年版。

67. 胡绳:《从鸦片战争到五四运动》（上、下），人民出版社 1981 年版。

68. 胡乔木:《中国共产党的三十年》，人民出版社 1955 年版。

69. 胡绳主编:《中国共产党的七十年》，中共党史出版社 1991 年版。

70. 朱彦敏主编:《中共党史人物研究荟萃》，复旦大学出版社 1993 年版。

71. 洪俊峰:《五四思想史论》，人民出版社 2006 年版。

72. 李泽厚:《中国近代思想史论》，人民出版社 1979 年版。

73. 吴雁南等主编:《中国近代社会思潮（1840—1949)》（第 1—3 卷），湖南教育出版社 1998 年版。

74. 金焕玲:《陈独秀伦理思想研究》，中国社会出版社 2009 年版。

75. 沈寂:《陈独秀传论》，安徽大学出版社 2007 年版。

76. 陈木辛编：《陈独秀印象》，学林出版社 1997 年版。

77. 姚金果：《陈独秀与莫斯科的恩恩怨怨》，福建人民出版社 2006 年版。

78. 李颖：《陈独秀与共产国际》，湖南人民出版社 2005 年版。

79. 汪原放：《亚东图书馆与陈独秀》，上海学林出版社 2006 年版。

80. 石钟扬：《文人陈独秀——启蒙的智慧》，陕西人民出版社 2005 年版。

81. 朱洪：《陈独秀与第三国际人物论》，中国档案出版社 2003 年版。

二、论文

1. 朱志敏、宋传信、张红：《陈独秀研究中若干争议问题述评》，载《教学与研究》2006 年第 9 期。

2. 陈辽：《陈独秀研究要有新的生长点》，载《安庆师范学院学报（社会科学版）》2006 年第 1 期。

3. 沈寂：《陈独秀研究的历史与现状》，载《学术界》2002 年第 4 期。

4. 吴娜：《陈独秀思想研究综述》，载《怀化学院学报》2006 年第 10 期。

5. 邱观建、贾钢涛：《20 世纪 90 年代以来陈独秀晚年思想研究综述》，载《贵州师范大学学报（社会科学版）》2005 年第 5 期。

6. 马惊涛：《论陈独秀研究之深化》，载《世纪桥》2000 年第 6 期。

7. 张勤、林家虎：《二十年来陈独秀晚年思想研究之进展》，载《安庆师范学院学报（社会科学版）》2003 年第 6 期。

8. 叶尚志：《关于陈独秀研究的两个问题》，载《安庆师范学院学报（社会科学版）》2002 年第 1 期。

9. 陈家刚：《九十年代后期陈独秀研究述评》，载《安徽教育学院学报》2001 年第 5 期。

10. 徐继良、邱远猷：《九十年代以来陈独秀研究述评》，载《首都师范大学学报（社会科学版）》1999 年第 1 期。

11. 李绪基：《关于陈独秀研究中的几个问题》，载《史学月刊》1989 年第 4 期。

12. 郑师渠：《陈独秀与反省现代性（上）》，载《河北学刊》2007 年第 6 期。

13. 祝彦：《论陈独秀的社会主义思想》，载《江西社会科学》2000 年第 9 期。

14. 贾立臣：《论陈独秀的社会主义观》，载《安徽史学》2001 年第 1 期。

15. 余精华：《论陈独秀的社会主义观》，载《当代世界与社会主义》2004 年第 5 期。

16. 李淑英：《陈独秀与中国社会主义》，载《党史研究与教学》2007 年第 4 期。

17. 祝彦：《陈独秀对社会主义认识的变化轨迹——纪念陈独秀诞辰 130 周年》，载《理论视野》2009 年第 6 期。

18. 梁星亮：《我们应当怎样认识陈独秀》，载《华夏文化》2008 年第 12 期。

19. 石仲泉：《关于推动陈独秀研究的几点想法——安庆陈独秀社会主义思想研讨会开幕讲话纪要》，载《人才开发》2008 年第 7 期。

20. 周建超、魏吉华：《新世纪以来陈独秀研究述评》，载《中共党史研究》2009 年第 12 期。

21. 张红：《陈独秀评价之变迁》，载《北京党史》2010 年第 1 期。

22. 郑师渠：《从反省现代性到服膺马克思主义——李大钊、陈独秀思想新论》，载《史学集刊》2010 年第 1 期。

23. 张文学：《陈独秀在马克思主义中国化方面的失误及其原因分析》，载《世纪桥》2009 年第 6 期。

24. 陈联俊：《陈独秀视域中的马克思主义中国化》，载《安庆师范学院学报（社会科学版）》2009 年第 4 期。

25. 汪菁华：《近年来陈独秀晚年民主思想研究述评》，载《安徽史学》2009 年第 11 期。

26. 吴芳：《陈独秀晚年民主思想研究综述》，载《科教文汇（上旬刊）》2009 年第 6 期。

27. 严迎春：《陈独秀晚年对民主普适性的探讨》，载《炎黄春秋》2009 年第 11 期。

28. 张洪波：《陈独秀的社会主义经济思想》，载《安庆师范学院学报（社会科学版）》2006 年第 4 期。

29. 贾立臣：《试论陈独秀的社会主义经济思想》，载《大庆高等专科学校学报》1994 年第 2 期。

30. 赵国友：《从陈独秀的经济思想透视社会主义理论与实践的创新》，载《阿坝师范高等专科学校学报》2006 年第 3 期。

31. 王明辉、李尚志：《陈独秀在建党时期对资本主义的批判》，载《攀枝花学院学报》2006 年第 5 期。

32. 邢和明：《陈独秀发展资本主义思想与列宁新经济政策》，载《安徽教育学院学报》2004 年第 1 期。

33. 胡惠芳：《陈独秀社会经济思想成因探微》，载《安徽教育学院学报》2003 年第 2 期。

34. 胡惠芳：《陈独秀社会经济思想的演变轨迹（1920—

1927)》，载《北京科技大学学报（社会科学版）》2002 年第 4 期。

35. 胡惠芳：《陈独秀国家社会主义经济思想成因探微)》，载《池州师专学报》2002 年第 1 期。

36. 祝彦：《论陈独秀的发展资本主义思想》，载《安徽史学》2001 年第 4 期。

37. 张婷姝：《评陈独秀的资本主义经济思想》，载《中共中央党校学报》1998 年第 1 期。

38. 高明、王世安：《陈独秀社会主义经济思想探析》，载《乐山师范学院学报》2002 年第 6 期。

39. 左继亮：《陈独秀的生产力思想与"二次革命论"》，载《黑龙江农垦师专学报》1999 年第 4 期。

40. 邢和明：《陈独秀"二次革命论"与列宁新经济政策》，载《党史研究与教学》2003 年第 3 期。

41. 柴俊青：《晚年陈独秀发展资本主义思想述论》，载《殷都学刊》2005 年第 1 期。

42. 朱洪：《陈独秀社会史观述要》，载《教学与研究》1999 年第 11 期。

43. 徐光寿：《陈独秀对科学社会主义理论的探索及特点》，载《中共党史研究》2006 年第 2 期。

44. 于凤政：《建党前后陈独秀对社会主义社会的构想》，载《徐州师范大学学报》1998 年第 3 期。

45. 范玉秋：《论陈独秀的孔教观》，载《烟台大学学报（哲学社会科学版)》2003 年第 3 期。

46. 吕明灼：《陈独秀是终生"非孔派"（上、下)》，载《山东社会科学》1999 年第 2 期。

47. 杨乐平：《陈独秀的文化价值观》，载《浙江学刊》2009 年第 5 期。

48. 周建超：《论"五四"时期陈独秀的改造国民性思想》，载《江海学刊》2004 年第 6 期。

49. 文君：《陈独秀国民性批判及改造思想探析》，载《漳州师院学报》1995 年第 1 期。

50. 金焕玲：《新文化运动中陈独秀对国民道德的批判》，载《安庆师范学院学报（社会科学版）》2009 年第 5 期。

51. 冯天瑜：《对五四时期陈独秀"反封建说"的反思》，载《中共党史研究》2009 年第 7 期。

52. 胡军：《传统与现代之间的张力——论陈独秀对儒家思想的批判》，载《北京大学学报（哲学社会科学版）》2009 年第 7 期。

53. 欧阳哲生：《陈独秀对新文化运动的思想贡献》，载《史学月刊》2009 年第 5 期。

54. 黄伟：《陈独秀科学思想研究》，载《安徽史学》2007 年第 9 期。

55. 张宝明：《从启蒙到革命：来自道德理想的引渡——"五四"时期陈独秀、李大钊、毛泽东激进思想的逻辑构成》，载《江苏社会科学》2002 年第 4 期。

56. 阿明布和：《陈独秀晚年政治思想的形成与评价》，载《内蒙古师大学报》1995 年第 3 期。

57. 阿明布和：《陈独秀民主社会主义思想历史透视》，载《内蒙古师大学报》1993 年（访问学者专辑）。

58. 阿明布和：《陈独秀晚年的新"二次革命论"》，载《北京师范大学学报》1998 年第 3 期。

59. 阿明布和：《对晚年陈独秀研究方法论评》，载《内蒙古师大学报》1998 年第 3 期。

60. 唐宝林、贾可卿：《略论陈独秀对中国革命与建设道路的探索》，载《安徽史学》2001 年第 1 期。

61. 唐宝林：《试论陈独秀与托派的关系》，载《历史研究》1981 年 6 月。

62. 张敬让：《陈独秀晚年政治思想述评》，载《安庆师范学院学报（社会科学版）》1997 年 4 月。

63. 蒋贤斌：《试析晚年陈独秀的民主思想》，载《江西师范大学学报》2002 年第 5 期。

64. 林茂生、王树棣、王洪模：《应当全面的历史的评价陈独秀》，载《教学与研究》1979 年第 3 期。

65. 杨荣华：《评陈独秀在抗日时期的政治思想》，载《安徽大学学报》1980 年 4 月。

66. 任建树：《梁启超与陈独秀思想之异同》，载《上海行政学院学报》2005 年第 2 期。

67. 肖牲：《陈独秀连任中共五届最高领导透视》，载《百年潮》2002 年第 2 期。

68. 董德福：《从崇拜到否定：毛泽东对陈独秀评价的变化轨迹》，载《江苏大学学报（社会科学版）》2004 年第 3 期。

69. 刘翠：《近三年来陈独秀思想研究综述》，载《山东省农业管理干部学院学报》2006 年第 3 期。

70. 周丽亚：《陈独秀现代化思想研究》，复旦大学硕士学位论文，2008 年。

71. 吴云翔：《从启蒙到革命：陈独秀的现代化思想及其演变》，载《理论导刊》2007 年第 10 期。

72. 陈辉宗：《议"五四"时期陈独秀的文化现代化观》，载《理论与现代化》1999 年第 5 期。

73. 陈贵华:《略论"五四"时期陈独秀关于人的现代化思想》,载《南都学坛》1996 年第 1 期。

74. 柴俊青:《是非已付千秋论,毁誉宁凭众口传——晚年陈独秀中国现代化思想评析》,载《探索》2005 年第 5 期。

75. 唐宝林:《学术界正确评价陈独秀的艰难历程》,载《纵横》2002 年第 9 期。

76. 陈卫平:《中国近代进化论思潮形成的内在逻辑》,载《文史哲》1996 年第 3 期。

77. 胡惠芳:《陈独秀的社会进化思想述评》,载《安庆师范学院学报(社会科学版)》2004 年第 7 期。

78. 王浩斌:《马克思主义现代化理论中国化的根本问题》,载《湖南广播电视大学学报》2009 年第 4 期。

79. 俞思念、李彦辉:《马克思主义现代化理论在中国的发展》,载《马克思主义研究》2006 年第 4 期。

80. 李强、张国镛:《马克思主义现代化理论与中国现代化建设》,载《马克思主义与现实》2007 年第 2 期。

81. 叶险明:《对马克思现代化观的一种读解》,载《哲学研究》2000 年第 2 期。

82. 郑大华:《30 年代的"本位文化"与"全盘西化"的论战》,载《湖南师范大学社会科学学报》2004 年第 3 期。

83. 郭德宏:《论陈独秀晚年的社会主义观》,载《安庆师范学院学报(社会科学版)》2008 年第 7 期。

84. 左继亮、高洪力、林修敏:《陈独秀的社会主义经济思想》,载《党史纵横》1996 年第 3 期。

85. 高明、王世安:《陈独秀社会主义经济思想探析》,载《乐山师范学院学报》2002 年第 6 期。

86. 杜伦芳：《陈独秀经济思想浅析》，载《中国水运》2007 年第 4 期。

87. 胡惠芳：《陈独秀社会经济思想的演变轨迹 (1920—1927)》，载《北京科技大学学报（社会科学版）》2002 年第 4 期。

88. 万金鹏：《陈独秀社会主义经济思想研究》，载《党史纵横》2006 年第 3 期。

89. 柴俊青：《晚年陈独秀发展资本主义思想述论》，载《殷都学刊》2005 年第 1 期。

90. 王福湘：《陈独秀对苏俄经验的接受、反思与超越》，载《二十一世纪》2005 年 2 月号，总第 87 期。

91. 朱皓：《陈独秀晚年对民主的再思考》，载《安庆师范学院学报（社会科学版）》2000 年第 2 期。

92. 王晓飞：《陈独秀晚年民主思想研究的状况》，载《北京党史》2007 年第 1 期。

93. 董士伟、程钢：《科学的权威与科学的局限》，载《清华大学学报》（哲学社会科学版）1989 年第 1 期。

94. 唐宝林：《陈独秀在中国近代史上的作用和地位》，载《陈独秀研究文集》，香港新苗出版社 1999 年版。

95. 刘超：《"陈独秀与中国共产党创建"学术研讨会综述》，载《安徽史学》2002 年第 1 期。

96. 高晓燕：《浅谈陈独秀对资本主义认识的变化》，载《党史文苑》2009 年第 7 期。

97. 文君：《"古今东西"之辩——陈独秀文化观述论》，载《漳州师范学院学报（哲学社会科学版）》2006 年第 4 期。

98. 张静芳：《谈谈陈独秀与传统文化》，载《辽宁大学学报》1989 年第 2 期。

99. 教军章：《"五四"前陈独秀对文化问题的体系建构》，载《求是学刊》1996 年第 3 期。

100. 张利民：《文化差异的本质与根源：陈独秀梁漱溟胡适的思考与困惑》，载《社会科学战线》1994 年第 3 期。

101. 石钟扬：《终身的反对派和永远的新青年》，载《党史纵览》2005 年第 1 期。

102. 齐卫平：《试论五四时期陈独秀的文化观》，载《江淮论坛 2001 年第 2 期。

103. 郝敬胜：《新文化运动中陈独秀的文化创新观》，载《安庆师范学院学报（社会科学版）》2003 年第 2 期。

104. 张同乐：《论新文化运动中陈独秀的中西文化观》，载《史学月刊》1998 年第 2 期。

105. 徐光寿：《后期陈独秀队对中国文化近代化的思考》，载《安徽教育学院学报》2000 年第 4 期。

106. 宋仲福：《陈独秀全盘性反传统文化辨析》，载《西北师大学报（社会科学版）》1990 年第 6 期。

107. 胡明：《陈独秀晚年的文化见解及逝世后的文化评价》，载《中国文化研究》2003 年春之卷。

108. 徐波、余乐庆：《抗日战争与文化嬗变——抗日战争时期陈独秀关于中国文化路经的思考》，载《昆明师范高等专科学校学报》2005 年第 3 期。

109. 杨述文：《试论"五四"时期陈独秀的文化思想》，载《宁夏大学学报（社会科学版）》1990 年第 3 期。

110. 王光照、林家虎：《晚年陈独秀对中国文化现代化的理论贡献》，载《广州社会主义学院学报》2003 年第 2 期。

111. 徐波、王开珍：《"民族野心"：晚年陈独秀关于民族精神的一种新见解》，载《安徽史学》2005 年第 2 期。

112. 沈寂：《再论陈独秀与新文化运动》，载《中共党史研究》1999 年第 3 期。

113. 李新宇：《新文化运动为何"覆孔孟"——以陈独秀为例》，载《东岳论丛》2007 年第 1 期。

114. [美] 林毓生著，穆善培译：《陈独秀的全盘性反传统主义》，载《河北大学学报》1984 年第 1 期。

115. 冯天瑜：《五四时期陈独秀"反封建"命题评析》，载《江汉论坛》2005 年第 11 期。

116. 范荣祥：《评陈独秀的反孔斗争》，载《学术交流》1997 年第 1 期。

117. 刘立范、李安民：《"陈独秀全盘性反传统论"辨析》，载《烟台师范学院学报（哲社版）》1997 年第 1 期。

118. 宋淑玉：《新文化运动时期陈独秀的孔教观》，载《孔子研究》2005 年第 5 期。

119. 汪振军：《陈独秀与杜亚泉的东西文化论争》，载《郑州轻工业学院学报（社会科学版）》2004 年第 3 期。

120. 史云波：《陈独秀与梁漱溟的中西文化观异同论》，载《江苏大学学报（社会科学版）》2002 年第 3 期。

121. 韦莹：《陈独秀早期思想与法兰西文明》，载《清华大学学报（哲学社会科学版）》1999 年第 3 期。

122. 尤小立：《崇西和用西：陈独秀与杜威实用主义政治哲学》，载《学术研究》2007 年第 11 期。

123. 方晓珍：《五四时期陈独秀伦理思想探悉析》，载《安庆师范学院学报（社会科学版）》2002 年第 6 期。

124. 朱洪：《简论陈独秀哲学思想》，载《理论建设》1995 年第

1 期。

125. 张洪波：《陈独秀早期伦理观述评》，载《江淮论坛》2006年第 4 期。

126. 张洪波：《陈独秀对儒、佛、道思想的评析》，载《中国哲学史》1998 年第 4 期。

127. 魏晓东：《陈独秀的道德观浅论——兼论传统道德的批判继承问题》，载《兰州学刊》1991 年第 4 期。

128. 任浩明：《陈独秀对中国传统伦理文化批判的特色及其成因》，载《广西社会科学》2001 年第 4 期。

129. 尤小立：《陈独秀反孔思想综论》，载《常熟高专学报》2000 年第 5 期。

130. 胡建：《二难取向中的近代化思致——析陈独秀在五四新文化运动中的价值观》，载《哲学研究》2004 年第 11 期。

131. 张运杰：《陈独秀教育思想的形成》，载《安庆师范学院学报（社会科学版）》2004 年第 5 期。

132. 宾长初：《论陈独秀的新人生观》，载《安庆师范学院学报（社会科学版）》2005 年第 5 期。

133. 张志梅、陆文培：《陈独秀早期教育思想三题》，载《安庆师范学院学报（社会科学版）》2005 年第 5 期。

134. 张宝明：《由立人而立国——论陈独秀五四文化道德思想》，载《河南大学学报（哲学社会科学版）》1990 年第 5 期。

135. 朱成甲：《箴陈奋起，揭举新爱国主义的旗帜——李大钊与陈独秀关于爱国主义的探讨和接受马克思主义的国家观》，载《学术论坛》2004 年第 3 期。

136. 张应生：《早期新文化运动陈独秀开放意识探析》，载《南京政治学院学报》1989 年第 3 期。

137. 卢国琪：《论陈独秀的青年教育思想》，载《长春理工大学学报（社会科学版）》2009 年第 11 期。

138. 孔海棠：《大革命时期陈独秀反帝斗争的思想与策略》，载《安庆师范学院学报（社会科学版)2009 年第 5 期。

139. 佘湘：《陈独秀晚年政治悲剧的成因》，载《安庆师范学院学报（社会科学版)》2009 年第 7 期。

（说明：自 20 世纪 80 年代以来，国内学术界仅在期刊杂志上发表的有关陈独秀研究的学术论文近 2000 篇，在此仅列出本人阅读参考的一部分，并非全部，有遗漏的地方，敬请谅解。）

后　　记

　　陈独秀是中国近现代史上的重要历史人物，他将永远活在人们的视野中。随着几个重要历史时间节点的到来，陈独秀也会再次回到我们学术视野的中心。2015 年是《新青年》创刊 100 周年，2019 年是五四运动 100 周年，2021 年是中国共产党成立 100 周年。这几个重大时间节点，都会使有关陈独秀的讨论和研究重新掀起热潮。相信，人们对于陈独秀的记忆将会历久弥新。

　　陈独秀研究是一项具有永久生命力的学术事业。改革开放以来学术界对于陈独秀的研究，涉及多种视角、包含多个方面，有关陈独秀生平和思想的研究成果日益丰硕。近年来，随着大量历史资料、档案文献的不断解密，学界对作为整体的陈独秀研究取得了可喜进展。可以说，这些研究更加接近历史真实，尤其是在关于陈独秀历史地位和作用的评价问题上，历经艰难曲折而逐渐回归客观。但是，对于这样一个跨越 20 世纪近半个世纪、关涉时代转换多个主题的重要历史人物，陈独秀研究本身还有许多值得我们深入思考、认真探讨的问题。比如，陈独秀早期思想发展历程、陈独秀与国民党的恩怨、陈独秀与毛泽东的关系、陈独秀对中国革命的影响、陈独秀与共产国际的关系、陈独秀晚期思想剖析，等等。正是认识到陈独秀研究的学术价值，许多长期关注陈独秀研究的前辈指出，陈独秀的研究空间比人们想象的还要广阔，陈独秀研究拥有很多新的生长点。

《陈独秀现代化思想研究》就是在这样的背景之下诞生的。然而，由于作者本人学术视野和研究能力所限，本书的研究只是初步的，在诸如陈独秀的经济现代化思想、文化现代化思想、陈独秀对中国现代化的理论贡献等方面的很多问题还有待深入挖掘。我相信，今后有关陈独秀研究的史料，仍然会被不断发掘、公布和披露出来，这是深化陈独秀现代化思想研究的有利因素。我关注陈独秀研究多年，今后还将继续在这方面作出努力，争取为推动陈独秀研究的深化尽自己的一分力量。

拙著的出版，要特别感谢秦宣教授的悉心指导，是恩师鼓励和指导我较好地完成了此项研究。感谢工作单位领导和同事的帮助，感谢人民出版社吴继平老师的辛苦工作，感谢家人的默默付出。

刚过去的一年是陈独秀逝世 70 周年。本书的出版可以算作对陈独秀最好的纪念。

郑丽平

2012 年 12 月于北京

责任编辑：吴继平
装帧设计：周方亚

图书在版编目（CIP）数据

陈独秀现代化思想研究／郑丽平 著．－北京：人民出版社，2013.5
ISBN 978－7－01－011920－5

I.①陈…　II.①郑…　III.①陈独秀（1880~1942）－现代化理论－
思想评论　IV.① K827=6 ② D693.0

中国版本图书馆 CIP 数据核字（2013）第 061801 号

陈独秀现代化思想研究
CHENDUXIU XIANDAIHUA SIXIANG YANJIU

郑丽平　著

人民出版社 出版发行
（100706　北京市东城区隆福寺街 99 号）

北京龙之冉印务有限公司印刷　新华书店经销
2013 年 5 月第 1 版　2013 年 5 月北京第 1 次印刷
开本：710 毫米 ×1000 毫米 1/16　印张：20
字数：242 千字　印数：0,001－3,000 册
ISBN 978－7－01－011920－5　定价：46.00 元
邮购地址 100706　北京市东城区隆福寺街 99 号
人民东方图书销售中心　电话（010）65250042　65289539